Müller-Seidel
Die Deportation des Menschen

Walter Müller-Seidel

DIE DEPORTATION DES MENSCHEN

Kafkas Erzählung *In der Strafkolonie*
im europäischen Kontext

J.B. Metzlersche Verlagsbuchhandlung
Stuttgart

CIP-Kurztitelaufnahme der Deutschen Bibliothek

Müller-Seidel, Walter:
Die Deportation des Menschen :
Kafkas Erzählung »In der Strafkolonie«
im europ. Kontext /
Walter Müller-Seidel. – Stuttgart :
Metzler, 1986.
ISBN 3-476-00606-9

ISBN 3 476 00606 9
© 1986 J.B. Metzlersche Verlagsbuchhandlung
und Carl Ernst Poeschel Verlag GmbH in Stuttgart
Satz: Typobauer Filmsatz GmbH, Scharnhausen
Druck: Gulde-Druck, Tübingen
Printed in Germany

VORWORT

Die vorliegende Schrift ist die Nebenarbeit zu einer geplanten größeren
Darstellung zur literarischen Moderne im deutschen Sprachgebiet von
der Jahrhundertwende bis zu ihrem Auszug im Jahre 1933. In dem damit
bezeichneten Problemzusammenhang hat auch Kafkas Erzählung *In der
Strafkolonie* ihren Ort, sofern es dabei auch und nicht zuletzt um Wissenschaftskritik als einem wesentlichen Element moderner Literatur geht.
Das betrifft die Strafrechtsgeschichte innerhalb der Rechtswissenschaft in
besonderem Maße. Die Entwicklung der deutschen Literatur im ersten
Drittel unseres Jahrhunderts ist ohne ein solches Hintergrundwissen
nicht recht verstehbar. Nicht wenige Schriftsteller der expressionistischen
Generation sind promovierte Juristen gewesen – wie Kafka auch; und wie
sehr er selbst diesem Gebiet trotz wiederholt zum Ausdruck gebrachter
Abneigung verhaftet blieb, bezeugen die unlängst veröffentlichten »Amtlichen Schriften« eindrucksvoll. In der Zeit der Weimarer Republik gewinnt Justizkritik in literarischer Form eine Bedeutung wie nie zuvor.
Daß ein solches Hintergrundwissen zum Verständnis der hier im Mittelpunkt stehenden Erzählung notwendig sei, mögen diejenigen bestreiten,
die auf theologischen oder verwandten Auslegungen weiterhin insistieren. Aber auch ihnen kann als Lesern Kafkas nicht gleichgültig sein zu
erfahren, mit welchen Vorstellungen und Denkweisen an den damaligen
Universitäten ein angehender Jurist sich konfrontiert sah. Diese Vorstel-
lungs- und Gedankenwelt wird im ersten Teil der Schrift zu erhellen
gesucht, und daß man einen Text vielfach anders liest, wenn man ihn in
einem bestimmten Kontext liest, sollte wenigstens im Prinzip nicht bestreitbar sein. Ganz quer zur heutigen Kafkaforschung stehen diese Betrachtungen gewiß nicht; denn zunehmend wird gerade diese »Umwelt«
als ein für Kafka maßgeblicher und zentraler Bereich seines Denkens
erfaßt, wie sich an zwei Büchern neueren Datums zeigt. Es sind dies die
Schriften von Hans Helmut Hiebel mit dem bezeichnenden Titel »Die
Zeichen des Gesetzes. Recht und Macht bei Franz Kafka« (1983), und von
Ulf Abraham mit der nicht weniger bezeichnenden Überschrift »Der verhörte Held. Recht und Schuld im Werk Franz Kafkas« (1985). Die Grund-
gedanken der hier vorgelegten Schrift wurden zuerst im Oktober 1983 in
München anläßlich eines Kolloquiums zu Ehren Wolfdietrich Raschs vor-
getragen. Sie wurden als Vortrag seitdem an zahlreichen Universitäten
des In- und des Auslandes wiederholt.
München, im Frühjahr 1986.   W. M.

INHALT

DIE ENTSTEHUNGSZEIT

Literarische Moderne und Erster Weltkrieg

Die literarische Moderne im deutschen Sprachgebiet hat sich in einer keineswegs demokratischen Umwelt durchzusetzen vermocht. Sie stand in beiden Kaiserreichen in vielfacher Opposition zu ihren Institutionen, in Deutschland auch zur Person des Monarchen, der indirekt nicht wenig zu ihrer Entwicklung beigetragen hat. Solche Opposition äußert sich als Gesellschaftskritik, als Sprachkritik oder als umfassend angelegte Wissenschaftskritik; sie ist in der Vielfalt ihrer Formen aus der Literatur unseres Jahrhunderts nicht wegzudenken. In der Zeit des Expressionismus, unmittelbar vor Ausbruch des Ersten Weltkrieges, nimmt die Radikalität dieser Kritik ein Ausmaß an, das nicht seinesgleichen hat. Aber schon in der »Schönheitswelt« der Jahrhundertwende, bei George und Hofmannsthal, fehlt es nicht an schroffen und schrillen Tönen, die Gegnerschaft bezeugen. »Seid ihr noch nicht vom gedanken überfallen worden dass in diesen glatten und zarten seiten vielleicht mehr aufruhr enthalten ist als in all euren donnernden und zerstörenden kampfreden?«, heißt es in einem der frühen Hefte der *Blätter für die Kunst* [1]; und der junge Hofmannsthal in einem seiner Essays (um hier nur weniges anzuführen): »Die unendlich komplexen Lügen der Zeit, die dumpfen Lügen der Tradition, die Lügen der Ämter, die Lügen der einzelnen, die Lügen der Wissenschaften, alles das sitzt wie Myriaden tödlicher Fliegen auf unserem armen Leben«.[2] Lügen also, wohin man sieht, und nichts bleibt von der Kritik verschont, auch die Wissenschaften nicht. Die Reihe wäre mühelos fortzusetzen, an der sich zeigen ließe, wie sich mit dem Aufbruch in die Moderne die Kluft zwischen Kunst und Gesellschaft, zwischen Künstlern und Herrschenden vertieft. Aber so gut wie nichts deutete in ihren Anfängen darauf hin, daß es einmal zu einem Gleichklang zwischen beiden Kontrahenten kommen könnte.

Doch zu gedankenloser Einebnung aller Unterschiede besteht kein Grund. Die Motive derjenigen, die 1914 das Ereignis dieses Krieges bejahen und bejubeln, sind unterschiedlicher Art. Die »Ideen von 1914« sind ein höchst komplexes Phänomen. Die völkische Gedankenwelt aus dem Umkreis der Heimatkunst und der *Bayreuther Blätter* sind in sie ebenso eingegangen wie die in der Moderne seit ihren Anfängen angelegte Zivilisationskritik als Kritik an einer längst zur Ideologie gewordenen Fortschrittsgläubigkeit.[3] Selbst der Offene Brief, den der schon betagte Kriegsfreiwillige Richard Dehmel 1914 an seine Kinder richtet, ist weit entfernt, *nur* ein Zeugnis des Chauvinismus und des völkischen Gedankengutes zu sein. Zivilisationskritik, wie sie im Aufbruch der Moderne hervortritt, gibt es auch in diesem merkwürdigen Dokument. Sie ist nicht kurzerhand als politische Gefahr zu verdächtigen, sondern ist ein Phänomen eigenen Rechts.[4] Nur gilt Dehmels Kritik jetzt nicht mehr den Händlern im eigenen Land, sondern denjenigen im Feindesland, als das hier England an erster Stelle genannt wird. »Und mit jener merkantilen Brutalität hat England allmählich ganz Europa, ja die ganze zivilisierte Welt angesteckt; es ist das Mutterland des Amerikanismus«, heißt es in seinem Brief.[5] Auch die aus heutiger Sicht höchst seltsamen Publikationen Thomas Manns aus dieser Zeit und bis zum Ende des Krieges hin – der Essay *Friedrich und die große Koalition*, die *Gedanken zum Kriege* und die *Betrachtungen eines Unpolitischen* – sind alles andere als völkische Verlautbarungen in der Nachfolge Paul de Lagardes oder Julius Langbehns. Sie verleugnen trotz zahlreicher Ausfälle gegen Demokratie und demokratische Kultur nicht die Positionen der Moderne, wie sich am kranken »Helden« zeigt, als der hier der Preußenkönig erscheint. In den *Betrachtungen eines Unpolitischen* nennt Thomas Mann sich selbst, nicht ohne Ironie, einen »Erläuterer der Décadence«, einen »Liebhaber des Pathologischen« und verteidigt auch weiterhin das Kranke und Morbide als eine Errungenschaft der literarischen Moderne[6] – nicht um ihrer selbst willen, sondern aus Gründen der Ethik und Moral: »Denn das Häßliche, die Krankheit, der Verfall, *das ist das Ethische*, und nie habe ich mich im Wortsinn des ›Ästheten‹, sondern immer als Moralisten gefühlt.«[7] Nur ungeschichtliches Denken kann die Unterschiede zu der imperialistischen Vorstellungswelt der Regierenden verkennen, denen es in erster Linie um Herrschaft, Macht und Eroberung geht. Wie wenig dieser Gleichklang von Bestand war, zeigt sich rasch. Es zeigt sich am vielfach abrupten Wechsel vom Kriegsfreiwilligen zum Pazifisten, den es nicht nur im Fall Ernst Tollers gegeben hat. Zwischen dem Aufbruch zur Moderne am Ende des neunzehnten Jahrhunderts und dem »Aufbruch der Nation« gibt es Zusammenhänge, die in jedem Fall der Klärung bedürfen, und keineswegs ist dieser Krieg in jeder Hinsicht zur großen Bewährungsprobe zu deklarieren, an der sich die Geister ein für allemal und womöglich eindeutig scheiden. Nicht wenig hängt auch vom Zeitpunkt der Einsicht ab, in der man seine Auffassungen revidiert oder verwirft. Bei Thomas Mann dauert dieser Prozeß bis in die Anfänge der Weimarer Republik, und auch nach der sogenannten Machtübernahme im Jahre 1933 gibt es ein vorübergehendes Zögern, wie wir aus den Tagebüchern wissen. Zum Verständnis moderner Literatur im deutschen Sprachgebiet ist es zweifellos aufschlußreich, zu erfahren und zu erforschen, wie Schriftsteller auf die Ereignisse des Jahres 1914 reagiert haben, wie es später wichtig wird, ihre Reaktion auf die Vorgänge des Jahres 1933 zu kennen.

Doch gab es bei Ausbruch des Ersten Weltkrieges für einige Schriftsteller Situationen, die es später in gleicher Weise nicht mehr gab – solche nämlich, die dem Prozeß der Einsicht und des Erkennens förderlich waren. So diejenige in Prag: die Situation einer Gruppe deutschsprachiger Schriftsteller jüdischer Herkunft in einer tschechisch sprechenden Umwelt, die ihrerseits einem Staatsverband eingegliedert war, der an der Seite des deutschen Kaiserreichs kämpfte. Die in Frage stehende Situation ist diejenige von Außenseitern, und die Figur des Außenseiters, aus der literarischen Moderne nicht wegzudenken, bezeichnet stets eine leidvolle Lage: eine solche des Ausgeschlossenseins, der Entfremdung, der ausbleibenden Identifikation. Aber sie schärft auch die Sicht. Die Neigung zum Mitläufertum jeder Art wird reduziert, und der Gefahr der Verblendung sind Außenseiter weniger ausgesetzt, als es andere sind. Die Möglichkeit des Schriftstellers, Seismograph seiner Zeit zu sein, wird begünstigt. Die so beschriebene Situation ist weithin auch diejenige Franz Kafkas bei Ausbruch des Ersten Weltkriegs. Da wir es mit einem Schriftsteller der Moderne von weltliterarischem Rang zu tun haben, kann die Art seiner Reaktion auf dieses Ereignis nichts Nebensächliches sein. Seine Tagebücher wie seine Briefe geben in wünschenswerter Weise Auskunft über das, was man hierüber wissen will. Die Eintragung in das Tagebuch mit dem Datum des 31. Juli 1914 ist ein hochbedeutsames Zeugnis dieser Art. Kafka notiert sich: »Ich habe keine Zeit. Es ist allgemeine Mobilisierung. K. und P. sind einberufen. Jetzt bekomme ich den Lohn des Alleinseins. Es ist allerdings kaum ein Lohn, Alleinsein bringt nur Strafen. Immerhin, ich bin wenig berührt von allem Elend und entschlossener als jemals. Nachmittags werde ich in der Fabrik sein müssen, wohnen werde ich nicht zu Hause, denn E. mit den zwei Kindern übersiedelt zu uns. Aber schreiben werde ich trotz alledem, unbedingt, es ist mein Kampf um die Selbsterhaltung.«[8]

Ein Jubelhymnus ist das nicht; kein Hauch eines solchen ist vernehmbar. Das Gegenteil ist der Fall: ein junger, vermutlich kriegstauglicher Mensch kümmert sich um seine Außenwelt nicht im mindesten; sie ist ihm weithin gleichgültig. Die eigene Innenwelt beansprucht ihn voll und ganz. Die gestörte Kommunikation, so kann man finden, bestätigt sich einmal mehr. Alleinsein ist geschätzt, obschon es zugleich als Strafe erfahren wird. Aber die Verbindung mit Verwandten und Bekannten wird als störend empfunden – und dies alles in einer Zeit, in der Gemeinsinn über alles geht oder gehen sollte. Das Allgemeine – die Mobilisierung – wird noch eben am Rande erwähnt. Sonst aber wird »ich« gesagt, sechsmal in diesen wenigen Sätzen. Auch dort, wo von anderen die Rede ist – »denn E. mit den zwei Kindern übersiedelt zu uns« – geht es darum, ihnen möglichst aus dem Wege zu gehen. Das Verhalten eines derart introvertierten Schriftstellers kann man kläglich finden – als habe da einer mit der Weltgeschichte nichts, aber auch gar nichts im Sinn; heißt es doch in dieser Niederschrift ausdrücklich: »ich bin wenig berührt von allem Elend.« Aber so stellt es sich allenfalls auf den ersten Blick dar. Der Reaktion eines bedeutenden Schriftstellers auf das Ereignis des Krieges würde man damit nicht entfernt gerecht. In Wirklichkeit geht es um die Weltgeschichte gleichermaßen wie um das eigene Ich, und daß Kafka vom Elend einzelner Menschen berührt und betroffen sein konnte, ist vielfach bezeugt, eindrucksvoll in einer Niederschrift vom Juli 1913: »Geschluchzt über dem Prozeßbericht einer dreiundzwanzigjährigen Marie Abraham, die ihr fast dreiviertel Jahre altes Kind Barbara wegen Not und Hunger erwürgte, mit einer Männerkrawatte, die ihr als Strumpfband diente und die sie abband« (T/307). Jetzt aber geht es um Elend im allgemeinen Sinn, um das Elend des Krieges. In solcher Lage sucht das Ich dieser Tagebuchnotizen zu ermitteln, was nunmehr zu tun bleibt. Aber es weiß längst, daß ihm Schreiben die einzige Bedingung möglichen Überlebens bedeutet. So bisher schon, aber nun erst recht! Der abschließende Satz ist nicht der Satz eines Willenlosen, eines Dilettanten, wie man einen Typus der Décadence im Anschluß an Paul Bourget genannt hat: »Aber schreiben werde ich, trotz alledem, unbedingt, es ist mein Kampf um die Selbsterhaltung.«

Äußerungen wie diese sind durch sein ganzes Werk zu verfolgen. Sie alle sind zentriert um die eigene Person; und ihre genaueste Kenntnis ist das erklärte Ziel. Selbsterkenntnis, von der Hamann als einer Höllenfahrt gesprochen hat, ist das große Thema dieser Aufzeichnungen. »Vollständiges Erkennen seiner selbst. Den Umfang seiner Fähigkeiten umfassen können wie einen kleinen Ball. Den größten Niedergang als etwas Bekanntes hinnehmen und so darin noch elastisch bleiben«, lautet eine Eintragung aus dem Jahre 1912 (T/275). Die Äußerungen über die Formen solcher Selbsterkenntnis lesen sich wie strenge Philologie, in der keine Nachlässigkeit gestattet ist und in der es auf Punkt und Komma ankommt. »Ich habe vieles in diesen Tagen über mich nicht aufgeschrieben, teils aus Faulheit (ich schlafe jetzt so viel und fest bei Tag, ich habe während des Schlafes ein größeres Gewicht), teils aber auch aus Angst, meine Selbsterkenntnis zu verraten. Diese Angst ist berechtigt, denn endgültig durch Aufschreiben fixiert dürfte eine Selbsterkenntnis nur dann werden, wenn dies in größter Vollständigkeit bis in alle nebensächlichen Konsequenzen hinein [...] geschehen könnte« (T/37). Schreibend wird etwas ein für allemal »fixiert« – »endgültig durch Aufschreiben fixiert« –, aber im Schreiben wird auch Festigkeit erfahren: »Ich muß aufhören, ohne geradezu abgeschüttelt zu sein. Ich fühle auch keine Gefahr, daß ich mich verlieren könnte, immerhin fühle ich mich hilflos und außenstehend. Die Festigkeit aber, die das geringste Schreiben mir verursacht, ist zweifellos und wunderbar« (T/336). Was da in Frage steht und immer erneut als Schreiben und Aufschreiben bezeichnet wird, ist alles andere als Nebentätigkeit, als irgendeine Tätigkeit unter anderen. Vielmehr ist Schreiben mit der Lebensweise aufs engste verbunden und mehr noch identisch mit ihr. Davon handelt ein Brief an Felice Bauer (vom 1. November 1912): »Meine Lebensweise ist nur auf das Schreiben hin eingerichtet und wenn sie Veränderungen erfährt, so nur deshalb, um möglicher Weise dem Schreiben besser zu entsprechen, denn die Zeit ist kurz, die Kräfte sind klein, das Bureau ist ein Schrecken, die Wohnung ist laut und man muß sich mit Kunststücken durchzuwinden suchen, wenn es mit einem schönen geraden Leben nicht geht«. Aber das schließt nicht aus, daß Schreiben zur Traurigkeit beiträgt (T/323) und daß die Befriedigung, die es gewährt, zu wünschen übrig läßt; und auch davon handelt der zitierte Brief an Felice, in dem von den Kunststücken die Rede ist, die zum Schreiben nötig sind: »Die Befriedigung über ein derartiges Kunststück, das einem in der Zeiteinteilung gelungen ist, ist allerdings nichts gegenüber dem ewigen Jammer, daß jede Ermüdung sich in dem Geschriebenen viel besser und klarer aufzeichnet, als das, was man eigentlich aufschreiben wollte« (F/67).[9] Halbheiten dürfen auf keinen Fall sein. Hier ist Unbedingtheit gefordert, die den Einzelnen voll und ganz beansprucht. »Unbedingt weiterarbeiten, traurig, daß es heute nicht möglich ist, denn ich bin müde und habe Kopfschmerzen, hatte sie auch andeutungsweise vormittag im Bureau. Unbedingt weiterarbeiten, es muß möglich sein, trotz Schlaflosigkeit und Bureau« (T/445). So lautet eine Aufzeichnung vom Dezember des ersten Kriegsjahres; und auch die schon angeführte Niederschrift aus den Tagen der Mobilmachung verwendet das Wort: »Aber schreiben werde ich trotz alledem, unbedingt...« Es ist diese Unbedingtheit, die in den ersten Kriegsmonaten förmlich beschworen wird, damit sie sich dem Bewußtsein einprägt.

Das Tagebuch ist die gemäße Form solchen Schreibens, das der Selbsterhaltung dient. Reflexionen über seine literarische Form sind daher wiederkehrende Motive: »Es ist sehr notwendig geworden, wieder ein Tagebuch zu führen. Mein unsicherer Kopf, F., der Vorfall im Bureau, die körperliche Unmöglichkeit zu schreiben und das innere Bedürfnis danach« (T/303); und abermals im Stil solcher Unbedingtheit: »Das Tagebuch von heute an festhalten! Regelmäßig schreiben! Sich nicht aufgeben! Wenn auch keine Erlösung kommt, so will ich doch jeden Augenblick ihrer würdig sein« (T/249). An ein Publikum wird kaum gedacht. Der Schreibende ist allein und mit sich selbst beschäftigt; nicht selten schreibt er gegen den Tod oder gegen irgendwelche Ängste – wie Rilkes Malte Laurids Brigge im einsamen und verlorenen Paris: »Ich habe etwas getan gegen die Furcht. Ich habe die ganze Nacht gesessen und geschrieben...«.[10] Diese Mitteilungssituation, die über die Zeiten hinweg die gleiche zu bleiben scheint, hat Ernst Jünger im Blick, wenn er im Eingang seines Tagebuchs *Strahlungen* auf die sieben Matrosen zu sprechen kommt, die 1633 auf der Insel des Heiligen Mauritius im nördlichen Eismeer überwinterten: »Die sieben Matrosen sind bereits Gestalten der kopernikanischen Welt, zu deren Zügen auch die Sehnsucht nach den Polen zählt. Ihr Tagebuch ist neue Literatur, als deren Merkmal man ganz allgemein die Absetzung des Geistes vom Gegenstande, des Autors von der Welt bezeichnen kann«; und in Hinblick auf die literarische Form solcher Schriftlichkeit: »Der Tagebuch-Charakter wird vielmehr zu einem Kennzeichen der Literatur. Es hat das unter mancherlei Gründen auch den oben erwähnten der Geschwindigkeit. Die Wahrnehmung, die Mannigfaltigkeit der Töne kann sich in einem Maße steigern, daß die Form bedroht [...] ist. Demgegenüber ist literarisch das Tagebuch das beste Medium. Auch bleibt es im totalen Staat das letzte mögliche Gespräch.«[11] Die Situation, sich gegen Untergang und Tod schreibend zu behaupten, ist mithin nicht neu. Aber im Falle Kafkas hat man es hinsichtlich solcher Versuche der Selbsterhaltung nicht nur mit Tagebüchern zu tun sondern mit den Formen seines Schreibens im ganzen; genauer: mit dem, was er unter Literatur versteht. Dieses Literaturverständnis entfernt sich von der »schönen Literatur« im traditionellen Sinn radikal. Eine Aufzeichnung aus dem Jahre 1913 bedarf in diesem Punkt kaum eines Kommentars. Familienleben und Selbsterhaltung mit Hilfe der Literatur werden hier schroff miteinander konfrontiert: »Nun, ich lebe in meiner Familie, unter den besten und liebevollsten Menschen, fremder als ein Fremder. Mit meiner Mutter habe ich in den letzten Jahren durchschnittlich nicht zwanzig Worte täglich gesprochen, mit meinem Vater kaum jemals mehr als Grußworte gewechselt. Mit meinen verheirateten Schwestern und den Schwägern spreche ich gar nicht, ohne etwa mit ihnen böse zu sein. Der Grund ist einfach der, daß ich mit ihnen nicht das Allergeringste zu sprechen habe. Alles, was nicht Literatur ist, langweilt mich und ich hasse es, denn es stört mich oder hält mich auf [...]« (T/319).

Eine Beziehung zum Leser ist in solchem Literaturverständnis kaum noch auszumachen. Mit ihm in Kontakt zu treten, ihn zu unterhalten oder zu belehren, besteht kein Bedürfnis. Der Schreibende, der wie hier von sich sagt, »Alles was nicht Literatur ist, langweilt mich«, sieht ihren Sinn vorwiegend in dem, was sie eigens für ihn bedeutet: ein Schutzmittel gegen Angst und Tod. Es geht in solchem Verhalten nicht um eine Seite des Menschen oder um einzelne Fähigkeiten, die ihn auszeichnen, sondern um die Person im ganzen, um seine Existenz in einem neuartigen Sinne des Wortes. Kafka selbst verwendet es mit Bedacht, so im *Brief an den Vater*. Hier heißt es: »Ich hatte, seitdem ich denken kann, solche tiefste Sorgen der geistigen Existenzbehauptung, daß mir alles andere gleichgültig war.«[12] Das Wort hat offensichtlich dieselbe Bedeutung wie der Begriff der Selbsterhaltung in der Niederschrift vom 31. Juli 1914. Beidemal werden Möglichkeiten des Überlebens zum Ausdruck gebracht. Aber mit der Bezeichnung solcher Möglichkeiten als Existenzbehauptung geht eine Intensivierung des Ausdrucks einher. Von den Schwierigkeiten der Verlobungszeit ist in einem Brief an Max Brod die Rede, in diesem Zusammenhang heißt es: »Ich kann mit ihr nicht leben und ich kann ohne sie nicht leben. Durch diesen einen Griff ist meine Existenz, die bisher wenigstens zum Teil für mich gnädig verhüllt war, vollständig enthüllt. Ich sollte mit Ruten in die Wüste getrieben werden.«[13] Der Gebrauch des Pronomens der ersten Person Singularis genügt nicht; statt dessen heißt es: »meine Existenz«. Um sprachliche Intensivierung handelt es sich auch hier. Literatur, die in solcher Weise der Existenzbehauptung dient, als »existentiell« zu bezeichnen, muß erlaubt sein, den Begriff durchaus im Sinne Kierkegaards und der späteren Existenzphilosophie verstanden. Grundbegriffe dieser Philosophie wie Angst, Sorge, Heimatlosigkeit oder Grenzsituation sind auch Grundbegriffe in Kafkas Denken, und der geistesverwandte Däne, der in der literarischen Diskussion um 1910 nahezu in aller Munde ist, war ihm ein vertrauter Autor. »Ich habe heute Kierkegaard ›Buch des Richters‹ bekommen. Wie ich es ahnte, ist sein Fall trotz wesentlicher Unterschiede dem meinem sehr ähnlich, zumindest liegt er auf der gleichen Seite der Welt. Er bestätigt mich wie ein Freund,« lautet eine Eintragung im Tagebuch vom 21. August 1913.[14] Zwischen einer solchen »Existenz-Literatur« um 1910, wie man sie bezeichnen kann, und der späteren Existenzphilosophie gibt es Zusammenhänge, die zu erläutern wären. Die neuere Kafka-Forschung hat sich Sprache und Denkweise dieser Philosophie sicher im Übermaße angeeignet, so daß jargonhafte Redeformen nicht ausblieben. Aber es ist billig, einen nicht unbeträchtlichen Teil dieser Forschung eben deshalb abzutun, wie es bei Theodor W. Adorno geschieht: »Weniges von dem, was über ihn [über Kafka] geschrieben wird, zählt; das meiste ist Existentialismus. Er wird eingeordnet in eine etablierte Denkrichtung«.[15] Natürlich kann von der Gleichsetzung einer solcherart existentiellen Literatur mit der späteren Existenzphilosophie nicht die Rede sein. Aber die Zusammenhänge, die es gibt, müssen nicht als Einordnung in eine etablierte – und das heißt – spätere Denkrichtung verstanden werden. Das Spätere, die Philosophie, muß gegenüber dem Früheren, der Literatur, nicht das ganz andere sein. Denkbar ist auch, daß die Literatur Erfahrungen vorwegnimmt, die von der späteren Philosophie mit Veränderungen in der Aussageweise auf den Begriff gebracht werden.[16] Nicht das »Existenzphilosophische« im Verständnis Kafkas ist zu beanstanden, sondern die Einseitigkeit im Verständnis des Begriffes Existenz.[17]

Denn damit meint man vorwiegend und auch vielfach heute noch das Individuelle, Persönliche und womöglich Private menschlichen Daseins. Man meint damit alles das, was vorwiegend oder ausschließlich der individuellen Psychologie zugänglich ist, vor allem die Biographie, die mit der Person auch das literarische Werk von Zeit und Umwelt isoliert. Eine derart auf die individuelle Person bezogene und von allen gesellschaftlichen Zusammenhängen gelöste Betrachtung ist das, was aus solchem Verständnis von Existenz folgt. Es ist letztlich zeitlose Kunst, die auf solche Weise konstruiert wird. Damit wird einer Vorstellungsart das Wort geredet, die besonders im deutschen Sprachgebiet traditionsbildend gewirkt hat. Dichtung, das ist, dieser Tradition zufolge, zeitlose Kunst, die sich über die Niederungen gemeiner Wirklichkeit »erhebt«. So manche religiöse Deutung ist mit existenzphilosophischen Betrachtungsweisen dieser Art verwandt. Hier wie dort kann das Zeitlose als das vom Autor Gemeinte behauptet werden; und hinsichtlich der Erzählung *In der Strafkolonie* als etwas, das keinerlei Beziehung zur Wirklichkeit habe. »Was er darstellte«, heißt es in einer derart existentiellen Betrachtung (von Walter H. Sokel), »war – wie immer – eine Verbildlichung von Problemen nicht der gesellschaftlichen Wirklichkeit, sondern seiner eigensten Existenz«.[18] Deutlicher kann es nicht gesagt werden, als es hier gesagt wird: entweder das eine oder das andere; entweder gesellschaftliche Wirklichkeit – um deren Darstellung sich andere Zeitgenossen bemüht haben mögen – oder »eigenste Existenz«, von jeder gesellschaftlichen Beziehung losgelöst und isoliert. Die Denkweise des Entweder – Oder in diesem Punkt bestätigt sich in einer anderen Deutung existenzphilosophischer Herkunft von Heinz Ide. Wir lesen den unmißverständlichen Satz: »Ich meine, es läßt sich nachweisen, daß Kafka nicht ein zeitbedingtes Gestimmtsein, sondern die Grundsituation des Menschen überhaupt erhellt.«[19] Es muß aber darum gehen, die Isolierungen zu durchbrechen, die mit dem einseitigen Existenzbegriff verbunden sind, wie er sich bei uns eingebürgert hat; um so mehr, als man einen Autor vom Range Kafkas nur gerecht wird, wenn man die von ihm verfaßten Texte im Kontext zeitgeschichtlicher Bezüge sieht. Nicht das eine ist gegen das andere auszuspielen, vielmehr ist der eine Bereich mit dem anderen zu vermitteln. Der Begriff der Existenz macht eine doppelte Optik erforderlich. Die Tagebuch-Eintragung zu Kriegsbeginn, von der wir ausgegangen sind, kann auch in diesem Sinn exemplarisch verstanden werden. Es ist durchaus das eigene Ich, um das sich in diesen Aufzeichnungen alles dreht, und mit der Aussage über den Zweck des Schreibens, das der Selbsterhaltung dient, wird der autobiographische Bezug nur bestätigt. Dennoch sind es die Zeitumstände, die zu solcher Unbedingtheit nötigen. Diese Nötigung ist jetzt, mit Ausbruch des Krieges, um vieles bedrängender geworden. Aber auch zuvor war sie bereits vorhanden. Die aus dem Existenzbegriff nicht wegzudenkende Unbedingtheit ist keine biographisch-zeitlose Kategorie sondern ein geschichtliches Phänomen. Der sich in seiner Zeit und in seinem Raum vorfindende Schriftsteller sieht sich zu Unbedingtheit und Existenz herausgefordert aufgrund der Verhältnisse, wie sie sind. Und als Schriftsteller erst recht! Kafkas Existenzverständnis, seine Auffassung von Literatur und von dem, was er Schreiben nennt, ist zeitgeschichtlich und gesellschaftlich deutbar als Folge der modernen Industriegesellschaft, in der sich der Schriftsteller vorfindet, wenn er zu schreiben beginnt; als einem von Wissenschaft bestimmten Zeitalter, dessen Fortschrittsgläubigkeit nicht gehalten hat, was man sich von ihr versprach.

Die doppelte Optik, die darin beruht, das eine zu sehen, ohne das andere zu übersehen, ist an der Erzählung *In der Strafkolonie* beispielhaft zu zeigen. Aber nicht die Methode ist der Zweck, und der Text ist nicht das Mittel, mit dem gezeigt werden kann, daß sie ›stimmt‹. Andererseits muß auch der literarische Text nicht der letzte Bezugspunkt sein, der es uns verwehrt, über ihn hinauszudenken. Das betrifft in jedem Fall das, was hier als Kontext der Erzählung Kafkas verstanden wird – auch dann, wenn er selbst solche Bezüge nicht im Blick gehabt haben sollte. Diese Prämisse, den Text nicht nur, aber doch auch aus den verschiedenen Kontextbezügen zu erläutern, geht natürlich von einem bestimmten Verhältnis des Autors zur Wirklichkeit aus, das der Interpret stillschweigend oder expressis verbis voraussetzt. Diese Wirklichkeit ist im Werk Kafkas – das versteht sich von selbst – niemals die realistisch geschilderte Wirklichkeit des neunzehnten Jahrhunderts. Sie wird verschlüsselt und verfremdet; aber sie kann als eine dennoch vorhandene Wirklichkeit rekonstruiert werden; und ob man das derart Verschlüsselte und Verfremdete je als phantastisch zu bezeichnen berechtigt ist, stehe dahin. Ein wesentlicher Bereich dieser Wirklichkeit ist der »verbaute juristische Raum«, wie er bezeichnet worden ist[20], näherhin die Rechtswissenschaft der Zeit, mit der es Kafka für einige Jahre auch im beruflichen Alltag zu tun hatte. Er hat diesen Bereich – denjenigen seines Studiums wie seines beruflichen Wirkens – zumeist als einen solchen aufgefaßt, der seiner schriftstellerischen Tätigkeit im Wege stand. Von Doppelleben ist gelegentlich wie bei Gottfried Benn die Rede. In einem Briefentwurf seines Tagebuchs heißt es: »Das Bureau hat nur insofern einen unschuldigen Anteil daran, als ich, wenn ich nicht hinmüßte, ruhig für meine Arbeit leben könnte und nicht diese sechs Stunden täglich dort verbringen müßte, die mich besonders Freitag und Samstag, weil ich voll meiner Sachen war, gequält haben, daß Sie es sich nicht ausdenken können. Schließlich, das weiß ich ja, ist das nur Geschwätz, schuldig bin ich und das Bureau hat gegen mich die klarsten und berechtigtesten Forderungen. Nur ist es eben für mich ein schreckliches Doppelleben, aus dem es wahrscheinlich nur den Irrsinn als Ausweg gibt« (T/41). [21] Die jetzt vorliegenden *Amtlichen Schriften* mit einer stattlichen Zahl von Gutachten und Denkschriften in Fragen der Arbeiter-Unfallversicherung zeigen, daß es sich so nicht verhält. Es gibt vielfach Wechselbeziehungen auch hier. Der Widerwille gegenüber dem beruflichen Alltag ist ausgeprägt, aber die Probleme, die er mit sich bringt, werden nicht verdrängt; und um rechtliche Probleme handelt es sich wiederholt. Was nicht heißen muß, daß die Denkformen übernommen werden, die in Wissenschaft und Beruf die geltenden sind. Eher das Gegenteil ist der Fall. Zumeist in Formen der Verfremdung und Entstellung begegnen sie uns im literarischen Text – wie im Fall des Prokuristen Gregor Samsa, der eines Morgens eine ihm fremde Welt wahrnimmt, wenn er erwacht und sich in ein Ungeziefer verwandelt sieht. Besonders gegenüber den Anwendungen von Wissenschaft sieht man sich zur Selbstbehauptung aufgefordert. [22] Der von Wissenschaft und Technik bestimmte Alltag des beruflichen Lebens bleibt dem Einzelnen die Sicherheit schuldig, die er sich wünschte. Wissenschaft ist unübersehbar geworden; sie hat längst ihre Unschuld eingebüßt. Der Ausbruch des Ersten Weltkriegs macht es vollends deutlich. Vom »Krieg der Geister« und vom »Zusammenbruch der internationalen Gelehrtenrepublik« kann nunmehr, wenigstens aus heutiger Sicht, gesprochen werden.[23] Die am 16. Oktober 1914 der Öffentlichkeit übergebene *Erklärung der Hochschullehrer des Deutschen Reiches* ist in der Geschichte der deutschen Wissenschaft alles andere als ein Zeugnis der Humanität.[24] In eben diesen Tagen wurde Kafkas Erzählung *In der Strafkolonie* begonnen.[25]

Der biographische Hintergrund

Die in den Oktobertagen des ersten Kriegsjahres begonnene Erzählung wurde schon Ende November abgeschlossen. Kafka las sie am 2. Dezember im Freundeskreis vor. Im Tagebuch ist vermerkt: »Nachmittag bei Werfel mit Max und Pick. ›In der Strafkolonie‹ vorgelesen, nicht ganz unzufrieden, bis auf die überdeutlichen unverwischbaren Fehler« (T/444). Aber die Zustimmung des sonst so wagemutigen Verlegers blieb zunächst aus, als sie ihm im Jahre 1916 übersandt wurde. Kurt Wolff bezeichnete sie als peinlich. Das Wort hat in der Geschichte des deutschen Strafrechts seinen Ort, und an die Peinliche Gerichtsordnung Karls V., an die Carolina, konnte sich ein promovierter Jurist wie Kafka erinnern fühlen, als er die kritischen Einwände seines Verlegers zu lesen bekam; daß es aber in seiner Erzählung Peinliches in einem solchen Sinn gibt, wird ja niemand bestreiten. Kafka nahm das vieldeutige Wort auf, um mit ihm das damit Bezeichnete – seinen eigenen Text – zu rechtfertigen. Diese Rechtfertigung ist enthalten in einem Brief vom 11. Oktober 1916. Es sind vor allem die folgenden Sätze, die man zitiert findet, wenn über Kafkas Erzählung gehandelt wird. »Ihr Aussetzen des Peinlichen«, schreibt Kafka, »trifft ganz mit meiner Meinung zusammen, die ich allerdings in dieser Art fast gegenüber allem habe, was bisher von mir vorliegt. Bemerken Sie, wie wenig in dieser oder jener Form von diesem Peinlichen frei ist! Zur Erklärung dieser letzten Erzählung füge ich nur hinzu, daß nicht nur sie peinlich ist, daß vielmehr unsere allgemeine und meine besondere Zeit gleichfalls sehr peinlich war und ist und meine besondere sogar noch länger peinlich als die allgemeine« (B/150). Man hat Grund, Kafkas Erklärung wörtlich zu nehmen und die Peinlichkeit der Zeit im zweifachen Sinne zu beachten. Auf die geforderte doppelte Optik, von der schon die Rede war, sieht man sich erneut verwiesen.

Zunächst gibt es Verweise auf das Besondere, auf die Zusammenhänge zwischen der eigenen Person und dem literarischen Text. Es gibt sie auch sonst, nicht nur im Entstehungsbereich der *Strafkolonie*. Hinsichtlich der Erzählung *Das Urteil* notiert sich Kafka in sein Tagebuch: »Anläßlich der Korrektur des ›Urteil‹ schreibe ich alle Beziehungen auf, die mir in der Geschichte klargeworden sind, soweit ich sie gegenwärtig habe [...] Georg hat so viel Buchstaben wie Franz [...] Bende aber hat ebenso viele Buchstaben wie Kafka und der Vokal e wiederholt sich an den gleichen Stellen wie der Vokal a in Kafka« (T/296). Obgleich es sich um einen veröffentlichten Text handelt, scheint er sich der Öffentlichkeit gänzlich zu entziehen, als habe man es mit einem ganz und gar privaten Schriftstück zu tun. An eine Bemerkung, die Gustav Janouch vernommen haben will, wird man erinnert; »so kommt es zum Schluß zur Herausgabe von Dingen, die eigentlich nur ganz private Aufzeichnungen und Spielereien sind«, soll Kafka gesagt haben.[26]

Im Blick auf die *Strafkolonie* handelt es sich um autobiographische Bezüge anderer Art. Von den Anfängen her gibt es bei Kafka einen merkwürdigen Zusammenhang von Autobiographik und Justiz. Zwar sind die in seinem Werk wiederkehrenden Begriffe Schuld und Strafe nicht ausschließlich von Theologie und Jurisprudenz zu beanspruchen. Jeder kann sie sich zurechnen. Aber in seiner Vorstellungswelt ergeben sie in Verbindung mit Begriffen wie Gericht, Urteil oder Hinrichtung eine unheimliche Reihe. Der autobiographische Bezug gilt diesem Begriffsfeld immer erneut. Er beruht darin, daß der Schreibende, also Kafka, aufgrund einer Schuld, die er sich zurechnet, die Funktionen der Justiz selbst übernimmt – einer solchen, die gedachterweise in Selbstbestrafung und Selbsthinrichtung einmündet. Von Henkern und Hinrichtungen handeln die Tagebücher wiederholt, und nicht um irgendjemand geht es dabei, sondern um das eigene Ich, das sich in solche Situationen hineindenkt. Vorstellungen, auf einem Weg im Schnee, die sich vermischen, werden notiert (freilich aus späterer Zeit): »Wäre es nur so, wie es auf dem Weg im Schnee scheinen kann, dann wäre es schrecklich, dann wäre ich verloren, dies nicht als eine Drohung aufgefaßt, sondern als sofortige Hinrichtung« (T/566). Obwohl in einer Niederschrift vom 22. Juli 1916 von einem Verurteilten in der dritten Person gesprochen wird, ist der autobiographische Bezug offenkundig; denn der Verurteilte ist ein Schreibender: »Sonderbarer Gerichtsgebrauch. Der Verurteilte wird in seiner Zelle vom Scharfrichter erstochen, ohne daß andere Personen zugegen sein dürfen. Er sitzt am Tisch und beendet seinen Brief oder seine letzte Mahlzeit«. Der Verurteilte will nicht glauben, daß die Hinrichtung vollzogen werde.

Er glaubt, es gehe zu wie im Märchen. Doch der abschließende Satz des Henkers – »hier ist aber kein Märchen« – beendet solche Illusionen abrupt (T/509). Auch an die entstehungsgeschichtlichen Daten ist in diesem Zusammenhang zu erinnern. Der in Aussicht genommene Novellenband, in den auch die Erzählung *In der Strafkolonie* aufgenommen werden sollte, hätte die Überschrift »Strafen« erhalten sollen; und daß dabei nicht nur an objektive Tatbestände der Jurisprudenz gedacht war, sondern auch an sehr viel Subjektives, kann kaum zweifelhaft sein.[27]

Von Strafphantasien wird hinsichtlich solcher Bezugnahmen in der Kafka-Forschung gemeinhin gesprochen. Eine der frühen Arbeiten aus der Schule der Psychoanalyse, die Kafka gewidmet wurde, gilt diesem Problembereich. Die *Strafkolonie* steht hier ganz im Mittelpunkt der Betrachtung. Es handelt sich um Hellmuth Kaisers Untersuchung *Franz Kafkas Inferno* mit dem Untertitel: »Eine psychologische Deutung seiner Strafphantasie«.[28] Die individual-psychologische Erklärung in Verbindung mit mythisch-religiösen Vorstellungen gilt hier ausschließlich. Von anderem ist kaum die Rede; über Kolonien oder Kolonialismus hört man kein Wort. Auch handelt es sich durchweg um Vorgänge, die dem Bewußtsein Kafkas entzogen sind, während die Strafphantasien in der Entstehungszeit der Erzählung Akte des bewußten Lebens darstellen; und nicht erst mit der Niederschrift der *Strafkolonie*, sondern schon zuvor ist Kafka mit solchen Strafphantasien autobiographischer Art befaßt. Vom 19. Januar 1914 ist die aufschlußreiche Notiz datiert, auf die in diesem Zusammenhang aufmerksam zu machen ist: »Letzthin, als ich wieder einmal zu regelmäßiger Stunde aus dem Aufzug stieg, fiel mir ein, daß mein Leben mit seinen immer tiefer ins Detail sich uniformierenden Tagen den Strafarbeiten gleicht, bei denen der Schüler je nach seiner Schuld zehnmal, hundertmal oder noch öfter den gleichen, zumindest in der Wiederholung sinnlosen Satz aufzuschreiben hat, nur daß es sich aber bei mir um eine Strafe handelt, bei der es heißt: ›so oft, als du es aushältst‹« (T/353). Ähnlich die Tagebuch-Notiz vom 25. Februar 1915: »Wäre ich ein Fremder, [...] müßte ich sagen, daß alles in Nutzlosigkeit enden muß, verbraucht in unaufhörlichem Zweifel, schöpferisch nur in Selbstquälerei« (T/464). Das deutet auf Schmerz und Qualen hin; aber Strafe bedeutet in diesen autobiographischen Zeugnissen Unglück nicht nur. Sie kann auch als eine Art Glück herbeigesehnt werden, wie gelegentlich eines Traumes, den es im Tagebuch festzuhalten gilt: »Ein Traum, kurz, in einem krampfhaften, kurzen Schlaf, krampfhaft mich festgehalten, in maßlosem Glück« (T/545). Das Glück habe darin bestanden, heißt es abschließend, »daß die Strafe kam und ich sie so frei, überzeugt und glücklich willkommen hieß, ein Anblick, der die Götter rühren müßte, auch diese Rührung der Götter empfand ich fast bis zu Tränen« (T/546). Lustmomente in solchen Strafphantasien sind unverkennbar, und von einem »Erbe des Sadomasochismus« kann in solchem Zusammenhang gesprochen werden.[29] Zu solcher Autobiographik im Zeichen der Strafe gehört von Anfang an das Bild des strafenden Vaters; von Anfang an: weil schon die erste veröffentlichte Erzählung, *Das Urteil*, diesen Zusammenhang offenkundig macht.[30] Bis in die späteste Zeit hinein sind solche Strafphantasien nachweisbar. »Ja, das Foltern ist mir äußerst wichtig, ich beschäftige mich mit nichts anderem als mit Gefoltert-werden und Foltern! Warum? [...] Die Dummheit die darin liegt [...] habe ich einmal so ausgedrückt: ›Das Tier entwindet dem Herrn die Peitsche und peitscht sich selbst, um Herr zu werden, und weiß nicht, daß das nur Phantasie ist, erzeugt durch einen neuen Knoten im Peitschenriemen des Herrn‹. Natürlich, auch kläglich ist das Foltern [...]«, heißt es 1920 in den Briefen an Milena.[31] Ähnlich mit Beziehung auf Felice in einer Tagebuch-Niederschrift vom September 1917: »F. war hier, fährt, um mich zu sehn, dreißig Stunden, ich hätte es verhindern müssen. So wie ich es mir vorstelle, trägt sie, wesentlich durch meine Schuld, ein Äußerstes an Unglück [...] im ganzen [...] ist sie eine unschuldig zu schwerer Folter Verurteilte; ich habe das Unrecht getan, wegen dessen sie gefoltert wird, und bediene außerdem das Folterinstrument« (T/531). Und damit ist diejenige Person genannt, die im Geflecht von literarischem Text, biographischem Hintergrund und autobiographischen Strafphantasien um diese Zeit die wichtigste war: Felice Bauer als die Empfängerin einer Flut von Briefen, die einen stattlichen Band von nahezu 800 gedruckten Seiten erbracht haben.

Die vielfach quälende Geschichte dieser Verlobungen und Entlobungen hat Elias Canetti als Kafkas anderen Prozeß beschrieben – mit Beziehung auf denjenigen Text, der in dieser Zeit gleichfalls entsteht, ohne abgeschlossen zu werden: kein anderer als der »*Prozeß*«-Roman, der erst nach dem Tod Kafkas erscheinen wird.[32] Dieser andere Prozeß, die an Kierkegaard erinnernden Schwierigkeiten, hat seinen Niederschlag in den Briefen an Felice Bauer gefunden, und als ein literarisches Werk darf man auch dieses Briefopus mit gutem Grund bezeichnen. Die Schwierigkeiten, die der Leser dieser Briefe hat oder haben kann, leugnet Canetti keineswegs. »Nun sind sie also publiziert, diese Briefe einer fünfjährigen Qual, in einem Band von 750 Seiten, der Name der Verlobten, während vieler Jahre diskret als F. mit einem Punkt bezeichnet, ähnlich wie K.,...«, so beginnt Canettis eindringlicher Essay.[33] Dennoch wird ihre Veröffentlichung gerechtfertigt, wenn es gleich einleitend heißt: »Ich habe diese Briefe mit einer Ergriffenheit gelesen, wie ich sie seit Jahren bei keinem literarischen Werk erlebt habe. Die Briefe gehören nun in die Reihe jener unverwechselbaren Memoiren, Autobiographien, Korrespondenzen, von denen Kafka selbst sich nährte. [34] Aber um die erzählte Geschichte einer Verlobung, die zur Entlobung führt, zur Wiederanknüpfung der Beziehungen und zu erneutem Bruch handelt es sich nicht nur. Auch von Spaltung der Beziehungen ist die Rede. Das betrifft die Liebesbotin der Verlobungszeit, die Freundin der Geliebten, Grete Bloch, der sich Kafka zuwendet, ohne sich von der Geliebten völlig abzuwenden. Das psychologische Drama – ein solches in Briefen – erreicht seine Peripetie mit der Verlobung zu Ostern 1914. Es findet sein vorläufiges Ende und zugleich das Ende dieser Doppelbeziehungen in der Katastrophe der Julitage desselben Jahres, kurz vor Ausbruch des Weltkriegs und wenige Monate vor der Niederschrift der *Strafkolonie*.

Die Katastrophe dieser Julitage unmittelbar vor Ausbruch des Ersten Weltkrieges: das ist das vor allem, was Kafka selbst das Gericht im Hotel »Askanischer Hof« genannt hat. Vor dieses Gericht sah er sich zitiert, um hier sein Urteil schweigend entgegenzunehmen. Der Zusammenhang von Autobiographik und Justiz wird nun vollends offenkundig. Begriffe aus der Gerichtssprache drängen sich auch Canetti in der Beschreibung dieses Prozesses wiederholt auf. Er zitiert aus einem in der Sylvesternacht 1912 geschriebenen Brief, in dem Kafka ein Wort der Geliebten – »wir gehören unbedingt zusammen« – aufnimmt; Kafka fährt fort: »Das ist, Liebste, tausendfach wahr, ich hätte z. B. jetzt in den ersten Stunden des neuen Jahres keinen größeren und keinen närrischeren Wunsch, als daß wir an den Handgelenken Deiner linken und meiner rechten Hand unlösbar zusammengebunden wären. Ich weiß nicht recht, warum mir das einfällt, vielleicht, weil vor mir ein Buch über die Französische Revolution mit Berichten von Zeitgenossen steht und weil es immerhin möglich ist – ohne daß ich es allerdings irgendwo gelesen oder gehört hätte –, daß einmal auf solche Weise zusammengebunden ein Paar zum Schafott geführt wurde (F/224); und Canetti fügt hinzu: »Die Ehe als Schafott – mit dieser Vorstellung hatte das neue Jahr für ihn begonnen«. [35] Aber Beachtung nicht weniger verdient der Zusammenhang von Autobiographik und Justiz mit Beziehung auf die Französische Revolution; der politische Kontext solcher Strafphantasien deutet sich an. Von Selbstquälerei Kafkas in dem merkwürdigen Beziehungsgeflecht ist in der Beschreibung dieses anderen Prozesses die Rede; oder auch davon, daß sich Kafka zum Advokaten gegen sich selbst mache. [36] Das Ende dieser Doppelbeziehungen mit dem Gericht im Hotel »Askanischer Hof« in Berlin hat Kafka im Tagebuch unter dem Datum des 23. Juli 1914 festgehalten: »Der Gerichtshof im Hotel. Die Fahrt in der Droschke. Das Gesicht F's. Sie fährt mit den Händen in die Haare, gähnt. Rafft sich plötzlich auf und sagt gut Durchdachtes, lange Bewahrtes, Feindseliges. Der Rückweg mit Fräulein Bl. Das Zimmer im Hotel, die von der gegenüberliegenden Mauer reflektierte Hitze. Auch von den sich wölbenden Seitenmauern, die das tiefliegende Zimmerfenster einschließen, kommt Hitze. Überdies Nachmittagssonne. Der bewegliche Diener, fast ostjüdisch. Lärm im Hof, wie in einer Maschinenfabrik. Schlechte Gerüche. Die Wanze. Schwerer Entschluß, sie zu zerdrücken. Stubenmädchen staunt: es sind nirgends Wanzen, nur einmal hat ein Gast auf dem Korridor eine gefunden« (T/ 407). Soweit Kafkas Aufzeichnung über die als Gericht empfundene Zusammenkunft mit der Verlobten und ihrer Familie. Hierzu abermals Elias Canetti: »Die Anklage, die hart und gehässig war, brachte Felice selbst vor, es ist aus den spärlichen Zeugnissen nicht klar, ob und inwieweit Grete Bloch auch dann noch direkt eingriff. Aber sie war da, und Kafka empfand sie als die eigentliche Richterin. Er sagte kein Wort, er verteidigte sich nicht, und die Verlobung ging in Trümmer, wie er sich's gewünscht hatte«.[37] Dieser Abbruch der Beziehungen habe weitreichende Wirkungen gehabt, führt er aus. Der biographische Prozeß sei in vielen Einzelzügen in den *Prozeß*-Roman eingegangen. Das wird ausführlich und überzeugend begründet. Aber die Erzählung *In der Strafkolonie* wird nur am Rande erwähnt. Eine gelegentliche Äußerung über sie betrifft den Leser dieser Korrespondenz, nicht Kafka selbst: »mit rapid zunehmender Sicherheit erlebt man, daß nichts davon sich je wieder vergißt, als sei es einem, wie in der ›Strafkolonie‹, in die Haut geschrieben«.[38] Ein unmittelbarer Zusammenhang zwischen dem biographischen Hintergrund und der nach dem »Gericht« verfaßten Erzählung wird in diesem Essay nicht erkennbar. Das ist bemerkenswert; denn neuere und durchaus maßgebliche Forschung hat gerade diesen Zusammenhang zwischen Verlobungsgeschichte und der Erzählung *In der Strafkolonie* sehr viel enger und eindeutiger – wenn man will: biographischer – aufgefaßt.

In dem Handbuch, das Kafkas Leben, sein Werk und seine Wirkung durchleuchtet, systematisiert und registriert, wird die im Oktober 1914 begonnene Erzählung aus dem biographischen Hintergrund erklärt. Ihre Entstehung wird als schöpferische Selbstquälerei verstanden. Aber sie wird nicht unmittelbar mit dem Gericht der Julitage in Verbindung gebracht sondern mit der unterbrochenen Verbindung zu Felice, die in dieser Zeit wieder aufzuleben beginne. In diesem Zusammenhang heißt es: »Wie der Offizier seine Urteile schreibende Straf-, Hinrichtungs- und Erlösungsmaschine dem fremden Forschungsreisenden stolz vorführt, so berichtet Kafka FELICE am ersten Abend, an dem er seit einem Vierteljahr nicht arbeitet (F/618), ausführlich und um anerkennende Billigung bemüht, von seinem Alleinsein und Schreiben. Wie der Offizier vom Forschungsreisenden heischt er von FELICE die Zustimmung zu einem Lebenssystem, das ihr ebenso Widerwillen erregen muß wie jenem das Justizwesen der Kolonie. Der durchgängige Bezug des Schreibens zur Biographie ist sofort ersichtlich, auch wenn man nicht so weit geht, diese Erzählung als allegorische Behandlung des Problemkomplexes Schreiben – Leben mit FELICE auszulegen...«.[39] An dieser Erklärung des literarischen Textes aus der Biographie – wie einst! – ist mancherlei brüchig. Das zweimalige »Wie« in biographischer Absicht – der Vergleich also – kann kaum überzeugen, zumal Kafka gleich mit mehreren Figuren der Erzählung in Beziehung gebracht wird. Etwas Willkürliches kommt in das Verfahren solcher Vergleiche; und daß Kafka sein Schreiben – bei allem, was an Qual und Trauer damit verbunden war – je als eine Todesurteile schreibende Maschinerie aufgefaßt hätte, ist nichts als eine kühne Behauptung. Noch weniger leuchtet ein, daß einem Schriftsteller wie Kafka Zustimmung zum Justizsystem der Kolonie unterstellt wird und daß er von der Geliebten Ähnliches erwarte, wie der Offizier vom Reisenden in der *Strafkolonie*. Es muß erlaubt sein, eine solche Unterstellung ungeheuerlich zu finden. Dennoch sind die Konjunktive – welche Rolle Kafka in solchen Vergleichen zu übernehmen hätte – nicht gänzlich zu überhören. Das schließt andere »Lesarten« nicht völlig aus. Eine solche Konzilianz der Auslegung liegt dort nicht mehr vor, wo für den autobiographischen Bezug Ausschließlichkeit beansprucht wird.

In einer der bedeutenden Monographien (von Walter H. Sokel), die Kafka gewidmet wurden, wird die Erzählung *In der Strafkolonie* in ein solches ganz autobiographisch verstandenes System der Strafen und Strafphantasien eingeordnet, als habe man es letztlich mit einem Privatschicksal zu tun. Nach einer Pause, so lesen wir, sei Kafka mit *Strafkolonie* und *Prozeß* wieder zur großen Linie der Strafphantasien zurückgekehrt; und in ihnen habe er schon bisher sein Bestes gegeben.[40] Auch hier wird der Gerichtshof in Berlin genannt, und er wird in Verbindung gebracht mit der noch nicht entstandenen *Strafkolonie*, wenn es heißt: »Die ›Strafkolonie‹, im Oktober 1914 geschrieben, stellt diesen ganzen Strafe-, Opfer- und Reinheitskomplex seiner Existenz als System dar, das in einer Strafkolonie verwirklicht wird«.[41] Hier werde der Hinrichtungsapparat in einer seltsamen Hinrichtungsmaschine objektiviert, die der verstorbene Kommandant erfunden und hinterlassen habe; und daß es vorwiegend oder ausschließlich um autobiographische Bezüge geht, wird erkennbar, wenn von dem Hinrichtungsappart gesagt wird, daß Kafka sein Leben als einen solchen angesehen habe. Keine Frage, daß solche Sehweisen eine gewisse Berechtigung haben und daß Kafka sich selbst in solchen Bezugnahmen zu seinen eigenen Texten gesehen hat. Aber keine Frage auch, daß man in einer solchen Optik des Individuellen, Existentiellen und womöglich Privaten der vielschichtigen Erzählung nicht gerecht wird, mit der wir es zu tun haben. Daß eine derart eindimensionale Optik mit dem einseitig verstandenen Existenzbegriff zusammenhängt, wurde ausgeführt. Es gibt dann in solcher Sicht nur das eine oder das andere. »Was er darstellte, war – wie immer – eine Verbildlichung von Problemen nicht der gesellschaftlichen Wirklichkeit, sondern seiner eigensten Existenz«.[42] Alles andere – es ist nicht wenig – wird ausgespart. Der literarische Text wird in bemerkenswerter Weise verkürzt; denn was immer die Strafphantasien bedeuten mögen – sie sind allenfalls ein Aspekt, aber nicht das Ganze. Das »Existentielle« – was immer es sei – soll nicht bestritten werden, nur eben nicht losgelöst von der peinlichen Zeit im allgemeinen, die zur Kriegszeit geworden war, als Kafka die Erzählung schrieb. Das heißt aber auch, daß in der Entstehungszeit dieser Erzählung die überkommene Rechtsordnung nur noch in beschränktem Umfang galt, da eine so oder so beschaffene Militärgerichtsbarkeit Geltung beanspruchte. Der Blick auf die Zeit im allgemeinen macht jede einseitige Festlegung Kafkas auf individuelle Psychologie oder zeitlose Theologie problematisch. Über alle denkbaren Strafphantasien hinaus geht es um die gesellschaftliche Wirklichkeit von Strafen durchaus und damit um Strafen im juristischen Sinn. Zu solcher Bestrafung aber gehört Strafvollzug, und schon der Titel der Erzählung verweist auf ihn. Er verweist auf den Ort des Strafvollzugs: auf Strafkolonien. Der Strafvollzug findet in unserer Erzählung auf einer Insel im Fernen Osten statt, wie sich am mehrfach erwähnten Teehaus zeigt; und Inseln wie diese sind dort vorhanden, wo es Kolonialismus gibt, der mittelbar oder unmittelbar nicht wenig zum Ausbruch des Ersten Weltkrieges beigetragen hat. Strafvollzug auf einer hierfür zur Verfügung stehenden Insel innerhalb eines Kolonialreichs setzt aber im Rechtssystem des Staates, zu dem die Kolonie gehört, ein bestimmtes Rechtsmittel voraus: desjenige der Deportation; und obgleich das Wort in Kafkas Erzählung nicht vorkommt, ist an eine solche zu denken, wenn wir die Unterschiede zwischen Transportation und Relegation vorerst auf sich beruhen lassen. Begriff und Vollzug der Deportation lassen daran denken, daß man es mit Menschen im vollgültigen Sinne des Wortes nicht zu tun hat, sondern mit einem Material weit mehr, das man – als Menschenmaterial – von einem Ort zum anderen transportiert. In der Literatur, die sich mit diesem Strafmittel befaßt, begegnet man dem zweifelhaften Wort wiederholt: »es würde sich bei der Strafverschickung Unverbesserlicher doch nur um völlig isolierte Inseln, oder bei der Aussiedlung von Strafgefangenen oder Entlassenen auf anderen Gebieten nur um ausgesuchtes Menschenmaterial handeln,« heißt es zu Anfang des Jahrhunderts in einer Zeitschrift, die häufig für die Einführung dieses Strafmittels eintrat.[43] Die Einschränkung – es würde sich nur um ausgesuchtes Menschenmaterial handeln – deutet auf eine Denkweise hin, über die noch zu sprechen sein wird. Deportation von Menschenmaterial heißt dann auch, daß es Menschen fortzuschaffen und wegzubringen gilt, die zur menschlichen Gesellschaft nicht recht gehören. Die mit diesem Strafmittel verbundene Praxis muß nicht in jedem Land und zu jeder Zeit dieselbe sein. Es gibt Unterschiede im Denken und Tun; vor allem aber gibt es eine Geschichte dieses Strafmittels, an der solche Unterschiede aufzuzeigen sind. Damit sieht man sich auf einen europäischen Kontext in mehrfacher Hinsicht verwiesen: auf einen solchen rechtshistorischer Art und auf literarische Texte zum anderen, die sich mit juristischen Sachverhalten wie diesen befassen.

DER RECHTSGESCHICHTLICHE KONTEXT

Zur Geschichte der Deportation. Erster Teil

Das Strafmittel der Deportation ist eine Erfindung des römischen Rechts. Aber erst in der Kaiserzeit macht man Gebrauch von ihm; erst unter Tiberius zu Beginn unserer Zeitrechnung hat es sich durchgesetzt. Noch die späte Republik kennt, von wenigen Ausnahmen abgesehen, nur Geldstrafen und Verbannung, und aus der letzteren, in Verbindung mit anderen Formen der Strafpraxis, ist die Deportation hervorgegangen. Der Zusammenhang mit der Todesstrafe ist vielfach erkennbar; in der Neuzeit zumeist in der Weise, daß mit der Einführung der Deportationsstrafe die Todesstrafe eingeschränkt wird. In der Kaiserzeit der römischen Antike ist es umgekehrt: unter den späteren christlichen Kaisern ersetzt die Todesstrafe die eingeführte Strafe der Deportation.[1] Der exekutorische Charakter, das Zwanghafte und Gewaltsame der Fortschaffung eines Menschen, ist das Neuartige an ihr. Sie wird dementsprechend von Franz von Holtzendorff, dem wir ein umfassendes Werk über diese Strafe verdanken, definiert: »Deportation ist die, mit Verlust des römischen Bürgerrechts verbundene zwangsweise ausgeführte Entfernung eines rechtskräftig verurteilten Verbrechers an eine entlegene Insel zum lebenslänglichen Aufenthalt«.[2] Aufschlußreich sind die wortgeschichtlichen Erläuterungen, die sich auf den Akt der Fortschaffung beziehen, wenn es heißt: »Ursprünglich läßt sich jedoch ein engerer Sprachgebrauch für *deportare* nachweisen, nach welchem vorzugsweise an den Seetransport gedacht wurde, wie dies auch leicht daraus zu erklären ist, daß die Küste im Verhältnis zur See immer als das höher Gelegene erscheint, von welchem sowohl die fortzuschaffende Waare, als auch die in alter Zeit nicht ankernden, sondern auf das Land gezogenen Schiffe zu jeder neuen Fahrt ›deportirt‹, heruntergeschafft werden mußten«.[3] Daß man zunächst Waren und Gegenstände deportiert, ehe man Menschen deportiert, ist das Bemerkenswerte dieser wortgeschichtlichen Erläuterung. Der Bedeutungswandel zu Ungunsten des Menschen ist bemerkenswert. Dem entspricht die Rede vom Menschenmaterial.

In der Geschichte der europäischen Staaten wurde die Strafe der Deportation dort vor allem eingeführt, wo es bereits Kolonialreiche gab, zuerst in England. Sie wird hier als Transportation bezeichnet[4]; und sie kann als Ersatz für die Todesstrafe angesehen werden, noch ehe sich Cesare Beccaria für ihre Abschaffung erklärte.[5] Seit dem Ende des 16. Jahrhunderts gab es vereinzelt Gesetze, die es gestatteten, Verbrecher über See zu bringen, ehe dann die Strafe im 17. Jahrhundert in das englische Strafsystem aufgenommen wurde.[6] Neu ist die Zwangsarbeit, eine Art Sklavendienst. Sie diente der Kolonisierung des Landes in den eigens eingerichteten Verbrecherkolonien. Solche Kolonien gab es, seit die Verschickung nach Amerika infolge seiner Unabhängigkeit nicht mehr möglich war. Seit 1787 wurden Verbrecher, auch Prostituierte, in solche Kolonien gebracht, auf Inseln in der Nähe Australiens. Eine der Verbrecherkolonien ist Van Diemens Land, wie die Insel bis 1853 hieß, das heutige Tasmanien. Port Arthur wurde 1872 als letzte Strafkolonie aufgelöst. Diese Strafkolonie war zu Beginn des 19. Jahrhunderts dem Seefahrer und Polarforscher Sir John Franklin als Gouverneur übertragen worden, dessen Wirksamkeit Sten Nadolny unlängst in dem Roman *Die Entdeckung der Langsamkeit* dargestellt hat; und das betrifft die Geschichte des Strafrechts und der Deportation vor allem, obgleich wir es natürlich nicht mit authentischen Quellen, sondern mit ihrer Deutung im Medium »schöner Literatur« zu tun haben. »Die Strafkolonie« heißt ein Kapitel dieses Buches. Der Autor schildert Franklin als einen sympathischen Reformer, der etwas Licht in die öde Welt dieser Strafkolonie zu bringen sucht. »Wenn er über die Menschenfeindlichkeit des Strafrechts sprach, konnte er helle Sätze sagen, die haften blieben«, heißt es hier.[7] Der geschichtlichen Wirklichkeit entsprechend wird angeführt, daß die zu Beginn des 19. Jahrhunderts zum Straflager gewordene Insel 1825 eine unabhängige Kolonie wurde, in der nun auch freie Siedler wohnen konnten. Das geschah auch sonst. Zunehmend, aufgrund aufsehenerregender Berichte, geriet das System der Strafkolonien in Verruf. Schließlich wurde die Transportation 1857 durch Strafknechtschaft ersetzt, die an jedem Ort des englischen Weltreichs vollstreckt werden konnte, auch in überseeischen Gebieten, aber nicht als Transportationsstrafe wie bisher.

Am längsten hat sich die Deportation im französischen Strafrecht zu halten vermocht, hier bis zum Jahre 1945. Im älteren französischen Recht taucht sie nur vereinzelt auf – im Unterschied zur Verbannung, die häufiger verfügt wurde.[8] Aber noch in der Zeit der Monarchie wird die Strafe der Deportation kodifiziert und in den Dekreten der Revolutionszeit mit Veränderungen beibehalten. Sie ist in erster Linie für politische Straftäter vorgesehen, woran auch die Strafgesetzgebung Napoleons, der code pénal von 1810, nichts ändert. Nach dem Staatsstreich Louis Napoleons wird die Anwendung der Deportationsstrafe als einer lebenslänglichen Freiheitsstrafe ohne Arbeitszwang erweitert und die Strafe der Transportation für gemeine Verbrecher mit Arbeitszwang in einer Straf-kolonie eingeführt. Um dieselbe Zeit wird aufgrund eines Dekrets vom 8. Dezember 1851 Cayenne in Französisch-Guyana zum Ort des Straf-vollzugs bestimmt. In einem 1859 gehaltenen Vortrag behandelt Franz von Holtzendorff die durch das Dekret bewirkten Rechtszustände in Frankreich. Wie es auch sonst seine Art ist, sieht dieser liberale Rechts-denker keinen Grund, über Frankreich »herzufallen«. Umso bemerkens-werter ist die zurückhaltend zum Ausdruck gebrachte Kritik. »Auch ohne die glühende Sprache einer begeisterten Phantasie ist aber die nackte und kalte Darstellung der Thatsachen geeignet, das Gefühl der Entrüstung in ruhigen Gemüthern zu erwecken...«.[9] Neukaledonien im Nordosten Australiens kommt 1864 hinzu, wohin auch die Kommunarden des Pari-ser Aufstands überführt werden. In seiner Biographie hat Klaus Wagen-bach ohne nähere Angaben mitgeteilt, daß Kafka 1911, anläßlich der 40. Wiederkehr des Aufstandes der Pariser Kommune, an einer ihr gewidme-ten Feier teilgenommen habe.[10] Aber auch dann, wenn diese Teilnahme umstritten bleibt, wenn es sie nicht gegeben haben sollte, dürfte Kafka keine interesselose Kenntnis von den französischen Kommunarden und der Deportationsstrafe gehabt haben, zu der sie verurteilt worden waren; denn indirekt ist die Gründung der Arbeiter-Unfallversicherungsanstalt, in der Kafka tätig wurde, vornehmlich diesem Ereignis zuzuschreiben. In der Einführung zu Kafkas unlängst veröffentlichten *Amtlichen Schriften* wird es überzeugend begründet: »Der erst am 28. Mai endgültig nieder-geschlagene Aufstand der Pariser Kommune beunruhigte Bismarck in einer Weise, die von historischem Weitblick zeugt [...] Die erschüttern-den Ereignisse, die den Sturz der Herrschaft der Pariser Kommune be-zeichneten, die wachsende Verbreitung der Internationale, der gefährliche Einfluß, den sie insbesondere auf die arbeitenden Klassen und gegen die heutigen Grundlagen des Staates und der Gesellschaft auszuüben be-ginnt, haben bei den Reichskanzlern den Wunsch nahegelegt, sich über gemeinsame Maßregeln zur Abwehr und zur Bekämpfung zu verständi-gen«.[11] Ein Zusammenhang zwischen Kommunarden-Aufstand, De-portationsstrafe und Kafkas Kenntnis dieser Dinge liegt in jedem Fall vor. Es gibt hierfür einen weiteren Beleg, und das ist, um es vorgreifend zu sagen, der literarische Text, die erzählte *Strafkolonie*. Es gibt keine Insel der Welt, wie noch zu zeigen sein wird, die so sehr der Strafinsel dieser Erzählung entspricht wie Neukaledonien, wohin eben die Kommunarden deportiert worden waren; und die damals vierzig Jahre zurückliegenden Ereignisse waren alles andere als ferne Vergangenheit. Auch waren es nicht gemeine Verbrecher gewesen, die man mit dieser Strafe belegt hatte, sondern politische Überzeugungstäter. Ähnlich verhält es sich mit dem zweiten Fall in der Geschichte der französischen Deportation, einem sensationellen Fall. Die Dreyfus-Affäre am Ende des Jahrhunderts ist gemeint, und sie war für Kafka und seine Zeitgenossen noch weniger ferne Vergangenheit als der Pariser Aufstand.

Der Prozeß gegen den jüdischen Hauptmann Dreyfus, der im Dezember 1894 durch eine hinter verschlossenen Türen tätige Militärgerichtsbarkeit unschuldig zu lebenslänglicher Deportation auf die Teufelsinsel in Französisch-Guyana verurteilt wurde, ehe einige Jahre später seine Rehabilitierung erfolgte, ist ein weltgeschichtliches Ereignis von größter Tragweite.[12] Auch Kafka hat mit Aufmerksamkeit verfolgt, was da geschah. Gegenüber Max Brod, der davon gesprochen hat, für jemand einen Kampf aufzunehmen, spricht Kafka vom Range eines solchen Kampfes und fügt hinzu: »fast hätte ich geschrieben: des Kampfes für Dreyfus« (B/402); und man darf vermuten, daß es aus Kafkas Sicht nur ein Kampf *für* den französischen Hauptmann sein konnte, der da in Frage gekommen wäre. Was sich aber weltgeschichtlich und weltliterarisch mit diesem Prozeß verknüpft, kann nicht zweifelhaft sein. Aus der Geschichte des Zionismus ist er kaum wegzudenken.[13] Eine neuartige Justizkritik nimmt von hier ihren Ausgang; die Moderne beginnt, wie sich am Beispiel Zolas zeigt. Sein *J'accuse* führt über das naturalistische Romanwerk weit hinaus und in die literarische Moderne mitten hinein. So auch hat es Heinrich Mann gesehen: »Er war soeben reif geworden, vorzutreten aus seinem Werk und zu handeln, da gelangten die um den Hauptmann Dreyfus treibenden Dinge auf den Punkt, wo sie eines handelnden Geistes bedurften [...] Aber eines Herbsttages im Jahr 1897 erfuhr Zola, es sei so weit gekommen, daß die Politik ihre Handlungen gegen den Menschen richte, und der Geist bleibe fern und unbeteiligt. Der Mensch trug einen Einzelnamen, was der Greifbarkeit des Vorgangs nützte; es war der Hauptmann Dreyfus, deportiert seit drei Jahren nach der Teufelsinsel für einen Verrat militärischer Geheimnisse, den mit höchster Wahrscheinlichkeit ein anderer begangen hatte ...«. Auf die Hintergründe dieses Prozesses, der mit einer Deportation endet, bezieht sich der Satz: »Man muß zusehen, wie die Schmutzpresse und der Antisemitismus das Hirn der Öffentlichkeit zerrütten...«.[14] Ein unheimlicher Zusammenhang von Deportation und Antisemitismus deutet sich an.[15] Daß man sich Juden weit wegwünscht, auf eine Insel wie Madagaskar, wohin sie deportiert werden könnten, ist dem französischen Antisemitismus eine ebenso vertraute Idee wie dem deutschen Professor Paul de Lagarde.[16] Aber noch geht es, was den Hauptmann Dreyfus betrifft, um einen Juden als individuelle Person; und noch geht es nicht um Madagaskar sondern um Cayenne.

Verglichen mit dem Geschehen um den Hauptmann Dreyfus und seiner Deportation auf die Teufelsinsel als Ort des Strafvollzugs, liest sich die Leidenschaftsgeschichte der *Manon Lescaut* (1731) von Abbé Prévost wie ein poetischer Text, mit dem man es ja in der Tat auch zu tun hat. Von einer Deportation wird hier nur am Rande und in Form einer Episode gehandelt. Ehe wir den Liebesroman erzählt bekommen, erfahren wir sein vorläufiges Ende: die Deportation der Geliebten des Chevalier des Grieux nach Amerika, in eines der Kolonialgebiete, das Frankreich im 18. Jahrhundert dort besaß. Ein kleiner Ort in der Nähe von Evreux wird genannt, in dem sich aufregende Szenen abspielen: Leute stürzen aus ihren Häusern, es gibt neugierige Gaffer, ein wirrer Knäuel von Menschen. Der Erzähler erkundigt sich, was da vor sich geht und erfährt von einem herumstehenden Landjäger im verächtlichen Ton, daß man ein Dutzend Dirnen nach Le Havre zu bringen vorhat, damit sie von dort nach Amerika deportiert werden. Er vernimmt die Jammerrufe einer alten Frau, die ihr Mitleid mit den aneinandergeketteten Freudenmädchen bekundet, die man aus dem Büßerinnenhause geholt und in eine Herberge hierher gebracht hat, in der sie der Erzähler zu sehen bekommt; auch er ist von solchem Vorgehen erschüttert und bewegt. Daß wir es mit zeitgenössischer Wirklichkeit zu tun haben, ist keine Frage: die erzählte Deportation ist mit den Deportationen verglichen worden, die es in den Jahren 1719 und 1720 tatsächlich gegeben hat, und auch die Erregung der Bevölkerung über solche Maßnahmen ist vielfach bezeugt. Auf das Kapitel »Die Große Gefangenschaft« in Foucaults *Histoire de la Folie* ist zu verweisen. Ein Edikt aus dem Jahre 1656, das jede Art des Bettlertums untersagt, führt er dort an: »Bei Zuwiderhandlung droht Auspeitschung beim ersten Mal, beim zweiten Mal für Männer und Knaben die Galeeren, für Frauen und Mädchen die Verbannung.«[18]

Amerika als Ort des Strafvollzugs: auch im 19. Jahrhundert kann es noch vorkommen, daß man Menschen dorthin deportiert. Davon handelt ein mit Blick auf Kafka zeitgenössischer Text, Ricarda Huchs biographischer Roman *Das Leben des Grafen Federigo Confalonieri* (1910), der mit dem einprägsamen Satz beginnt: »Wenn der junge Graf Federigo Confalonieri durch die Straßen Mailands ging, die eng, hoch und steil wie Felsschluchten waren, so glich er einem eingeschlossenen Pferde oder Hirsch, der mit entrüsteter Ungeduld die labyrinthischen Gänge seines Gefängnisses entlang schreitet und den Ausgang ins Freie sucht«.[19]

Damit ist das Leitmotiv angeschlagen, das die mit der Gestalt des italienischen Grafen verbundene Schönheitswelt rasch übertönt: dasjenige der Gefangenschaft. Den größten Teil des Lebens, das Ricarda Huch eindringlich schildert, verbringt der einstmals strahlende Held als ein politischer Gefangener des österreichischen Kaisers hinter Gefängnismauern. In der geschichtlichen Wirklichkeit wie im Roman wird er zum Tode verurteilt, zu lebenslänglichem Kerker begnadigt und schließlich einem seit 1835 existierenden Gesetz zufolge nach Amerika deportiert: »Erst gegen das Ende des Jahres, als die Hoffnungen schon vergessen waren, wurde Confalonieri und seinen Gefährten eröffnet, daß der neue Kaiser willens sei, ihre Kerkerstrafe in Deportation nach Amerika zu verwandeln; sie würden auf einem Schiffe der Regierung dorthin gebracht werden und wären dort frei; falls sie sich in den österreichischen Staaten blicken ließen, behielte die Regierung sich vor, sie auf den Spielberg zurückzuführen«.[20] Daß man auch jetzt noch Strafgefangene, vorwiegend wegen politischer Vergehen, nach Amerika bringt, damit sie dort wie freie Menschen leben, hat mit der Strafe der Deportation im strengeren Sinn offensichtlich nicht mehr viel zu tun. Dennoch handelt es sich nicht um Auswanderungen, und schon gar nicht um eine freiwillige, sondern um eine zwangsweise verfügte »Fortschaffung« wie in der »klassischen« Deportation auch. Was aber den Roman der Ricarda Huch auch in Hinsicht auf Kafkas erzählte *Strafkolonie* interessant erscheinen läßt, ist das Gewicht von »Gefängnis-Literatur« innerhalb der modernen Literatur.[21] Es wäre denkbar, daß Kafka diese Lebensgeschichte schon aus diesem Grund nicht unbekannt geblieben ist.[22] Das macht einige Überlegungen grundsätzlicher Art erforderlich.

Die moderne Literatur kennt eine Vielzahl neuartiger Gattungen und Formen; und natürlich kennt sie auch neue Themen und Motive. Sie erklären sich vorwiegend aus den gesellschaftlichen Umbrüchen und sozialen Konflikten der Zeit, aus erstarrten Ordnungen und Lebensformen, die zu Protest und Revolte herausfordern. Eines dieser Themen ist die Gefangenschaft des Menschen. Dostoevskij gehört zu ihren Ahnherren, wie nicht zweifelhaft sein kann, es handle sich dabei um Gefangenschaft im metaphorischen Sinn oder in einem ganz und gar empirischen Verständnis. Das Dasein des Menschen als Kerker ist eine Metapher, die auf griechische wie christliche Quellen zurückgeht. Sie wird auf dem Weg zur Moderne hin eigentümlich aktualisiert, durch Nietzsche vor allem. Sein Lebensbegriff ist mit Begriffen wie Freiheit, Befreiung und freie Geister aufs engste verknüpft, wenn nicht identisch. Leben ist dort, wo die geforderte Befreiung stattgefunden hat, aber in der Gegenwart als einer Gefangenschaft steht sie zumeist noch aus: »Wahrlich, zum Sterben wurden wir schon zu müde; nun wachen wir noch und leben fort – in Grabkammern!«, verkündet der Wahrsager in *Also sprach Zarathustra*.[23] Von einem derart toten Leben gilt es sich zu befreien. »Wer wird ihnen dieses Leben schenken? Kein Gott und kein Mensch: nur ihre eigene *Jugend*: entfesselt diese und ihr werdet mit ihr das Leben befreit haben. Denn es lag nur verborgen, im Gefängniss, es ist noch nicht verdorrt und erstorben – fragt euch selbst!«, heißt es in der zweiten der *Unzeitgemäßen Betrachtungen*.[24] Zeichen eines solchen Lebens in Gefangenschaft, das noch kein eigentliches Leben ist, sind Ketten. Sie sind das zugleich, wovon es sich zu befreien gilt. Der Mensch leide noch daran, wird in *Menschliches, Allzumenschliches* ausgeführt, »daß er so lange seine Ketten trug, daß es ihm so lange an reiner Luft und freier Bewegung fehlte...«.[25] Alle diese und verwandte Metaphern werden in einem appellativen Sinn gebraucht, sind Aufforderung und Protest, sofern es in späterer Dichtung, wie im Expressionismus, nicht Mitgefühl und Sympathie sind, die den Dichter mit dem Gefangenen verbinden. So ist denn der Gefangene eine wiederkehrende Figur in der Lyrik des Expressionismus, wie sie in Gedichten von Georg Heym, Karl Otten, Walter Hasenclever oder Jakob van Hoddis schon im Titel erscheint.[26] Die Verwandtschaft mit dem Dasein des Tieres und die Verbundenheit mit ihm erklärt sich aus der Gemeinsamkeit solcher Bilder. Dem damals für neue Entwicklungen noch überaus hellhörigen Literaturhistoriker Ernst Bertram entgehen derartige Themen und Motive keineswegs. Er handelt davon 1909 in einer Besprechung neuer Romane und führt aus: »Nach der Lektüre von drei, vier Werken schon wissen Sie, spüren Sie, was Ihnen begegnen wird im folgenden an Problemen, an Lieblingsvorstellungen, an gemeinsamen Ängsten. Und beinahe schon in der Titelgebung, ganz mechanisch, finden Sie die Gefangenschaft dieser Seele symbolisiert, die geängstigt zwischen immer den gleichen Fragen eingegittert hin und her zu wandern scheint, wie ein Panther im Zwinger; es verrät sich in ihr das tiefe Gefühl des Exils im individuellen Bewußtsein, des schattenhaft drohenden ›Traum ein Leben‹«.[27] Wie ein Panther im Zwinger: – Rilkes berühmtes Gedicht aus den *Neuen Gedichten*, an das man hinsichtlich solcher Formulierungen denkt, war ein Jahr zuvor erschienen. In demselben Versbuch gibt es einen Gedichtzyklus *Der Gefangene*; er geht in der Anordnung dem *Panther*-Gedicht unmittelbar voraus.[28] Von dem 1912 im Insel-Almanach zuerst veröffentlichten *Gebet für die Irren und Sträflinge* hat Wolfgang Koeppen gesagt, es sei radikaler als Gedichte mit verwandter Thematik von Georg Heym oder anderen Expressionisten;

und wörtlich: »Die Lage der Gefangenen, für die Rilke betet, ist endgültig hoffnungslos. Es gibt keine Freiheit. Weder auf Erden, noch im Himmel [...] Die Gefangenen sind aus dem Sein gefallen«; abschließend heißt es: »Sein so sanftes, so gütiges Gebet ist böse und brutal wie die Vernichtung von Leben, Leib und Seele in einem Gangsterfilm, der uns grausam begeistert. Der Mond geht noch romantisch auf und ist schon, unbewohnbar, die Strafkolonie«.[29] Man kann Rilke und Kafka als Zeitgenossen nicht häufig genug einander annähern, damit sich das einseitige Bild des ersteren korrigiert und der andere (Kafka) nicht von der Zeit isoliert erscheint, an der er litt; und natürlich fehlt es zumal in seinen Niederschriften – es seien Tagebuch-Aufzeichnungen, Briefe oder literarische Texte – nicht an Bildern dieser Art.

»Meine Gefängniszelle – meine Festung« lautet eine Notiz aus dem Nachlaß[30]; und im Tagebuch vom 4. Juli 1916 wird abermals ein Traum festgehalten; es heißt: »Eingesperrt in das Viereck eines Lattenzaunes, der nicht mehr Raum ließ als einen Schritt der Länge und Breite nach, erwachte ich. Es gibt ähnliche Hürden, in die Schafe des Nachts gepfercht werden, aber so eng sind sie nicht. Die Sonne schien in geradem Strahl auf mich; um den Kopf zu schützen, drückte ich ihn an die Brust und hockte mit gekrümmten Rücken da« (T/503). Schließlich die Selbstdeutung im Zeichen des Käfigs, die Gustav Janouch in seinen nicht immer zuverlässigen Gesprächen überliefert hat: »Die Kunst ist für den Künstler ein Leid, durch das er sich für ein neues Leid befreit. Er ist kein Riese, sondern nur ein mehr oder weniger bunter Vogel im Käfig seiner Existenz«.[31]

Doch ist Metaphorik nur die eine Seite dieser für die Moderne kennzeichnenden Thematik. Die andere betrifft die Gefangenschaft in einem ganz konkreten Sinn: den zwangsweise verfügten Aufenthalt in Festungen, Gefängnissen, Zuchthäusern oder Konzentrationslagern. Schriftsteller wie Ludwig Thoma, Gustav Landauer, Ernst Toller, Rosa Luxemburg, Hans Fallada, Carl von Ossietzky, Manès Sperber, Arthur Koestler und viele andere lernen solche »Aufenthaltsorte« kennen und teilen es ihren Lesern mit. Eine neuartige Form der Briefliteratur – Briefe aus dem Gefängnis – entsteht, die es freilich schon bei Dostoevskij gibt. Die Aufzeichnung des »Aestheten« Hofmannsthal, für den ihn manche noch immer halten – eine solche aus dem Jahre 1905 – gilt diesem Thema, nicht im Sinne irgendwelcher Strafphantasien oder einer bloß metaphorischen Rede. Er zielt durchaus auf das, was real ist: »Weltzustand. – Während ich hier in Lueg am Rande des Waldes über dem leuchtenden See sitze und schreibe, ereignet sich in der Welt dieses: In Venezuela läßt der

Diktator Castro in den überfüllten Gefängnissen erwürgen und zu Tode martern: die Leiche eines Verbrechers bleibt an den lebenden jungen Obersten X. so lange angekettet, bis der Oberst wahnsinnig wird. In Baku schießen seit acht Tagen die Armenier und Tartaren aufeinander, werfen Frauen und Kinder in die Flammen der Häuser, das Ganze erleuchten auf Meilen die roten Riesenflammen der brennenden Petroleumlager. In irgendeinem skandinavischen Gefängnis sitzt zugleich der ungeheure zwanzigfache Mörder Nordlund und zermalmt die Riesenkräfte seines Willens an der stumpfen leeren Kerkermauer, die er anstiert. Und die Gefängnisse! die unschuldig Verurteilten! und die sogenannten Schuldigen! und die Armenviertel von London und New York ...«.[32] Daß es sich nicht um beiläufige Aufzeichnungen von lediglich singulärer Bedeutung handelt, bestätigt der unvermittelt eingefügte Lektüre-Hinweis in einem Brief an die Freunde Helene und Alfred von Nostitz, und es könnte wohl sein, daß man in Kreisen des europäischen Adels, dem Hofmannsthal selbst angehörte, auf solche Hinweise nicht recht vorbereitet war. Von Gottfried Keller, von Diltheys Buch *Das Erlebnis und die Dichtung* und den Briefen van Goghs wird gesprochen, aber auch von einem ganz andersartigen Schriftwerk. »Da ist ein Buch – es ist sehr ›schlecht geschrieben‹ aber ich habe es zweimal mit so tiefem Eindruck gelesen – um des Lebens willen – ich möchte daß Sie beide es lesen: es heißt ›Aus dem Zuchthaus‹ von Hans Leuss«.[33] Das 1903 erschienene Buch, das den damaligen Strafvollzug von innen heraus, in Form eines Erlebnisberichts beschreibt, lag bereits 1904 in zweiter Auflage vor.[34] Und gewiß ist es kein Zufall, wenn im Anschluß an diesen Hinweis die Bücher eines Autors angeführt werden, der wie kein anderer in den Umkreis dieser Thematik gehört: »Dann gehen mir folgende Bücher durch den Kopf. Die Brüder Karamasow und der Idiot von Dostojewski. Es ist aber kaum möglich daß Sie diese nicht kennen [...] Eigentlich sind es Dinge wie Shakespeare. Auch die ›Dämonen‹ –«.[35] *Wir sind Gefangene* überschreibt der »Volksschriftsteller« Oskar Maria Graf seine Autobiographie und meint damit beides: eine Metapher des Daseins ebenso wie die Gefängnisse, die er aus eigener Anschauung kannte.[36] Mit klassischer Ästhetik, mit der erhabenen Vorstellung vom Dichter als Seher und Priester hat solche Literatur nur noch wenig zu tun. Aber auch in diesem Punkt ist Dostoevskij einer der großen Wegbereiter der europäischen Literatur auf ihrem Weg in die Moderne. Daran läßt wiederum Nietzsche keine Zweifel. In der *Götzen-Dämmerung* nennt er ihn den einzigen Psychologen, von dem er etwas zu lernen hatte; er gehöre zu den schönsten Glücksfällen seines Lebens, »mehr selbst noch als die Entdeckung Stendhal's«[37]; und mit Beziehung auf die Strafe der Deportation, zu der er verurteilt war, in einem Brief an Peter Gast: »mit 27 Jahren zum Tode verurteilt, auf dem Schaffott noch begnadigt, dann 4 Jahre Sibirien, in Ketten, inmitten schwerer Verbrecher. Diese Zeit war entscheidend: er entdeckte die Kraft seiner psychologischen Intuition [...] sein Erinnerungsbuch ›La maison des morts‹ ist eines der ›menschlichsten Bücher‹, die es gibt«. [38] Die gedankliche Nähe gerade dieses Erfahrungsberichts zu Kafkas Erzählung *In der Strafkolonie* ist kaum zu übersehen. Doch geht es nicht nur um dieses Buch und um diesen Autor. Texte von weltliterarischem Rang im Zusammenhang der Deportationsstrafe gibt es in der russischen Literatur des neunzehnten Jahrhunderts vielerorts. Einige Hinweise zum russischen Strafrecht und zur Praxis des Strafvollzugs sind vorauszuschicken.

Das russische Zarenreich war kein Kolonialreich, wie England und Frankreich Kolonialreiche waren oder zum Teil noch sind. Aber die Deportation war hier eine seit langem eingeführte Strafe. Zu ihrer Vollstreckung war man auf überseeische Kolonien nicht angewiesen. Strafgefangene wurden im Zarenreich nach Sibirien transportiert. 300000 Sträflinge, erfahren wir, habe es dort im Jahre 1900 gegeben. [39] Im späteren neunzehnten Jahrhundert stand zusätzlich eine Strafinsel zur Verfügung, seit die Insel Sachalin im Jahre 1875 an das Zarenreich gelangt war; und bis zum Jahre 1906 hat es Deportationen auf diese gefürchtete Insel gegeben. Der grausame Strafvollzug war weltbekannt, und mehr noch war er berüchtigt; er wurde auch international heftig diskutiert. In einem Standardwerk der deutschen Strafrechtswissenschaft der damaligen Zeit, in der *Vergleichenden Darstellung deutschen und ausländischen Strafrechts,* das 1908 erschien, wird nichts verdrängt und verschwiegen; und daß sich trotz gelegentlicher Reformen im ganzen wenig geändert habe, ist dieser Darstellung wiederholt zu entnehmen: »Die Zwangssträflinge haben sowohl auf dem Transport wie bei der Arbeit schwere Eisenketten zu tragen. Das Kahlscheren ist durch das Gesetz vom 2. Juni 1903 beseitigt. Durch dasselbe Gesetz sind die Disziplinarstrafen der Fesselung an einen Schiebkarren und der Knute abgeschafft, die körperliche Züchtigung mit Ruten (bis zu 100 Schlägen [...]) beibehalten worden.«[40] Zur verbreiteten Kenntnis der Zustände und Mißstände im Strafvollzug des Zarenreichs hat das 1891 in zwei Bänden erschienene Werk *Siberia and the Exil System* des amerikanischen Publizisten George Kennan nicht wenig beigetragen. Über erpreßte Geständnisse durch Folter, über Launen und Willkür der Beamten, Polizisten und Gefängniswärter, über zahlreiche Einzelschicksale wird in diesem sich populär gebenden Buch höchst anschaulich gehandelt. [41] In der deutschen Strafrechtsliteratur wird es wiederholt genannt. Čechov, der sich wenige Jahre nach seinem Erscheinen nach Sachalin begab, erwähnt es im Bericht über seine Reise.[42] Noch im Jahre seines Erscheinens lag es in deutscher Übersetzung vor, und schon ein Jahr später erreichte es die vierte Auflage.

Daß sich die Literatur einer Thematik wie dieser annimmt, kann kaum überraschen. Der so vielfach geschändete und geschundene Mensch kann einem Schriftsteller nicht gleichgültig sein. Um schöne Literatur im überlieferten Sinn handelt es sich kaum je, aber um große Literatur von weltliterarischer Bedeutung gleichwohl. Gegenstände der Literatur, die von Isolation, Gefangenschaft und Foltern handeln, fordern ihr eigenes Recht, eine ihnen gemäße Form. Die in der russischen Literatur entwickelte Gattung der ›zapiski‹, der Aufzeichnungen, kommt einer solchen Thematik in besonderer Weise entgegen. Sie wird in neuerer Forschung wie folgt beschrieben: »Die Gattung der ›zapiski‹ ist dadurch charakterisiert, daß das Material stärker als bei anderen Gattungen auf die Form einwirkt, das Erzähler-Ich stark zurücktritt oder völlig verschwindet und damit eine nüchterne und sachliche Objektivität herrscht. In keinem Fall stehen Einzelhelden in ihrer subjektiven Entwicklung allein im Vordergrund. Texte dieser Gattung werden von einer unverbunden erscheinenden Kette von Szenen, Landschaften und Episoden konstituiert [...] Die Rezeption wird wesentlich von der Auswahl und Gruppierung des Faktenmaterials bestimmt«. Annäherungen an dokumentarisch-wissenschaftliche Literatur und Übergänge zum Bericht, zur Denkschrift wie zur Publizistik sind damit gegeben.[43] Vor allem aber sind damit Einsichten in die Lage des Menschen gegeben, wie sie nur in Extremsituationen zu gewinnen sind.[44] Die »klassischen« Vertreter dieser Gattung im neunzehnten Jahrhundert sind Dostoevskij und Čechov: der eine als Betroffener und zur Deportation Verurteilter, der schildern kann, was ihm widerfahren ist; der andere als derjenige, der als Forschungsreisender und als interessierter Arzt sich ein Bild von den Zuständen auf dieser Strafinsel zu verschaffen sucht und am Ende seines Berichts lakonisch anmerkt, er habe die Hölle gesehen.

»Hinter Dostojewskis Sarg wollten die Studenten seine Kette tragen«, notiert sich Kafka am 15. März 1914 in sein Tagebuch, und Ketten sind aus dem Strafvollzug des Zarenreiches nicht wegzudenken. In Dostoevskijs *Aufzeichnungen* ist dieser extreme Freiheitsentzug, die Fesselung in der Gefangenschaft, eine Art Leitmotiv. »In Tobólsk«, so heißt es in der Niederschrift des Ich-Erzählers, »habe ich an die Wand geschmiedete Schwerverbrecher gesehen. Die Ketten eines solchen sind etwa zwei Meter lang; und dort an der Wand hat er auch seine Pritsche. Angeschmiedet hat man ihn für irgendein ganz unerhörtes Verbrechen, das er bereits in Sibirien begangen hat. Und so sitzt manch einer fünf Jahre, sitzt sogar zehn Jahre an der Kette«. [45] Daß auch Kranke davon nicht befreit werden, wird an anderer Stelle ausgeführt: »Ich kann es nicht unterlassen, auch dieses zur Sprache zu bringen, bevor ich in meiner Erzählung fortfahre. Ich meine die Fesseln, von denen keine noch so schwere Krankheit den Arrestanten erlöst. Ich habe Schwindsüchtige gesehen, die vor meinen Augen in Ketten starben...«. Und noch im Krankensaal, wird in diesem Zusammenhang mitgeteilt, seien Wachposten mit Gewehren anwesend. [46] Wie in Kafkas *Strafkolonie* hat man es mit einer Militärgerichtsbarkeit zu tun, mit einer Art Ausnahmezustand, verglichen mit der bürgerlichen Rechtsordnung. Daß es sich aber um eine Militärgerichtsbarkeit handelt, wird nahezu Seite für Seite bestätigt. »Am Morgen des vierten Tages stellten sich die Sträflinge wieder so auf wie damals, als ich mit ihnen zur Schmiede gegangen war: auf dem Platz vor der Wache in zwei Reihen. Vor den Sträflingen, das Gesicht ihnen zugewandt, und hinter ihnen standen die Soldaten mit geladenem Gewehr und aufgepflanztem Bajonett. Der Soldat hat das Recht, auf den Gefangenen zu schießen, wenn dieser den Versuch macht, seiner Eskorte zu entfliehen...«. [47]

Aber ein Leitmotiv von nicht geringerem Gewicht ist das Strafsystem: die Strafvollstreckung mit Verwendung von Peitschen und Stöcken, die in Dostoevskijs Text in krassen Bildern wiedergegeben wird: »Ich habe auch später noch«, berichtet sein Icherzähler, »unwillkürlich die vor der Bestrafung Stehenden beobachtet, vor allen anderen aber diejenigen im Lazarett, die nach Empfang der ersten Hälfte der ihnen zugedachten Anzahl Hiebe das Lazarett wieder verließen, sobald ihr Rücken geheilt war, um am nächsten Tage die zweite Hälfte in Empfang zu nehmen. Diese Teilung der Strafe in zwei Hälften geschieht stets nach dem Gutachten des Arztes, der bei jeder Exekution anwesend sein muß. Ist die Zahl der Schläge sehr hoch, und glaubt man, der Verurteilte würde sie nicht an einem Tage überstehen, so wird sie in zwei oder drei Teile geteilt, je nachdem, was der Arzt während der Bestrafung sagt: ob der Betreffende noch mehr aushalten könnte, oder ob eine Fortsetzung mit Lebensgefahr für ihn verknüpft wäre. Gewöhnlich werden fünfhundert, tausend, ja sogar tausendfünfhundert Hiebe auf einmal gegeben, ist er aber zu zwei-, zu dreitausend verurteilt, so wird die Strafe in zwei oder drei Serien geteilt«. [48] Aber gelegentlich geht der krasse naturalistische Stil in eine surreal anmutende Bildlichkeit über. So bei der Beschreibung von Narben und Wunden der dunkelrot gestreiften Rücken. [49] Man denkt an die Wunde in Kafkas Erzählung *Ein Landarzt:* »Rosa, in vielen Schattierungen, dunkel in der Tiefe, hellwerdend zu den Rändern...« (E/ 151). Aber niemals in diesen Schilderungen Dostoevskijs ist der realistisch geschilderte Strafvollzug das, worauf es ausschließlich ankommt. Um die innere Welt des Menschen geht es weit mehr, um das, was in ihm vorgeht, wenn er sich einer solchen Lage gegenüber sieht. Hier vor allem kommt Dostoevskijs Psychologie zu ihrem Recht. Auf die Zeit unmittelbar vor der Bestrafung richtet sich sein Blick, und es heißt: »sie sprachen kaum ein Wort und schwiegen fast die ganze Zeit. Merkwürdig ist, daß auch die anderen Sträflinge fast nie mit ihnen sprechen und mit keinem Wort dessen Erwähnung tun, was ihnen bevorsteht. Kein überflüssiges Wort, kein Trost; ja, man ist offenbar sogar bemüht, sie möglichst nicht zu beachten, was den Armen natürlich am angenehmsten ist«.[50] Solche Situationen sind Grenzsituationen des Menschen – in Dostoevskijs *Aufzeichnungen* ebenso wie in Kafkas dargestelltem Strafsystem.

Die Geschichte einer Deportation erzählt auch Tolstoj in seinem 1899 erschienenen Roman *Auferstehung (Voskresenie),* ein in der Schärfe der Kritik an den gesellschaftlichen Institutionen kaum zu überbietender Text, Tolstojs »bösartigstes Werk«, wie man gesagt hat.[51] Erzählt wird die Geschichte der Jekaterina Katharina Maslowa, eines Mädchens aus kleinbürgerlichen Verhältnissen, die eines Nachts – es ist die Nacht der Auferstehung – von dem reichen Fürsten Dmitrij Ivanovič Nechljudov verführt wird und infolge dieses Fehltritts einen sozialen Abstieg ohnegleichen durchmacht. Der Weg nach unten endet im Bordell. Als Prostituierte wird sie des Giftmords angeklagt und unschuldig zu Zwangsarbeit nach Sibirien verurteilt. Nechljudov nimmt als Geschworener an der Verhandlung teil und wird sich der Schuld bewußt, die sein Leben verändert. Er nimmt unverzüglich den Kampf mit Behörden und den Institutionen der Justiz auf, bemüht sich vergeblich um die Kassation des Urteils und folgt ihr schließlich in die Verbannung. Er will sie zu seiner Frau machen und dem Elend entreißen. Aber sie nimmt das Opfer nicht an. Ihre Verweigerung ändert an der Auferstehung als der Geburt eines neuen Menschen nichts: »Von dieser Zeit begann für Nechljudov ein ganz neues Leben, nicht nur deshalb, weil er in neue Lebensbedingungen eintrat, sondern auch deshalb, weil alles, was mit ihm von der Zeit an geschah, für ihn eine ganz andre Bedeutung erhielt wie früher«.[52] Der Roman setzt ein mit der kurzen Erwähnung eines schönen Frühlingstages und ändert schon nach wenigen Sätzen die Richtung, wenn gesagt wird: »Aber die Menschen – die großen, erwachsenen Menschen – hörten nicht auf, sich zu betrügen und zu quälen«. Entsprechend rasch wechselt der

Schauplatz der Handlung: »So galt im Büro des Gouvernementsgefängnisses für heilig und wichtig nicht die allen Menschen und Tieren innewohnende Frühlingsfreude und -rührung, sondern der tags zuvor unter Band und Siegel eingetroffene Befehl, laut welchem die zuletzt eingelieferten Arrestanten [...] vorgeführt werden sollten.«[53] Damit sind die beiden Räume genannt, um die sich alles Geschehen gruppiert: das Gefängnis und das Büro, in dem verwaltet und gerichtet wird. Auf weite Strecken hin sind Gefängnisse die Orte, mit denen der Leser immer erneut Bekanntschaft macht. Die Atmosphäre, die diesen Orten eigen ist, ist immer dieselbe, wie es dem Ton der Anklage entspricht, der nicht zu überhören ist: »Aus den Zellentüren und im Korridor ertönten Geschnarch, Stöhnen und schläfriges Gespräch. Überall waren dichte Knäuel menschlicher Gestalten sichtbar, die mit Röcken bedeckt waren [...] Die verpestete Luft des Raumes für die politischen Sträflinge erschien rein im Vergleich mit dem schwülen Gestank, der hier herrschte. Die blakende Lampe war wie durch Nebel sichtbar, und es war schwer zu atmen«.[54] Auch Tolstojs bedeutender Roman ist, wie viele Werke Dostoevskijs – Gefängnisliteratur auf dem Weg zur modernen Literatur.

Aber zugleich ist mit dem anderen im Eingang des Romans genannten Raum, dem Büro, der aufs engste damit zusammenhängende Bereich benannt, für den sich die Forschung zunehmend interessiert, wo immer von Bürokratie und Bürokratiekritik die Rede ist. Ihr Vorkommen im Roman kann in einem Maße bestimmend sein, daß man Romane dieser Art Bürokratieromane nennt; und als ein solcher ist auch Tolstojs *Auferstehung* bezeichnet und verstanden worden.[55] Die Kritik äußert sich in der Semantik des Raumes mit ihren Gängen, Korridoren und dem dazugehörenden Personal: »Das Bureau bestand aus zwei Zimmern. Im ersten Zimmer mit einem großen, vorspringenden, abgeblätterten Ofen und zwei schmutzigen Fenstern stand in einer Ecke eine schwarze Meßvorrichtung zum Messen der Arrestanten; in der andern Ecke hing ein großes Christusbild, das ständige Attribut aller Orte, an denen das Volk gemartert wird«.[56] Vor allem aber äußert sich Bürokratiekritik in der mit unverhohlener Schärfe dargestellten Unzulänglichkeit der Personen, der Bürokraten. Von einem dieser Mächtigen im Apparat der Macht heißt es: »Der Mann, von dem die Milderung des Loses der Gefangenen in Petersburg abhing, war ein mit Orden geschmückter – die er übrigens mit Ausnahme eines weißen Kreuzes im Knopfloch nicht trug –, wohlverdienter aber schwachsinnig gewordener alter General und deutscher Baron [...] Seine Pflicht bestand darin, politische Verbrecher, Männer und Frauen, in Einzelhaft gefangen zu halten, und zwar so, daß die Hälfte von ihnen in zehn Jahren zugrunde ging ...«.[57] Aber über die Kritik an solchen Bürokraten im Gebiet der ausübenden Justiz hinaus stellt Tolstoj die so beschaffene Rechtsprechung generell in Frage: »warum und mit welchem Recht sperren die einen Menschen andre ein, quälen, verbannen sie, peitschen sie mit Ruten und töten sie, wo doch sie selbst genau so sind wie diejenigen, die sie quälen, peitschen und töten«.[58] In der Art, wie Paragraphen, Verordnungen und Gesetze mit absichtlicher Langatmigkeit einmontiert werden, nähert sich der Roman Tolstojs als fiktionaler Text der Gattung der zapiski an; und wohin man sieht, wird der Vorraum der Moderne erkennbar. Das kann auch auf den Zug zum Agitatorischen und zur Anklage bezogen werden, der an Zolas *J'accuse* erinnert.

Die Verwandtschaft dieses Romans mit Kafkas prosaischer Welt ist kaum zu übersehen; und sie ist in neuerer Zeit auch vielfach erörtert worden, vor allem hinsichtlich der hier und im *Schloß* geübten Bürokratiekritik. Die vergleichende Untersuchung aus der Sicht des Slawisten (Axel Dornemanns) gibt hierüber reichhaltigen Aufschluß.[59] Auch Beziehungen zum *Prozeß*-Roman hat man hergestellt, sofern es hier wie dort einen doppelten Prozeß gibt: einen im juristischen Sinn und einen zweiten, einen inneren Prozeß, einen Gewissensprozeß. Nicht weniger augenfällig ist die Verwandtschaft mit der *Strafkolonie*, auch wenn es zutreffen sollte, daß Kafka von Tolstojs Roman erst nach der Niederschrift seiner Erzählung Kenntnis erhalten hat[60]; denn hier wie dort geht es um Deportation. Sie ist Tolstoj zweifellos hinsichtlich dessen wichtig, was er zeigen will. Die »Vorlage«, von der wir wissen, kennt *dieses* Strafmittel nicht. Die »wirkliche« Geschichte des Dienstmädchens, die Tolstoj von dem befreundeten Juristen A. F. Koni erzählt worden war, endete mit ihrem Tod im Gefängnis – nicht mit Deportation. Tolstoj benutzt sie zur Intensivierung der Strafpraxis, die er anprangern will.[61] Der Abtransport, der Akt der Deportation, wird sichtlich herausgestellt; er wird eindringlich geschildert: Nechljudov, der entschlossen ist, der verurteilten Maslova in die Verbannung zu folgen, beobachtet aus nächster Nähe, was da geschieht: »Die Torflügel flogen donnernd auf, das Kettengeklirr wurde hörbarer, auf die Straße marschierten Begleitsoldaten in weißen Kitteln unterm Gewehr und stellten sich – augenscheinlich ein bekanntes und gewohntes Manöver – im weiten regelmäßigen Bogen vor dem Torweg auf. Als sie sich aufgestellt hatten, ertönte ein neues Kommando, und mit pfannkuchenförmigen Mützen auf den rasierten Köpfen, mit Säcken auf dem Rücken, die in Ketten gelegten Füße schwer nachschleppend und die eine freie Hand schwenkend, während die andere den Sack auf dem Rücken hielt, – begannen die Gefangenen in

Paaren herauszukommen [...] Sie alle [...] kamen kettenrasselnd heraus [...] Dann kamen die Gemeindeverbannten. Dann die Weiber, auch in bestimmter Ordnung, erst die Zwangsarbeiterinnen in grauen Gefängnisröcken und Kopftüchern, dann Deportierte und freiwillig folgende Weiber in ihrer städtischen und ländlichen Kleidung. Einige von den Frauen trugen einen Säugling vorn in ihren Rockfalten«.[62].

Aber erschütternd und bewegend ist ein weiterer Text der russischen »Deportationsliteratur«, auf den hier vor allem einzugehen ist: Čechovs *Insel Sachalin* mit dem Untertitel »Aus meinen Reiseaufzeichnungen«, zuerst in einer Zeitschrift 1893/94 erschienen, ehe er ein Jahr später (1895) in Buchform mit dem veränderten Untertitel »Aus Reiseaufzeichnungen« (Iz pute vych zapisok) veröffentlicht wurde. Dieses in seiner Bedeutung kaum zu unterschätzende Werk entfernt sich von »schöner Literatur« im traditionellen Sinne sehr weit, und auch innerhalb der Gattung der zapiski nähert es sich der wissenschaftlich-dokumentarischen Literatur sehr viel stärker an als Dostoevskijs *Aufzeichnungen aus einem Totenhaus*. Dennoch haben beide Texte vieles gemeinsam. Hier wie dort begegnen wir Soldaten, Polizisten, Gefängnisaufsehern und Kommandanten auf Schritt und Tritt. Die Militärgerichtsbarkeit herrscht, wohin man sieht; und wie bei Dostoevskij auch ist die geschilderte Grausamkeit der Bestrafung in Čechovs Bericht entsetzlich und mit dem zu vergleichen, was man auch in Kafkas *Strafkolonie* zu lesen bekommt. Von den an Ketten geschmiedeten Häftlingen ist fast Kapitel für Kapitel die Rede, nur daß der berichtende Icherzähler nunmehr ein Außenstehender ist, kein Betroffener wie im Falle Dostoevskijs. »Wenn ich morgens erwachte, wurde ich durch die verschiedenartigsten Laute daran erinnert, wo ich mich befand. An den zur Straße offenen Fenstern schritten gemessen, mit rhythmischem Geklirr, die in Ketten geschmiedeten Häftlinge vorbei; in der Kaserne gegenüber übten Militärmusiker zum Empfang des Generalgouverneurs ihre Märsche ein ...«.[63] Auch bei Čechov nimmt das Ritual der Bestrafung breiten Raum ein. Ein Sträfling namens Prochorov hat einen Fluchtversuch unternommen und wird gefaßt; bei dieser Gelegenheit wird festgestellt, daß die Strafe für ein zurückliegendes Vergehen noch nicht vollzogen wurde. So wird er mit neunzig Peitschenhieben für das zurückliegende bestraft und für den Fluchtversuch obendrein. Die Auspeitschung nimmt ein Henker vor, und die Begleiterscheinungen mit Anschnallen, Röcheln und Erbrechen lesen sich ganz so, wie man es bei Kafka liest. Bei Čechov heißt es: »Der Henker steht seitlich und schlägt so, daß sich die Peitsche quer über den Körper legt. Jeweils nach fünf Schlägen geht es langsam auf die andere Seite hinüber und läßt eine Atempause von einer halben Minute. Prochorovs Haare kleben an der Stirn, der Hals ist angeschwollen, schon nach fünf bis zehn Schlägen hat sich der noch mit Narben von früheren Auspeitschungen bedeckte Körper rot und blau gefärbt; die dünne Haut platzt an diesen Stellen mit jedem Schlag [...] Nun verrenkt er schon seltsam den Hals, und man hört Laute des Erbrechens [...] Prochorov bringt kein einziges Wort hervor, sondern brüllt und röchelt nur; seit Beginn der Bestrafung scheint eine ganze Ewigkeit vergangen zu sein, aber der Aufseher schreit erst: ›Zweiundvierzig! Dreiundvierzig!‹ Bis neunzig ist es noch weit«.[64] Nur der Berichterstatter, der kühle Beobachter, der sachlich wiedergibt, was er wahrgenommen hat, ist Čechov keineswegs. Ohne große Worte nimmt er Partei für den geschändeten Menschen, auch wenn es Diebe und Verbrecher sind. Eine gelegentliche Reflexion ist bezeichnend: »In der ganzen Zeit, in der ich auf Sachalin weilte, gab es nur in der Kolonistenbaracke neben der Kohlengrube und hier in Derbinskoe, an diesem regnerischen, schmutzigen Morgen, Augenblicke, in denen es mir schien, daß ich das äußerte Maß der Erniedrigung des Menschen erlebte und daß man weiter nicht mehr gehen könne«.[65].

Čechov hatte seine Forschungsreise nach der Insel Sachalin im Jahre 1890 unternommen. Unmittelbar danach und unter dem Eindruck der bitteren Erfahrungen dieses Aufenthalts schrieb er seine Erzählung *Krankensaal Nr. 6 (Palata No. 6)*, die zuerst 1892 in einer Zeitschrift erschien, noch ehe der Bericht über die Verhältnisse auf der Insel Sachalin veröffentlicht wurde. Hier geht es um miserable Verhältnisse in einem russischen Krankenhaus, aber an Gefängnisse und Verhaftung wird der Leser fortwährend erinnert; denn es ist nicht irgendein Krankensaal, sondern ein solcher mit Geisteskranken, die man wie Gefangene bewacht und behandelt. Den Kranken ist ein Wächter zugeordnet, ein ausgedienter Soldat, der für Ordnung sorgt, wie es in Gefängnissen auch geschieht: »Er gehört zu jenen biederen, tüchtigen, dienstbeflissenen und stumpfsinnigen Menschen, die über alles in der Welt die Ordnung lieben und darum überzeugt sind, daß geprügelt werden muß. Er schlägt ins Gesicht, auf die Brust, auf den Rücken, wohin es gerade trifft, und ist überzeugt, daß es hier sonst keine Ordnung gäbe«.[66] Daß es sich nicht um individuelle Krankheitsfälle handelt, die hier erzählt werden, auch nicht um Schilderungen lokaler Mißstände in sozialkritischer Absicht, wird erkennbar an einem dieser Kranken oder vermeintlich Kranken, den man wegen Verfolgungswahn hier festhält. Dieser Verfolgungswahn – der Wahn, man könnte ihn eines Tages verhaften – wird nicht als ein schicksalhaftes Geschehen dargestellt; vielmehr sind es die staatlich-politischen

Verhältnisse, die den früheren Gerichtsvollzieher Ivan Dmitrič, wie es scheint, in den Wahn hineingetrieben haben: »In einer Gasse kamen ihm zwei Häftlinge in Ketten entgegen, die von vier Soldaten mit Gewehren begleitet wurden. Früher war Ivan Dmitrič sehr oft Häftlingen begegnet, und jedesmal hatten sie in ihm Mitleid und Verlegenheit erweckt, diesmal aber machte diese Begegnung auf ihn einen besonderen, eigentümlichen Eindruck. Es wollte ihm auf einmal scheinen, man könne auch ihn in Ketten legen und auf die gleiche Weise durch den Schmutz ins Gefängnis abführen«.[67] Dieser Gedanke läßt ihn nicht mehr los, und so landet er alsbald in eben dem Krankensaal, in dem die Geisteskranken wie Gefangene bewacht und geprügelt werden. Die Grenzen zwischen dem »wirklichen« Gefängnis und dem Leben als Gefängnis werden fließend, so daß sich der Krankensaal vom Leben in der Katorga nur noch wenig zu unterscheiden scheint. Der Arzt des Provinzkrankenhauses, der Ivan Dmitrič für den einzig Gesunden seiner Umgebung hält, stellt es eines Tages resigniert fest: »Aber angenommen, Sie haben recht [...] Man nimmt Sie fest und verurteilt Sie. Aber wird es Ihnen denn vor Gericht und im Gefängnis schlechter ergehen als hier? Und wenn man Sie deportiert und sogar in die Katorga schickt, ist das etwa schlimmer, als in diesem Gebäude zu sitzen? Ich nehme an, es ist nicht schlimmer...«.[68] Daß dem Arzt, der dies sagt, dasselbe widerfährt wie dem »kranken« Ivan Dmitrič, indem man ihn nämlich gleichfalls für geisteskrank erklärt und in das Gefängnis dieses Krankensaales bringt, bezeichnet den Wendepunkt dieser bewegenden Novelle.

Zu Vergleichen mit Kafkas erzählter Welt sieht man sich wiederholt veranlaßt, und daß er von den großen Schriftstellern der russischen Literatur im neunzehnten Jahrhundert gute Kenntnis hatte, besonders von Tolstoj, Dostoevskij und Čechov, von denen hier aus gegebenem Anlaß zu sprechen war, ist keine Frage. Zumal die Befassung mit Dostoevskij ist in der Entstehungszeit unserer Erzählung wiederholt bezeugt. Die Notiz vom 15. März 1914 über die Studenten, die Dostoevskijs Ketten trugen, wurde schon zitiert (T/370). »Brief Dostojewskis an den Bruder über das Leben im Zuchthaus« lautet eine Niederschrift vom 29. Mai 1914 (T/384). Wenige Wochen später notiert sich Kafka zum Brief Dostoevskijs an eine Malerin die für ihn wie für den russischen Schriftsteller bezeichnenden Sätze: »Das gesellschaftliche Leben geht im Kreis vor sich. Nur die mit einem bestimmten Leiden Behafteten verstehn einander. Sie bilden kraft der Natur ihres Leidens einen Kreis und unterstützen einander [...] Erkenntnis ihrer Lage zeigt sich aber nur dann, wenn sie gemeinsam die Köpfe senken und der gemeinsame Hammer auf sie niedergeht«

(T/402). Am 1. November desselben Jahres, unmittelbar nach der Niederschrift der Erzählung *In der Strafkolonie*, wird die Lektüre der Verteidigungsschrift Dostoevskijs im Tagebuch vermerkt. Kafka kannte sie aus der Biographie Nina Hoffmanns, die er um diese Zeit las. [69] Auch zwischen Dostoevskijs *Aufzeichnungen aus einem Totenhaus* und Kafkas späterer Erzählung *Der Bau* hat man Beziehungen hergestellt. [70] Aber zwischen demselben Text Dostoevskijs und Kafkas *Strafkolonie* gibt es sie erst recht. Darüber hinaus gehört dieser Autor mit Grillparzer, Kleist und Flaubert zu den vier Blutsverwandten, wie sie 1913 in einem Brief an Felice bezeichnet werden: »Sieh, von den vier Menschen, die ich [...] als meine eigentlichen Blutsverwandten fühle, von Grillparzer, Dostojewski, Kleist und Flaubert, hat nur Dostojewski geheiratet, und vielleicht nur Kleist, als er sich im Gedränge äußerer und innerer Not am Wannsee erschoß, den richtigen Ausweg gefunden« (F/460). [71] Was Čechov aber für Kafka bedeutet hat, ist in einem Brief an Milena aus späterer Zeit ausgesprochen: »Čechov aber liebe ich sehr, manchmal ganz unsinnig«. [72] Schließlich das, was er in seiner unmittelbaren Umgebung, in den großen Tageszeitungen, wiederholt lesen konnte! Den Kulturteil der *Bohemia* leitete damals der in der Weltliteratur bewanderte Paul Wiegler, der um eben diese Zeit (1913) seine *Geschichte der fremdsprachigen Weltliteratur* in erster Auflage veröffentlichte. [73] Von ihm weiß man, daß er bestrebt war, seine Leser neben der zeitgenössischen französischen Literatur auch mit der russischen Literatur des späten neunzehnten Jahrhunderts bekannt zu machen, mit Čechov, Tolstoj und Gorkij vor allem. [74]

Aber natürlich wußte man über Deportationen im Zarenreich und über sein Katorga-System auch sonst Bescheid. [75] Auf einen aufrüttelnden Aufsatz Wilhelm Herzogs ist hinzuweisen. [76] In der von ihm selbst herausgegebenen Zeitschrift *Das Forum* veröffentlichte er wenige Wochen vor Ausbruch des Krieges einen Aufsatz mit der provokanten Überschrift *Russische Gefängnisse – Europas Schande*; und als ein mutiger Schriftsteller, der er stets war, nimmt er sich kein Blatt vor den Mund. Er leitet diesen Beitrag ein, indem er seine Leser mit Zahlen schockiert: »Im Laufe von fünf Jahren, von 1906–1910, wurden in Rußland wegen politischer Vergehen aller Art 37620 Menschen gerichtlich verurteilt, das heißt 7524 jährlich, 627 monatlich, 20 täglich. In demselben Zeitraum wurden mehr als 8100 zum Tode verurteilt, darunter 5735 wegen politischer Verbrechen«. [77] Daß Mißstände wie diese nicht als eine Angelegenheit des Zarenreiches zu betrachten seien, wird unmißverständlich zum Ausdruck gebracht: »Schmach und Schande über eine Gesellschaft. Fluch und

Ekel über das gebildete Europa, wenn es nicht imstande ist, sich von diesem Schandfleck, der russische Justiz heißt, zu reinigen«[78]; und nicht nur werden hier die Mißstände beim Namen genannt; sie werden förmlich hinausgeschrien, wie es der Aussageform expressionistischer Schriftsteller entsprach:»Die eleganteste Gesellschaft gibt sich in der Pariser Oper ein Fest, um eine Pantomime des Grafen Keßler und des Herrn von Hofmannsthal mit Straußscher Musik zu bewundern. Hinausschreien möchte man plötzlich in diese Gesellschaft. Gehenkt wird in Rußland, Unschuldige werden gefoltert: Frauen werden gepeitscht. Hört. Im Namen des Zaren. Eines euch befreundeten Herrschers«.[79] Auch der besonderen Lage der Juden in solchen Strafsystemen wird in diesem Zusammenhang gedacht:»Am allerschlimmsten von allen Gefangenen haben es natürlich die Juden. Pressensé berichtet in seiner Rede [...] daß Gefangene nur deshalb körperlichen Züchtigungen unterworfen wurden, weil sie Juden waren«.[80] Bestrafungen also nicht aufgrund eines Vergehens oder Verbrechens, sondern aufgrund eines So-Seins. Und mit einem Blick auf den Hauptmann Dreyfuß, den Herzog in den zwanziger Jahren mit Hans José Rehfisch auf die Bühne bringen wird, beschließt er das, was er zu diesen schrecklichen Dingen zu sagen hat:»Um den Hauptmann Alfred Dreyfuß zu retten, erhob sich halb Europa. Kein Zola ersteht den Tausenden und Abertausenden russischer Kämpfer, die schuldlos zum Tode oder zu Schlimmerem verurteilt sind. Der kultivierte Westen überläßt sie den Kerkermeistern des Zaren«.[81]

Der Einwand, falls er erhoben werden sollte, daß in allen diesen Texten – bei Dostoevskij, Čechov, Herzog oder bei Kafka selbst – von Strafsystemen gehandelt wird, die man irgendwo »weit hinten in der Türkei« praktiziert, kann nicht verfangen. Dennoch hält man eine Erzählung wie Kafkas *Strafkolonie* gern von sich fern, indem man auf den Exotismus verweist, als ginge uns das alles aus europäischer Sicht nicht viel an, ganz so, wie der Offizier dem Forschungsreisenden zu denken unterstellt:»Sie werden sagen: ›Bei uns ist das Gerichtsverfahren ein anderes‹; oder: ›Bei uns wird der Angeklagte vor dem Urteil verhört‹; oder ›Bei uns gab es Folterungen nur im Mittelalter‹« (E/220). Es muß aber deutlich werden, daß es sich hinsichtlich solcher Deportationsgeschichten um Vorgänge handelt, die uns durchaus betreffen. Sie betreffen uns als die Leser, in deren Sprache Kafka geschrieben hat, in mehr als einer Hinsicht. Denn nirgends sonst hat das Wort »Deportation« eine so schreckliche Bedeutung erlangt wie im Gebiet der deutschen Sprache, wenngleich diese Bedeutung mit einer bemerkenswerten Verschiebung einhergeht; deshalb vor allem, weil das Wort, wo immer es heute gebraucht wird, mit der Deportationsstrafe im ordentlichen Recht der römischen Antike oder späterer europäischer Kolonialsysteme nur noch wenig zu tun hat. Jedenfalls scheint es so. Doch ist auch das, was man damit bezeichnet hat – die Vollstreckung der Deportationsstrafe nach jeweils geltendem Recht – alles andere als ein Ruhmesblatt in der Geschichte der abendländischen Jurisprudenz. In einer erhellenden Studie über Kadettenerziehung in der deutschen Literatur von Wildenbruch bis Rilke und Musil kommt der französische Literaturkritiker Robert Minder auch auf Kafkas Erzählung zu sprechen und im Zusammenhang damit auf die in Frage stehende Rechtspraxis der Deportation in Frankreich. Hier heißt es: »›Die Strafkolonie‹ spielt nicht in Europa. Man mag an Cayenne denken, warum nicht auch an Algerien. Das reißt Aspekte auf, die uns weit hinausführen über die längst aufgelösten österreichischen oder preußischen Kadettenhäuser zu anderen Gruppengebilden, deren innere Struktur unter bestimmten Verhältnissen und beim Fallen der konventionellen moralischen Schranken dieselben sadistischen Wucherungsmöglichkeiten in sich tragen. Zwei oder drei große Filme der amerikanischen Avantgarde haben das mit unerschrockener Eindringlichkeit in der drakonischen Heranzucht gewisser Kampftruppen aufgezeigt [...] Die ›Stahlgewitter‹ von Ernst Jünger hat der französische Marschall Juin vor kurzem mit einem Vorwort beehrt. Es ist nicht anzunehmen, daß er auch einmal Kafka bevorworten wird. Tatsachenberichte über Strafkolonien und Torturverfahren wurden jahrelang von der IV. wie von der V. Republik als ordnungswidrig eingestampft«.[82] Das ist kein Grund, daß sich Deutsche, die solche Sätze lesen, etwas auf ihre damalige Strafrechtsordnung zugute tun.

Deportationsstrafe und deutsches Strafrecht

Das deutsche Strafrecht, so kann man geltend machen, habe mit alledem, wovon hier die Rede ist, nicht das mindeste zu tun; und so auch lautet die Auskunft, die man in der letzten Ausgabe des »Brockhaus« erhält: »Diese schon aus dem röm. Recht bekannte Art der Strafe, die früher vor allem in Frankreich und Rußland angewendet wurde, ist dem deutschen Strafrecht stets unbekannt geblieben«.[83] Diese Auskunft entspricht zwar den Tatsachen und stellt doch nur die halbe Wahrheit dar; denn an Versuchen, dieses Strafmittel auch in das deutsche und österreichische Strafrecht einzuführen, hat es zumal in der Zeit vor dem Ersten Weltkrieg nicht gefehlt. Das ist die Zeit zugleich, in der Kafka – vom Sommer 1901 bis zur Promotion im Jahre 1906 – an der Deutschen

Universität in Prag Rechtswissenschaft studierte[84]; und daß die Geschichte dieser Versuche zum rechtsgeschichtlichen Kontext unserer Erzählung gehört, gilt es zu zeigen. Der erste dieser Versuche hat den Charakter des Kuriosen. Im Preußen Friedrich Wilhelms III. zeigte man zu Beginn des neunzehnten Jahrhunderts Interesse für das antike Erbe dieses Strafmittels. In Berliner Zeitungen war »zur Warnung für Jedermann und zur Beruhigung aller gutgesinnten Unterthanen« zu lesen, daß mit dem russischen Hof eine Vereinbarung getroffen worden sei, »uncorrigible Bösewichter in den im äußersten Sibirien über tausend Meilen von der Grenze der Königlichen Staaten gelegenen Bergwerken zum Bergbau gebrauchen zu lassen...«.[85] Die Bezeichnung »uncorrigible Bösewichter« fällt auf. Die »Unverbesserlichen«, die Gewohnheits- und Berufsverbrecher, wie sie in der Strafrechtsdiskussion um 1900 und später bezeichnet werden, werfen ihre Schatten voraus. Tatsächlich wurden im Jahre 1802 achtundfünfzig Verbrecher in Pillau eingeschifft und in Narwa von Rußland übernommen, von wo man sie nach Sibirien transportierte. Aber der Versuch des preußischen Königs schlug fehl; die Deportierten fanden den Weg in die Heimat zurück, und die Deportationsstrafe wurde durch einen Ministerialbeschluß vom 4. Juni 1828 untersagt. Die positive Einschätzung dieses Rechtsmittels durch den liberalen Staatsrechtler Karl Theodor Welcker (in dem mit Rotteck herausgegebenen Staatslexikon) sei hier nur am Rande erwähnt.[86] Mit der Reaktivierung der Deportationsstrafe im Frankreich der fünfziger Jahre belebt sich das Interesse auch in der deutschen Strafrechtswissenschaft. Die erste umfassende Darstellung, das 1859 erschienene Buch über die Deportationsstrafe in alter und neuer Zeit von Franz von Holtzendorff, hängt mit solchen Interessen sichtlich zusammen.[87] Dieser liberal gesinnte Jurist, der Abschaffung der Todesstrafe schon damals nicht abgeneigt, ist weit entfernt, die Einführung der Deportationsstrafe in das deutsche Strafrecht zu empfehlen. Zwar erklärt er sich zunächst nicht ausdrücklich gegen sie, verweist gelegentlich auf »freiwillige Deportation«, als eine Art Auswanderung, und empfiehlt gleichzeitig Reform und Verbesserung des deutschen Gefängniswesens.[88] In späterer Zeit kann er deutlich als ein Gegner dieses Strafmittels angesehen werden, wenigstens, was das deutsche Strafrecht angeht.

Das ist so deutlich bei Franz von Lißt schon nicht mehr der Fall, den man gern als den großen Erneuerer des deutschen Strafrechts rühmt.[89] Seine Verdienste auf diesem Gebiet sind unbestritten. Sie beruhen vor allem in der spezialpräventiven Begründung der Strafe – im Gegensatz zur generalpräventiven Vergeltungstheorie, wie sie in erster Linie von seinem Kontrahenten Karl Binding vertreten wurde. Der individuellen Eigenart des Täters wurde dieser Erneuerer des deutschen Strafrechts anders gerecht, als es sonst der Fall gewesen war. Doch sieht es ganz so aus, als hätten dabei diejenigen vor anderen das Nachsehen, für die ein präventives Strafrecht nicht recht in Frage kam. Das sind die »Unverbesserlichen«, die strenge Strafen durchaus verdienen, wie Lißt überzeugt war; und dabei wird hier und da auch an Deportationsstrafen gedacht, noch ehe das deutsche Kaiserreich im Besitze irgendwelcher Kolonien war. In dem zuerst 1882 veröffentlichten Beitrag über den Zweckgedanken im Strafrecht führt Franz von Lißt aus: »*Gegen die Unverbesserlichen muß die Gesellschaft sich schützen;* und da wir köpfen und hängen nicht wollen und deportieren nicht können, so bleibt nur die *Einsperrung auf Lebenszeit* (bzw. auf unbestimmte Zeit)«.[90] Daß nicht deportiert werden kann, hat seinen Grund in den damals (1882) noch fehlenden Kolonien; und daß es bei solchem Mangel nicht bleiben möge, ist dem in der Inneren Mission tätigen Theologen Friedrich Fabri über die Maßen wichtig. In seiner 1879 veröffentlichten Schrift *Bedarf Deutschland der Colonien?*, die alsbald in zahlreichen Auflagen verbreitet war, setzte er sich für ihren Erwerb aufs nachdrücklichste ein, und in diesem Zusammenhang werden auch Strafkolonien in Aussicht gestellt. Über vorhandene Kolonien dieser Art ist er mehr schlecht als recht informiert; und daß er die Strafvollstreckung in Sibirien als human bezeichnet, macht die verkehrte Welt seiner Humanitätsideen offenkundig.[91] Welche Bewandtnis es mit Formen pervertierten Denkens hat, wenn Denken vorrangig Denken für den Menschen bedeuten sollte, zeigt sich an der Art, wie dieser Theologe den Kreis derer, die für das neuartige Strafmittel in Frage kommen, auf Sozialisten, Anarchisten und Utopisten unbekümmert erweitert, was immer diese auch seien.[92] Hier deutet sich eine Denkart an, die nicht mehr unbedingt auf strafrechtliche Tatbestände zielt, sondern auf anderes weit mehr. Im Falle unseres Theologen sind es vornehmlich Gesinnungen, die sich mit der bestehenden Staatsordnung nicht unbedingt im Einklang befinden. Hier, wenn irgendwo, ist Gegenaufklärung am Werk.

Doch konnte die Einführung der Deportation in das deutsche Strafrecht mit dem Erwerb deutscher Kolonien – seit 1884 – anders diskutiert werden als zuvor. Diese Diskussion erreichte um 1895 einen ersten Höhepunkt. Sie wird eingeleitet von dem Breslauer Strafrechtslehrer Felix Friedrich Bruck, der sich in mehreren Schriften nacheinander für dieses einem Kolonialreich zustehende Strafmittel verwendet. *Fort mit den Zuchthäusern!* ist der Titel der ersten dieser Schriften.[93] An bedenkenswerten Argumenten fehlt es ihm keineswegs, wenn im Blick auf unerträgliche Zustände in deutschen Zuchthäusern ein besserer Strafvollzug erhofft wird. Vom »Bankrott des modernen Strafvollzuges« wird andernorts gesprochen.[94] Die Länge des Freiheitsentzugs wirke nicht mehr abschreckend, der nach so langer Strafhaft Entlassene finde sich nicht mehr zurecht: solche und andere Argumente werden vom Verfasser der Schrift *Fort mit den Zuchthäusern* vorgebracht. Aber auch dieser Jurist ist bereit, Anarchisten in den Kreis derer einzubeziehen, die man deportieren soll, wer immer ein solcher auch sein mag. Diese Diskussion wird in den neunziger Jahren rege geführt. Sie gelangt mit dem Buch des Berliner Rechtsanwalts A. Korn zu einem vorläufigen Abschluß. Die Frage *Ist die Deportation unter den heutigen Verhältnissen als Strafmittel praktisch verwendbar?*, wie der Titel des Buches lautet, wird nachdrücklich verneint.[95] Der deutsche Juristentag macht sich die Auffassung des Berliner Anwalts zu eigen und verabschiedet entsprechende Beschlüsse.[96] Dennoch hat sich die Diskussion damit keineswegs erledigt. Bereits ein Jahr danach veröffentlicht Oscar Priester, ein Schüler Franz von Lißts, seine Schrift *Die Deportation. Ein modernes Strafmittel.* Schon der Titel verrät, daß man es mit einer Befürwortung der Strafe zu tun hat. Wie andernorts auch bekommen vor allem die Jugendlichen die Härte eines solchen in Aussicht genommenen Strafvollzugs zu spüren. Zur Frage ihrer Deportation wird hier kurz und bündig erklärt: »Es empfiehlt sich, auch die jugendlichen Gewohnheitsverbrecher zwischen 16 und 18 Jahren zu deportieren; wer reif genug ist zur prinzipiellen Auflehnung gegen die vaterländische Rechtsauffassung, soll auch reif genug sein, ihre Reaktionen zu erdulden«.[97] Der Heidelberger Strafrechtler Wolfgang Mittermaier, ein dezidierter Gegner solcher Denkformen und Strafsysteme, mustert das mit der Deportationsstrafe befaßte Schrifttum in einem Literaturbericht. Er kommt zu einem im ganzen vernichtenden Urteil. Brucks Schrift *Fort mit den Zuchthäusern!* habe keinen wissenschaftlichen Wert; die Kritik unseres Strafwesens sei oberflächlich. Die schlechtesten Noten erhält die Schrift des genannten Schülers Franz von Lißts: »Diese ist die schlechteste aller mir bekannten Arbeiten über Deportation, schwülstig und unsystematisch, über die Hälfte aus Citaten bestehend, die kritiklos zumeist *Bruck,* dem Meister, entnommen sind«. Im Grunde wird nur eine dieser Arbeiten gelobt und anerkannt: diejenige des Berliner Anwalts A. Korn: »Das erste, wahrhaft wissenschaftliche und annähernd vollständige Werk...«, merkt der Rezensent an.[98]

Ein akademischer Lehrer des Strafrechts (Hans Groß)

In diesem Literaturbericht ist einer der namhaftesten Juristen seiner Zeit merkwürdigerweise nicht erwähnt, der sich an dieser Diskussion lebhaft und leidenschaftlich beteiligt hat. Es ist dies der Grazer Strafrechtslehrer und Kriminologe Hans Groß, Gründer und Herausgeber des *Archiv für Kriminalanthropologie und Kriminalistik* (seit 1899), wie die Zeitschrift zunächst hieß, ehe aus ihr das *Archiv für Kriminologie* wurde. Daß man seinen Namen in dem genannten Literaturbericht vermißt, ist verständlich, da der einzige bis dahin veröffentlichte Beitrag 1896 an verhältnismäßig entlegener Stelle in der *Allgemeinen Österreichischen Gerichts-Zeitung* erschienen war; dagegen wurden die gravierenden Beiträge zu demselben Thema erst nach 1900 veröffentlicht, ehe einige von ihnen in die 1908 herausgegebenen *Gesammelte Kriminalistische Aufsätze* aufgenommen wurden. In einer Studie über Franz Kafkas Erzählung *In der Strafkolonie* und seinen zahlreichen Kontextbezügen ist Groß die weitaus wichtigste Figur; man ist versucht zu sagen: eine Art Schlüsselfigur. Hans Groß war von 1902 bis 1905 an der Prager Universität tätig und gehörte in dieser Zeit zu Kafkas akademischen Lehrern im Gebiete des Strafrechts. Bis zu 16 Wochenstunden habe Kafka in seinem fünften, sechsten und siebenten Semester bei diesem belegt, wie im Kafka-Handbuch nachzulesen ist. Hans Groß wird hier mit betont freundlichen Worten vorgestellt, die vermuten lassen, man hätte es mit einer der großen Lehrerpersönlichkeiten seiner Prager Studienzeit zu tun. Wir lesen da die folgenden Sätze: »Daß Kafka von dieser Ausrichtung seines Lehrers aufs Greifbar-Tatsächliche und aufs Menschlich-Psychologische gefesselt sein mußte, liegt schon aufgrund seiner Typologie und seiner allgemeinen Interessenlage nahe...«. [99] Was immer das heißen mag! Betont freundlich gehalten ist auch das Lebensbild in der *Neuen Deutschen Biographie*. Von einem der tatkräftigsten Vorkämpfer im Gebiet der Kriminologie ist die Rede; in der Verbrechensaufklärung sei Hans Groß zu Weltruhm gelangt; seine Bücher seien in fast alle Kultursprachen übersetzt. Und nun gar noch der Vergleich mit Anselm von Feuerbach! »Mit einem Feingefühl für psychische Vorgänge, das an Anselm v. Feuerbach und seine ›Aktenmäßige Darstellung merkwürdiger Verbrechen‹ (1828) erinnert, hat er ferner in einer Reihe grundlegender Einzelarbeiten [...] zur Frage der Zuverlässigkeit von Zeugenaussagen und zu zahlreichen anderen psychologischen Problemen [...] Ausführungen gemacht, die nicht nur seiner Zeit gedient haben...«. [100] Ob es indessen berechtigt ist, sich an den großen Feuerbach erinnert zu fühlen, wenn von Hans Groß die Rede ist, bleibe offen. Wissenschaftsgeschichte ist nicht nur Ruhmesgeschichte. Sie ist auch zu Kritik verpflichtet, wo es geboten ist; und das ist hier, wenn irgendwo, der Fall.

Das betrifft sogleich das in viele Sprachen übersetzte Standardwerk von Hans Groß, sein *Handbuch für Untersuchungsrichter, Polizeibeamte, Gendarmen.*[101] Hier sei, hören wir, mit der Ausnutzung aller Möglichkeiten der Verbrechenserforschung in einer Weise Ernst gemacht worden, wie es nie zuvor geschehen sei[102]; und ohne Frage ist dieses mehr als tausend Seiten umfassende Standardwerk ein gewaltiges Werk – eine Art Universum, in dem sowohl die strengeren Wissenschaften – Physik, Chemie oder Psychiatrie – vertreten sind wie die weniger strengen, nennen wir Physiognomie oder Graphologie. Hier wie in anderen Büchern des Grazer Kriminologen wird den Anforderungen der exakten Naturwissenschaft unüberhörbar Reverenz erwiesen; und das ist auch sonst in der zeitgenössischen Jurisprudenz der Fall.[103] Wissenschaftliche Umsicht und gelehrter Fleiß sind unbestritten; und daß dieses Lehrbuch noch nach dem Tode seines Verfassers in siebenter Auflage erscheinen konnte, sei angemerkt. Dennoch ist das voluminöse Opus nicht nur ein überaus erfolgreiches Lehrwerk sondern ein Symptom zugleich. »Ihn interessierte weder die Lehre vom Strafvollzug noch die Soziologie des Verbrechens, was ihn fesselte, war einzig und allein, Verbrecher zu überführen«, so charakterisiert ihn ein Vertreter seines Faches in Amerika.[104] Um einen Verbrecher überführen zu können, müssen Spuren verfolgt werden. Hier vor allem, in der Technik der Spurensicherung – es handle sich um Fußspuren oder um Blutspuren –, liegt die Stärke des Grazer Kriminologen, der gegenüber alles andere zur Nebensache degradiert erscheint; und wie sehr dies der Fall ist, geht aus einer bekenntnishaft anmutenden Passage seines Buches hervor, die eher beiläufig in einem Kapitel vorgebracht wird, das über lokale Kenntnisse informiert. Wir lesen allen Ernstes die folgenden Sätze: »*Vom Augenblick, da ein Jurist UR* [= Untersuchungsrichter] *wurde, ist er nur noch UR. und sonst gar nichts,* alles, was er tut, treibt, studiert und hört, muß der einzigen Idee untergeordnet werden, wie er das, was er erfahren hat, in seinem Amte verwerten könne. Nicht einseitig soll er werden, sondern vielseitig, so vielseitig als nur möglich; eben weil er alles brauchen kann, soll er sich um alles kümmern, *um alles aber nur mit dem Gedanken, wie er es als UR verwerte.* Er darf also nicht mehr ›spazieren gehen‹, d. h. gedankenlos daherbummeln und sich harmlos freuen an Gottes schöner Welt; jeder Weg zur Erholung oder im Dienste muß mit der Karte in der Hand gemacht werden, jeder Weg, jeder Flur, jedes Wässerchen usw. ist auf der

Karte aufzusuchen und der Name dem Gedächtnisse einzuprägen; die Namen der Eigentümer auch der letzten Hütten sind festzustellen, von jedem Aussichtspunkte muß der gemachte Weg mit dem Auge wiederholt werden, bekannte Örtlichkeiten sind aufzusuchen, ihre gegenseitige Lage, Entfernung und Verbindung ist klarzustellen, die Weltgegend zu merken und zu prüfen, was und wohin man sehen kann. Jeder Weg ist nach der Uhr zu machen, die aufgewendete Zeit, am besten auf der Rückseite der Ortskarte, zu notieren«.[105] Hier werden Antriebe und Motive eines Denkens freigelegt, die betroffen machen; ein Bild des Menschen wird erkennbar, das Schaudern erregt. Es muß ein armer Mensch sein, dem spazierengehend nicht mehr erlaubt wird, gedankenlos dahinzubummeln. Der immer im Dienst befindliche Untersuchungsrichter – eine Pathologie! Paul Reiwald, nicht gerade wohlwollend gegenüber so manchem Vertreter seines Faches, hat es so gesehen. Sein Urteil mag man als boshaft abzutun geneigt sein, und von der psychoanalytischen Art des Vorgehens mag man wenig halten, aber so völlig abwegig ist es nicht, was er hinsichtlich dieses Falles anzumerken hat. Er spricht vom zwangsneurotischen Charakter eines mit Sherlock Holmes vergleichbaren Menschen, der nichts als Spuren suchen und entdecken will: »Der zwangsneurotische Charakter ist oft mit hoher, ja überragender Intelligenz verbunden, mit außerordentlichen moralischen Ansprüchen, aber auch mit jener Überbetonung des Formalen, hinter der sich sehr heftige Affekte verbergen«.[106]

Daß Kafka von der Persönlichkeit dieses Lehrers »gefesselt« war, ist gesagt worden. Aber dafür gibt es, soweit ich sehe, keinen Beleg. Wohl aber kann vermutet werden, daß der Typus des Untersuchungsrichters, wie ihn der Kriminologe Groß verkörpert zu sehen wünscht, im Romanwerk verändert wiederkehrt, zumal im Roman *Der Prozeß*. Um eine sympathische Gestalt, für die uns der Erzähler einzunehmen sucht, handelt es sich gewiß nicht, wenn es im zweiten Kapitel heißt, mit dem die erzählte Untersuchung beginnt: »Der ganz böse gewordene Untersuchungsrichter, der wahrscheinlich gegen die Leute unten machtlos war, suchte sich an der Galerie zu entschädigen, sprang auf, drohte der Galerie, und seine sonst wenig auffallenden Augenbrauen drängten sich buschig, schwarz und groß über seinen Augen«.[107] Wenn es daher einen Zusammenhang zwischen der Figur dieses Untersuchungsrichters mit demjenigen gibt, wie er im Lehrwerk des Kriminologen Hans Groß gefordert wird, so nicht in dessen Sinn, sondern im Gegensinn.[108] Zusammenhänge zwischen zeitgenössischer Wissenschaft und fiktiven Texten wie im vorliegenden Fall aufzudecken, muß berechtigt sein; und einmal mehr bestätigt sich, daß man es bei Kafka hinsichtlich seiner

Themen wie seines Personals nicht einfach mit Erfindungen zu tun hat, sondern daß das Fiktive seine Vorlagen in der Wirklichkeit findet, nur daß diese im literarischen Text jeweils anders erscheinen: codiert, verfremdet und, recht verstanden, »surreal«.

Fünf Jahre nach dem erfolgreichen *Untersuchungsrichter* ist Kafkas akademischer Lehrer abermals mit einem Standardwerk zur Stelle, diesmal mit etwas reduziertem Umfang. *Criminalpsychologie* lautet der ganz und gar schmucklose Titel des Buches, das 1898 in Graz erschien. [109] »Die Seele tritt auf die Bühne der Justiz«, könnte man mit Michel Foucault sagen, obschon es in der Geschichte der Jurisprudenz nicht unvorbereitet geschieht. [110] Seit den siebziger Jahren entwickelt sich etwas, das man Kriminal-Psychiatrie nennen kann, und die Bücher Cesare Lombrosos haben zur Konstituierung solcher Grenzgebiete das Ihre beigetragen. [111] Im Gebiet der Jurisprudenz ist Hans Groß einer der Ersten, wenn nicht der Erste überhaupt, der zwei verschiedene Disziplinen – Psychiatrie und Psychologie einerseits und Jurisprudenz zum andern – zusammenbringt, um damit zweifellos eine Vielzahl neuer Fragen und Fragestellungen aufzuwerfen. Spannungen zwischen den Disziplinen entstehen in seinem Falle kaum, da die Naturwissenschaft nicht als Gegensatz verstanden wird, sondern als etwas weit mehr, an dem sich die Jurisprudenz orientieren solle, damit sie werde, was jene schon ist: »Die naturwissenschaftliche Methode« lautet nicht zufällig die Überschrift eines Kapitels, das den ganz vom Kausalitätsdenken beherrschten Verfasser als ein Kind seines Jahrhunderts, des neunzehnten, ausweist. [112] Aber in der Darbietung des uferlosen Stoffes ist strenge Wissenschaftlichkeit der vorherrschende Eindruck keineswegs. Auf weite Strecken hin wird allgemeine Psychologie ausgebreitet, und die Beziehung zur Kriminalistik entschwindet vielfach dem Blick. Trotz der zahlreichen Literaturhinweise aus nahezu allen Wissensgebieten meint man es oft mit allgemein gehaltenen Aphorismen zur Lebensweisheit zu tun zu haben, die sich von dem wiederholt zitierten Schopenhauer durch den bei Groß vorwaltenden Mangel an Tiefsinn unterscheiden. Es gibt in diesem rechtswissenschaftlichen Kompendium wiederholt Aussagen von bemerkenswerter Trivialität. Da von nahezu allen menschlichen Lebensbereichen die Rede ist, weil alle mit Psychologie und also mit Kriminalpsychologie zu tun haben, darf auch die Kleidung nicht unberücksichtigt bleiben: »Wollte man sich mit der Frage befassen, welche Bedeutung die Kleidung eines Menschen für die Beurtheilung seines Innern hat, so könnte man hierüber ein Buch schreiben. Man behauptet, am Schuh erkenne man den Charakter der Frau, in Wirklichkeit ist die Sache viel weiter zu fassen, nicht bloß am Schuh, sondern an jedem Stück der Kleidung erkennt man den Charakter der Frau, aber gerade so auch den des Mannes«.[113] Trivial erst recht nehmen sich die Ausführungen über Resignation aus, wenn man bedenkt, was man hierüber bei Schopenhauer lesen kann.[114] Bei Groß heißt es: »Eine wichtige Geste ist die der *Resignation,* die sich namentlich (neben Achselzucken) dadurch ausprägt, daß die Hände in den Schoß gelegt werden«.[115] Für den Kriminologen folgt aus der Beschreibung des Phänomens, daß die Geste der Resignation in der Regel den Unschuldigen verrate. Das sind nicht viel mehr als Vermutungen, die sich als Empirie empfehlen. Es wird verständlich, wenn sich ein namhafter Psychiater (Hans W. Gruhle) eines Tages gelegentlich eines Kongresses recht indigniert äußert: »Die Bücher von Hans *Groß* sind wirklich *nicht* vorbildlich [...] Alles, was an *Psychologie* darin steckt, ist – entschuldigen Sie, daß ich als Fachmann das sage – eine recht böse populäre Leistung«.[116]

Die Bezeichnung einer wissenschaftlichen Arbeit als »böse populäre Leistung« gibt zu denken. Und gänzlich unverständlich erscheinen solche Urteile keineswegs, wenn man bedenkt, wie die Frau in dieser Kriminalpsychologie erscheint. Als würde da Otto Weininger auf eine etwas undeutliche Art antizipiert, dessen Buch *Geschlecht und Charakter* erst fünf Jahre später vorlag. Die prinzipielle Unaufrichtigkeit der Frau – und das ist natürlich für einen Kriminalisten nichts Nebensächliches – gilt dem Juristen Groß von vornherein als verbürgt: »Selbst in der einfachsten Bejahung oder Verneinung ist sie nicht aufrichtig... Im Zusammenhang mit der Unaufrichtigkeit ist die vielbesprochene Verstellungskunst, bei welcher man ebenfalls sagen möchte, sie beruhe viel mehr auf Unaufrichtigkeit als auf Verlogenheit, weil sie mehr in dem Ausnützen von Vorhandenem und Verschweigen als auf directem Lügen beruht«.[117] Es folgen unglaubliche Sätze wie die folgenden: »Wollt Ihr, junge Criminalisten, aber das Mittel wissen, wie man von der Frau erfährt, ob sie ihrem Manne treu ist, so gibt es ein Mittel, das so einfach und sicher ist, daß man es fast ein elendes Mittelchen nennen sollte – bringt sie darauf zu sprechen, ob sie von ihrem Manne vernachlässigt wird – *jede Frau, die über Vernachlässigung durch ihren Mann klagt, ist eine Ehebrecherin oder mindestens auf dem Wege, eine zu werden,* denn sie sucht den triftigsten [...] Grund, um sich deshalb zu entschuldigen; wie weit sie aber auf dem sündhaften Wege vorgeschritten ist, das ist so leicht zu erkennen an dem Grade der Beschuldigungen, die sie gegen ihren Mann vorbringt«.[118] Was das Jahrhundert an Vorurteilen angehäuft hat, ist in der Person dieses Gelehrten versammelt. In allen seinen Schriften aber steht das Ziel seiner wissenschaftlichen Arbeit unverrückbar fest: sie hat die Macht des Staates und seiner Polizeiorgane zu stärken:»Die Wissenschaft, selbst wenn sie noch so sehr in wissenschaftlich-objektivem Sinne verstanden wird, dient als Instrument der Macht, mit dessen Hilfe Staat und Gesellschaft Gesetz und Ordnung schaffen und aufrechterhalten können. Die Herstellung von Ruhe und Ordnung auf wissenschaftlicher Grundlage war letztes Ziel von Hans Groß' kriminalistischen Bestrebungen«, heißt es in einer neueren Studie (von Emanuel Hurwitz), die dem Sohn dieses Gelehrten gewidmet ist. [119] Man kann von der »Denkungsart« dieses wie anderer Juristen am Ausgang des Jahrhunderts nicht genug wissen, um Kafka besser zu verstehen. Das betrifft nun vollends das vorgeschlagene Strafmittel der Deportation in Verbindung mit Strafinseln und Strafkolonien.

Dieser Fragen hat sich Kafkas akademischer Lehrer auf seine Art angenommen; zuerst in einigen Artikeln der *Allgemeinen österreichischen Gerichts-Zeitung*. Schon hier begegnen wir einigen bemerkenswerten Härten in der Argumentation: an zeitliche Befristung ist von vornherein nicht gedacht. Kurz und bündig heißt es:»Wir wollen uns nur um *lebenslängliche* Deportation kümmern, *zeitliche* ist eine contradictio in adjecto«. [120] Zu deportieren sind prinzipiell »Unverbesserliche«, und das war nach dem Forschungsstand der Jurisprudenz um 1900 ganz offensichtlich früh zu erkennen; schon 16–22jährige konnten dieser Menschenklasse zugeordnet werden. Daß sie wie andere ganz und gar unverbesserlich seien, wird nicht durchweg behauptet, aber als generelle Anweisung kann gelten:»zu bessern mag Jeder sein, aber die Mittel sind zu theuer«. [121] Daß solche Vorschläge in der Gerichtszeitung eines Landes vorgebracht werden, das keinerlei Kolonien besitzt; läßt sie nicht als bedeutungslos erscheinen, da die Verbindung der Donaumonarchie mit dem Deutschen Reich als eng und freundschaftlich angesehen wird. Österreich könne von den deutschen Kolonien nur profitieren, wenn sich die Rechtswissenschaft für dieses Strafmittel eines Tages entscheiden sollte. Zum andern müßte das Deutsche Reich im gegebenen Fall daran interessiert sein, daß es kein Entweichen nach Österreich gibt, so daß es mit schönster Selbstverständlichkeit heißen kann:»Schon dies allein müßte für Deutschland ein Grund sein, Österreich an den Segnungen des neuen Strafmittels in irgend einer Weise theilnehmen zu lassen«. [122] Daß hier von Segnungen eines Strafmittels gesprochen wird, verdient Beachtung! Ein zweiter Beitrag in demselben Organ über Degeneration und Strafrecht zeigt um vieles deutlicher als der erste die Brisanz eines Denkens, um das es hier geht. Die Argumentation zielt auf eine Menschengruppe, auf die das geltende Strafrecht nicht recht anzuwenden ist, weil ein Straftatbestand nicht unbedingt vorliegt. Das kommt zum Ausdruck in dem Satz: »In ähnlicher Weise finden wir in fast allen Kapiteln des Strafgesetzes Vorgänge, die nicht direkt auf verbrecherischer Tendenz, sondern einzig und allein auf degeneriertem Wesen beruhen und aus diesem zu erklären sind«.[123] Die solcherart als degeneriert bezeichnete Menschengruppe setzt sich aus antisozialen Elementen der verschiedensten Art zusammen: das sind Arbeitsscheue, Vagabunden, Umstürzler, Anarchisten und andere »politisch Malkontente«. Für sie alle gilt, was hier ohne viel Federlesens festgestellt wird: »Sie sind durch degenerativ vererbte Veranlagung in der menschlichen Gesellschaft unbrauchbar und schädlich«.[124] Mit einem Satz aus Kafkas *Strafkolonie* könnte man sagen: »die Schuld ist immer zweifellos« – aufgrund eines Soseins, eben eines Degeneriertseins. Schuld und Strafe geraten hier auf entsetzliche Art ins Gleiten. Ein Abgrund tut sich auf. Beide Artikel – derjenige über das Strafmittel der Deportation wie derjenige über die Menschengruppe der Degenerierten – werden in einem dritten Beitrag zusammengefaßt, der zweifellos als der gravierendste anzusehen ist.

Es handelt sich um den Aufsatz mit dem prägnanten Titel *Degeneration und Deportation*. Er ist 1905/1906 in einem auf den Rassenbiologismus eingeschworenen Organ erschienen, in der Zeitschrift *Politisch-Anthropologische Revue*[125]; und über sie ist zu besserem Verständnis ihrer »weltanschaulichen« Position einiges zu sagen. Hier wird den Vererbungsgesetzen einer späteren Zeit deutlich vorgearbeitet. In der Besprechung eines Buches von P. J. Möbius – ihr Verfasser ist Raoul Richter – lesen wir: »Ferner sind unheilbar Geisteskranke (auch periodisch Irre), venerisch Erkrankte durch verschärfte Ehe- und Scheidungsgesetze von der Ehe, Tuberkulöse von der Fortpflanzung (durch das Recht, ihnen den Geschlechtsverkehr in der Ehe zu verweigern) möglichst auszuschließen«.[126] Hier auch kommt Adolf Bartels als einer der schlimmsten Antisemiten seiner Zeit zu Wort. Die Schriften von Hans Groß werden in demselben Organ angezeigt. Sein Aufsatz steht also in jeder Hinsicht am rechten Ort; und er sieht Unglaubliches vor, was die betroffenen Menschen angeht. Der schreckliche Vorschlag, schon 16–22jährige zu deportieren, wenn sie als Unverbesserliche einzustufen sind, wird aus dem älteren Aufsatz übernommen; und auch hier ist der Grazer Kriminologe an einer Menschengruppe interessiert, auf die sich der Begriff der Degeneration vor allem bezieht. Der Verbrecher, der aus überschüssiger Lebenskraft gehandelt und sich in irgendeine Rauferei eingelassen hat, verdiene Nachsicht, weil er für die Gesellschaft um vieles nützlicher sein könne als jene anderen – eben die Degenerierten. Wörtlich heißt es: »der

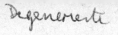

echte Landstreicher, der Professionsspieler, der Überträge, der nur in äußerster Not arbeitet, der sexuell Perverse, der Ewigunzufriedene, der Umstürzler in bescheidenem Maß und unzählig andere begehen in der Regel nur Übertretungen, sie sind aber Degenerierte und zwar für die staatliche Existenz im höchsten Grade Gefährliche. Kurz, der Kreis der Verbrecher deckt den Kreis der staatlich gefährlichen Degenerierten nur zum Teile ...«.[127] Daß wir gehindert werden, kränkliche und elende Kinder zu töten, und daß die Wissenschaft raffinierte Mittel erfindet, um solch »armselige Kreaturen« am Leben zu erhalten, wird bedauert. Der Jurist Hans Groß ist da einer Meinung mit dem Arzt Ernst Haeckel. Ein Jahr vor der Veröffentlichung des hier in Frage stehenden Beitrags von Groß, im Jahre 1904, war Haeckels Buch *Die Lebenswunder* erschienen, in dem die Forderung unmißverständlich ausgesprochen ist, unheilbar Kranke zu töten. »Wenn man mit Recht Tiere, die hoffnungslos erkrankt oder gepeinigt sind, töte, so habe man das Recht oder, wenn man will, die Pflicht, den schweren Leiden der Mitmenschen ein Ende zu bereiten, wenn schwere Krankheit ohne Hoffnung auf Besserung ihnen die Existenz unerträglich macht und wenn sie selbst um Erlösung vom Übel bitten«, heißt es hier.[128] Das hört sich in Hinsicht auf Euthanasie als Sterbehilfe, wie sie auch heutigentags diskutiert wird, noch relativ menschenfreundlich an. In der Denkarbeit des Grazer Kriminologen vermißt man *solche* Töne durchaus. In dem Essay aus dem Jahr 1905/6 über *Degeneration und Deportation*, so drückt es der englische Anglist Martin Green aus, »vermittelt Hans Groß einen Eindruck von der brutalen Energie seines Denkens. Wir müssen Degenerierte deportieren, um unsere Gesellschaft zu erhalten ...«.[129] Dem ist kaum etwas hinzuzufügen. Aber zum ideologischen Hintergrund solchen Denkens bleibt einiges noch zu sagen; denn der Sozialdarwinismus der Vorkriegszeit ist hier förmlich mit Händen zu greifen.

Fast Seite für Seite wird mit der Leerformel vom Kampf ums Dasein operiert. In Hinsicht auf kraftvolle Verbrecher, raufende Bauernburschen und sonstige Gewaltmenschen, die keine Degenerierten sind, kann gesagt werden: »in ihnen lebt nur zuviel Lebenskraft, sie verlassen sich nicht auf andere, sondern helfen sich selbst, sie sind gerade Naturen, wie sie der Kampf ums Dasein [...] braucht«. Dagegen nun aber die anderen, die Degenerierten, die Groß wie folgt definiert: »sie sind Individuen, welche solche vererbbare Eigenschaften besitzen, die ihnen und ihren Nachkommen den Kampf ums Dasein schwerer oder ganz unmöglich machen«.[130] Oder in Zusammenfassung dieser alles andere als brillanten Argumentation: »so kommen wir zu der Ansicht, daß *Degeneration das*

Widerspiel von Selektion ist: Die Natur beseitigt alles für den Kampf ums Dasein nicht Taugliche, die Kultur sucht auch die untauglichen Individuen durch Pflege, Sorgfalt und tausenderlei Mittel über die schwierigste Zeit hinauszubringen und ihnen Fortpflanzung möglich zu machen…«.[131] Schließlich heißt es unmißverständlich gegen Ende dieses Beitrags: »Unserer Zeit droht viel weniger Gefahr von gewissen schweren Verbrechern, die vielleicht kerngesund sind, – die möge man entsprechend einsperren; viel mehr haben wir zu befürchten von den echten Degenerierten, die Verbrechen oder auch nur fortgesetzt Übertretungen begehen, die unsere Kultur herangezüchtet hat und die man dem ausliefern soll, dessen Entziehung an ihrer Existenz schuld ist, der Natur. Das können wir tun, wenn wir endlich die Courage zum Versuche haben: Deportation für die straffälligen Degenerierten«.[132] Zwar sind es hier noch die Straffälligen unter den Degenerierten, die man zu deportieren gedenkt. Aber der Akzent liegt auf den Degenerierten, die gegebenenfalls auch schon aufgrund von Übertretungen und vielleicht auch ohne solche deportiert werden könnten. Die sozialdarwinistische Degenerationstheorie scheint möglich zu machen, was das damals noch geltende Strafrecht verwehrt.

Aber die Formen solchen Denkens gehen in ihrer Bedeutung über die individuelle Person dieses Rechtsdenkers weit hinaus, und sie bleiben auch keineswegs auf die Jurisprudenz beschränkt. An ihrer Sprache sollt ihr sie erkennen! Um sie vor allem geht es in den Erörterungen, die mit den Begriffen Degeneration und Deportation umgrenzt werden. Es geht damit zugleich um die Sprache der Zeit und derjenigen Wissenschaft, die Franz Kafka als promovierter Jurist wie keine andere von innen her kannte. An ein berühmtes Wort Kung-Futses ist zu erinnern: »Wenn die Begriffe nicht richtig sind, so stimmen die Worte nicht. Stimmen die Worte nicht, so kommen die Werke nicht zustande. Kommen die Werke nicht zustande, so gedeihen Moral (Ritual) und Kunst (Musik) nicht. Gedeihen Moral (Ritual) und Kunst (Musik) nicht, so treffen die Strafen nicht. Treffen die Strafen nicht, so weiß das Volk nicht, wohin Hand und Fuß setzen«.[133] In die Strafrechtswissenschaft – wie in andere Wissenschaften – dringen am Ende des Jahrhunderts Begriffe wie »ausmerzen«, »eliminieren« oder »unschädlich machen« ein, die um die Mitte des Jahrhunderts nicht in gleicher Häufigkeit gebraucht wurden. In derselben Zeitschrift, in der Kafkas akademischer Lehrer seinen Artikel über Degeneration und Deportation veröffentlicht hat, in der *Politisch-Anthropologischen Revue*, wird um diese Zeit Ernst Haeckels schon genanntes Buch *Die Lebenswunder* angezeigt. Der Rezensent (Ludwig Wilser) stellt lobend heraus, daß hier vor dem Unerforschlichen nicht Halt gemacht werde und daß Haeckel in der Selektionstheorie das eigentliche Fundament des Darwinismus sehe. Von den Folgen der natürlichen Auslese wird in diesem Zusammenhang gesprochen – einer Auslese, »die alles Krankhafte, Lebensunfähige und aus der Art Schlagende ausmerzt«. [134]

In der Diskussion um die Einführung der Deportationsstrafe, aber auch im Blick auf Kafka kommt dem Verbum »unschädlich machen« eine herausragende Bedeutung zu. Eben dieses Wort wird in Verbindung mit Deportation in der rechtswissenschaftlichen Literatur um 1900 auffällig häufig gebraucht. »Freiheitsstrafe, Deportation und Unschädlichmachung« heißt ein Beitrag in den *Jahrbüchern für Kriminalpolitik und innere Mission.* Dem Verfasser des Beitrags (Reinhard Frank) kommen hinsichtlich des Wortes leichte Bedenken, die rasch beschwichtigt werden, wenn es heißt: »Wie viele hat dieses Wort verletzt, und doch wie alt ist die Sache!«[135] Die »Unverbesserlichen«, wie man eine Menschengruppe im Anschluß an Ideen Cesare Lombrosos nennt, sind diejenigen vor allem, die es unschädlich zu machen gilt. »Diese Übelthäter sind je nach dem Grade der Entartung und der Gefährlichkeit zum Zwecke der Unschädlichmachung [...] zu unterwerfen«, heißt es in einem anderen Beitrag, der in denselben Jahrbüchern erscheint. Die Forderung nach dauernder Unschädlichmachung wird erhoben, und als radikalste Maßregel empfehle sich hierfür die Deportation.[136] Ähnlich der Bonner Strafrechtslehrer Joseph Heimberger in einer Schrift zur Reform des Strafvollzugs: »Gegen die *Gefährlichen* sind strengere Maßregeln notwendig. Ihnen gegenüber kann die Rechtsordnung nur dadurch aufrecht erhalten werden, daß man sie unschädlich macht«[137]; und die Gefährlichen – das sind allemal die Unverbesserlichen. Daß die moderne Richtung der Strafrechtswissenschaft ihre dauernde Unschädlichmachung fordert, wird ausdrücklich betont.[138] Es ist einzuräumen, daß Anstößiges mit dem Wort »unschädlich machen« nicht unbedingt verbunden sein muß, wenn es in der Bedeutung gebraucht wird: machen, daß jemand oder etwas nicht mehr schaden kann; und daß mit der Unschädlichmachung von Menschen oder Menschengruppen nicht schon deren Tötung gemeint sein muß, bestätigt unter anderen Franz von Lißt. Auch er spricht von Unschädlichmachung und definiert: »Sie besteht in ›Strafknechtschaft‹ mit strengstem Arbeitszwang und möglichster Ausnutzung der Arbeitskraft; als Disziplinarstrafe wäre die Prügelstrafe kaum zu entbehren«.[139] Sein Schüler Oscar Priester nimmt als ein Befürworter der Deportation den Begriff der Strafknechtschaft auf und bringt unbekümmert zum Ausdruck, wie er denkt: »Bereits auf dem Transportschiffe beginnt die Strafknechtschaft in harter Zucht und unter dem Druck des Kriegsrechts«.[140] Die Verbindung von Deportation und Militärgerichtsbarkeit ist offenkundig – wie bei Kafka auch.

Aber auch dann, wenn an staatliche Tötung nicht unbedingt gedacht werden muß, ist es bis zu ihr hin nur ein Schritt. Das liegt im Wortgebrauch, der mehr aufdeckt, als denjenigen lieb sein kann, die sich einer solchen Sprache bedienen. Unschädlichmachen läßt daran denken, daß man Insekten unschädlich macht; die Wörterbücher belegen es.[141] Einen Menschen wie ein Insekt unschädlich machen, heißt ihn als eine Art Tier aus der menschlichen Gesellschaft ausgrenzen. Das betrifft zunächst nur die Unverbesserlichen, die Gewohnheits- und Berufsverbrecher und wie man sie sonst auch noch bezeichnen mag.[142] Aber schon um diese Zeit werden Geisteskranke als volkswirtschaftliche Belastung angesehen, die es demgemäß zu beseitigen gilt, wie gefordert wird. So abermals in der *Politisch-Anthropologischen Revue*.[143] Daß man dasselbe Wort mit seinen schillernden Bedeutungen auf Verbrecher und Geisteskranke gleichermaßen anzuwenden pflegt, zeigt sich am Fall Moosbruggers in Robert Musils Roman *Der Mann ohne Eigenschaften,* wenn dort nicht zufällig Arnheim, ohne sich lange zu bedenken, sagt: »Dieser Mann ist zweifellos unschädlich zu machen«; und natürlich läßt Musil diese Figur sagen, was man sich längst zu sagen angewöhnt hat, nicht wie er selbst in solchen Fragen denkt.[144] Entsprechend sind Juden in der Sprache des Antisemitismus wie Würmer und Insekten aus der menschlichen Gesellschaft zu entfernen und unschädlich zu machen. So bereits bei dem dezidierten Antisemiten und Professor der Orientalistik Paul de Lagarde. Juden, erklärt er in einer seiner Schriften, seien Ungeziefer, das zertreten gehöre; man müsse es so rasch und gründlich wie möglich unschädlich machen«[145]; und schon hier, in den achtziger Jahren des vorigen Jahrhunderts, wird deutlich, daß man das in Frage stehende Verbum nicht nur figurativ versteht, sondern sehr konkret: als Aufforderung zum Töten. Schon hier versteht sich ein in der Jurisprudenz zu Ansehen gelangter Begriff im Zusammenhang einer Vernichtungsterminologie.[146] Zutreffend heißt es in einer Schrift zur Semantik der Judenfrage (von Alexander Bein): »In ihrer Vorstellung [gemeint sind die Antisemiten] verlor der Jude den Charakter des Menschlichen und erhielt den eines niedrigen tierischen Wesens, furchtbar und unbegreiflich in seiner zerstörenden Wirkung, wie Würmer und Insekten«.[147] Wie sehr es in der Befürwortung der Deportationsstrafe um die Semantik solcher Ausgrenzungen geht, beweist ein bayerischer Justizvollzugsbeamter namens Casimir Wagner, der es sich nicht nehmen ließ, ein Buch zu veröffentlichen, um seinem Ziel näher zu kommen. In diesem Buch mit dem Titel *Die Strafinseln* nimmt er sich jene unteren Zehntausende der Gesellschaft vor, »zusammengesetzt aus Bettlern, Landstreichern, und anderem fahrenden Volke [...] Vagabunden im wahrhaften Sinne des Wortes; – Landplagen; – Mehlwürmer«.[148] Was da vor sich geht, kann kaum zweifelhaft sein: ohne nachweisbar strafbare Handlungen werden ganze Menschengruppen kriminalisiert; mehr noch werden sie von Kriminologen kriminalisiert, um zu Kafkas Lehrer im Gebiete des Strafrechts zurückzukehren. Über Degenerierte äußert er sich in eben diesem Sinn: »Sie sind durch degenerativ vererbte Veranlagung in der menschlichen Gesellschaft unbrauchbar und schädlich«.[149] Es liegt nahe, eine der bedeutendsten Erzählungen Kafkas, *Die Verwandlung*, mit einem solchen Kontext in Beziehung zu bringen.

Von der Denk- und Sehweise des Juden hat Jean Paul Sartre in einem seiner Essays gehandelt. Er führt aus: »Weil der Jude sich ständig beobachtet fühlt, greift er den Dingen vor und versucht, sich mit den Augen der anderen zu sehen«.[150] Und genau darum geht es in der Erzählung *Die Verwandlung*. Denn es ist ja nicht so, daß da ein Mensch eines Tages in ein Tier verwandelt wird. Daher ist alles Reden von Metamorphosen, Märchen oder Antimärchen nicht recht am Platz.[151] Auf das Reflexivpronomen im ersten Satz, mit dem die Erzählung einsetzt, kommt alles an: »Als Gregor Samsa eines Morgens aus unruhigen Träumen erwachte, fand er sich in seinem Bett zu einem ungeheueren Ungeziefer verwandelt« (E/71). Weder steht im Text, daß er verwandelt wurde, noch wird gesagt, daß es sich um einen Käfer handelt, in den man ihn verwandelt hat. Elias Canetti hat das, was hier geschieht, sehr genau erfaßt und entsprechend wiedergegeben: »erst die Familie verwandelt Gregor Samsa, den Sohn, unwiederbringlich in einen Käfer. Aus dem Käfer wird im sozialen Zusammenhang ein Ungeziefer«.[152] Die Sehweise der anderen wird übernommen; denn nur, wenn man so sieht, wie alle sehen, ist es denkbar zu leben. Aber mit ihren Augen und in ihrer Sehweise muß Gregor Samsa erkennen, daß er nicht lebensfähig ist. Weil er den Erwartungen seiner Angehörigen und seiner Familie nicht entspricht, wird er ihnen zum lästigen, schädlichen und unnützen Ungeziefer, das sie am liebsten loswerden möchten: »›Weg muß er‹, rief die Schwester, ›das ist das einzige Mittel, Vater. Du mußt bloß den Gedanken loszuwerden suchen, daß es Gregor ist. Daß wir es so lange geglaubt haben, das ist ja unser eigentliches Unglück‹« (E/134). Weil er aufgrund seines Soseins die Unmöglichkeit erkennt, in dieser Umgebung zu leben, willigt er am Ende dieses

Ungeziefer

Erkenntnisprozesses in seinen Tod: »Seine Meinung darüber, daß er verschwinden müsse, war womöglich noch entschiedener als die seiner Schwester« (E/136). Aber nicht mit irgendeinem Insekt haben wir es zu tun, sondern mit Ungeziefer, von dem man in der Sprache der Zeit als von etwas spricht, das es unschädlich zu machen gilt: aus dem Käfer wird im sozialen Zusammenhang ein Ungeziefer, in der Tat. Einer der namhaftesten Kafka-Forscher, Walter H. Sokel, hat gesagt, der Ausdruck »Ungeziefer« enthalte den Schlüssel zu den Deutungen der Erzählung: »Mit Ungeziefer werden einerseits Wesen bezeichnet, die sich Menschen gegenüber schädlich, angriffslustig und sogar blutsaugerisch verhalten. Andererseits sind solche Wesen gemeint, die hilflos einem leichten Zerdrücken oder Zertreten ausgesetzt sind [...] In der ›Verwandlung‹ ergibt sich allerdings später, daß Gregor keineswegs ein angriffslustiges, blutsaugerisches Ungeziefer ist«.[153] Es wird deutlich, daß es nicht so sehr auf das »Ungeziefer« als einer Metamorphose des Menschen ankommt, sondern auf den sprachlichen Ausdruck weit mehr. Es geht weder um das zumeist harmlose Verhalten eines Käfers noch um das Angriffslustige und Blutsaugerische eines Ungeziefers, sondern um die Bezeichnungsweise derjenigen, für die andere Ungeziefer sind. Diese »anderen« *sind* nicht angriffslustig und blutsaugerisch, aber für bestimmte Menschen sind sie es. Ein Akt der Ausgrenzung wird hier vorgenommen. Kafkas Erzählung ist längst über die Dimension des »traumhaften innern Lebens« hinausgelangt – in Richtung auf eine zugleich sprachliche und soziale Bedeutungsebene. Es liegt nahe, Kafkas Text mit dem Kontext sozialdarwinistischer Denkweisen in Beziehung zu bringen. Daß es sich auch um solche Zeitkritik und Gesellschaftskritik handelt, die manche von Kafka am liebsten ganz und gar fernhalten möchten, als schade das seinem Ansehen –, zeigt sich mit Deutlichkeit in einem der merkwürdigsten seiner literarischen Texte, im *Brief an den Vater*; und natürlich hat man es mit einem literarischen Text zu tun – nicht einfach mit einem biographischen Dokument, von dem man womöglich meint, daß man es getrost den psychoanalytischen Deutern überlassen könne, damit sie auf ihre Art darüber verfügen.[154]

Dieser zum Verständnis Kafkas höchst aufschlußreiche Text ist zum ersten deshalb nicht dem psychoanalytischen Biographismus zu überlassen, weil es seine Literarität gebietet. Hier wird nicht lediglich ein Inhalt mitgeteilt; was vielmehr mitgeteilt wird, bezeugt trotz seines vermeintlich privaten Charakters künstlerische Form – mit Verwendung von rhetorischen Figuren der verschiedensten Art, sprachlichen »Anwaltskniffen« oder Dialogen, die in Wirklichkeit Monologe sind. Kafkas Brief steht auch nicht außerhalb jeder Tradition. Briefe zwischen Vater und Sohn ergeben eine literarische Reihe, aber zumeist mit den Söhnen als den Adressaten der Väter. Es sind vorwiegend väterliche Mahnreden, die wir vernehmen, wie in Luthers Brief an seinen Sohn: »Gieb Dir Mühe, daß Du Deine Thränen männlich besiegst [...] Gehorche Gott [...] gehab Dich wohl im Herrn«.[155] Auch Kleists mit Recht so bezeichnete Paradoxe *Von der Überlegung* enthält väterliche Ratschläge, obgleich ungewöhnlicher Art: »Die Überlegung, wisse, findet ihren Zeitpunkt weit schicklicher *nach*, als *vor* der Tat«, belehrt hier ein Vater seinen Sohn.[156] In der Zeitschrift *Pan* veröffentlicht Herbert Eulenberg 1911 seinen *Brief eines Vaters unserer Zeit*. Kafka erwähnt ihn in einem Brief an Felice Bauer bezeichnenderweise als »Brief eines Vaters an seinen Sohn« und spricht von einer guten Arbeit (F/214). Aber er selbst kehrt die Verhältnisse um, und das geschieht ja auch sonst.[157] Doch nicht nur kehrt er das Verhältnis zwischen Vater und Sohn um; er tut ein übriges, die Literarität zu verstärken, indem er vermeintlich ganz private Familienkonflikte in die »Öffentlichkeit« der Literatur trägt, aber sie gerade in solchen Formen der Literarisierung dem bloß Privaten entzieht. Das tut Georg Trakl in *Traum und Umnachtung* auf seine Weise. Der nicht mehr nur private Charakter solcher Konflikte wird damit offenkundig.

Zum zweiten ist dieser so aufschlußreiche Text nicht einfach dem psychoanalytischen Biographismus zu überantworten, weil die sozial- und zeitgeschichtlichen Motive nicht zu ihrem Recht kämen, die es zu beachten gilt. Das betrifft im *Brief an den Vater* um vieles deutlicher als in der *Verwandlung* die sozialdarwinistische Semantik und ihre Ideologie. An zwei »Komplexen« vor allem ist es zu zeigen: an der Dominanz des Starken und Mächtigen, demgegenüber die Schwache das Nachsehen hat, so daß er im Prozeß der Selektion am besten aus der Gesellschaft der Menschen wie ein Tier entfernt wird; und zweitens an der zentralen Bedeutung, die hier dem Kampf zukommt. Das ist vor allem an der Struktur des Textes ablesbar, an der Gegenüberstellung von Vater und Sohn in Form sprachlicher Antithesen: »Es ist sehr leicht möglich, daß ich, selbst wenn ich ganz frei von Deinem Einfluß aufgewachsen wäre, doch kein Mensch nach Deinem Herzen hätte werden können. Ich wäre wahrscheinlich doch ein schwächlicher, ängstlicher, zögernder, unruhiger Mensch geworden [...] Du dagegen ein wirklicher Kafka an Stärke, Gesundheit, Appetit, Stimmkraft, Redebegabung, Selbstzufriedenheit, Weltüberlegenheit, Ausdauer, Geistesgegenwart, Menschenkenntnis...« (H/164); ähnlich andernorts: »Ich mager, schwach, schmal, Du stark, groß, breit...« (H/168). Aus solcher Ideologie der Stärke heraus, wie sie dem

Vater zugeschrieben wird, erklärt sich die Ausgrenzung der Schwachen und Lebensuntüchtigen, als hätte man es mit vollwertigen Menschen nicht mehr zu tun. Von einem lungenkranken Lehrling im Geschäft des Vaters ist die Rede, für den dieser (der Vater) nichts als die Redensart übrig gehabt habe: »Er soll krepieren, der kranke Hund...« (H/186); und hinsichtlich des Schauspielers Löwy, den Kafka sehr geschätzt hat, wird dem Vater vorgehalten: »Ohne ihn zu kennen, vergleichst Du ihn in einer schrecklichen Weise, die ich schon vergessen habe, mit Ungeziefer, und wie so oft für Leute, die mir lieb waren, hattest Du automatisch das Sprichwort von den Hunden und Flöhen bei der Hand« (H/171). [158] Der Zusammenhang der Sehweisen in der *Verwandlung* mit dem *Brief an den Vater* ist unverkennbar. Die durch sozialdarwinistische Auffassungen geförderte Ideologie der Stärke und der Lebenstüchtigkeit kam dem Aufstiegswillen des Judentums im Habsburger Reich wie in anderen Ländern in mehrfacher Hinsicht entgegen. In seiner Schrift *Kafkas böses Böhmen* hat Christoph Stölzl den Zusammenhang von Aufstiegswille, bürgerlicher Tüchtigkeit und Sozialdarwinismus mit Beziehung auf den Vater Kafkas wie folgt beschrieben: »Der Druck ging auch aus von dem ›harten Kern‹ der Sozietät, von dem Kreis um die Rabbiner, Lehrer, Publizisten, die in der jüdischen öffentlichen Meinung die Leistungspeitsche schwangen«. [159]

Wie sehr sich im Kleinen widerspiegelt, was im Großen geschieht, bezeugt die deutlich imperialistische Semantik. Herrschaft ist ein wiederkehrender Begriff in diesem vermeintlich nur »häuslichen« Text. Der Herrschsucht (H/187) und der »geistigen Oberherrschaft« wird der Vater geziehen (H/169); und daß das Patriarchische solcher väterlichen Herrschaft mit dem Geschäft des Regierens in Verbindung gebracht wird, kann kaum überraschen: »In Deinem Lehnstuhl regiertest Du die Welt. Deine Meinung war richtig, jede andere war verrückt, überspannt, meschugge, nicht normal« (H/169); ähnlich an anderer Stelle, an der von einer zweiten Welt gesprochen wird, in der der Vater geherrscht habe, »beschäftigt mit der Regierung, mit dem Ausgeben der Befehle und mit dem Ärger wegen deren Nichtbefolgung...« (H/173). In dieser väterlichen Vorstellungswelt hat auch die Metapher des Kampfes ihren Ort; sie ist aus der sozialdarwinistischen Semantik nicht wegzudenken. Das Verhältnis beider, des Vaters zum Sohn oder des Sohnes zum Vater, wird im Zeichen des Kampfes gesehen, und es ist die Rede des Vaters, die der Schreiber des Briefes auf kunstvolle Art im folgenden wiedergibt: »Ich gebe zu, daß wir miteinander kämpfen, aber es gibt zweierlei Kampf. Den ritterlichen Kampf, wo sich die Kräfte selbständiger Gegner messen [...]

Und den Kampf des Ungeziefers, welches nicht nur sticht, sondern gleich auch zu seiner Lebenserhaltung das Blut saugt« (H/222). Die Degradierung zum Ungeziefer also auch hier, und es ist der Vater, der das Wort mit Beziehung auf den eigenen Sohn gebraucht. Der Erzähler der *Verwandlung* nimmt aus der Perspektive Gregor Samsas wörtlich, was hier gesagt wird. Der Kampf zwischen Vater und Schwester wird im *Brief* als ein solcher mit nahezu gleichen Waffen beschrieben. Anders der eigene Kampf, derjenige zwischen Vater und Sohn: »Zwischen uns war es kein eigentlicher Kampf; ich war bald erledigt…« (H/192). *Beschreibung eines Kampfes* lautet nicht zufällig der Titel einer seiner frühesten Arbeiten, und es sind zumeist Kämpfe, die aus der Sicht des Protagonisten auf dessen Unterliegen hinausgehen. Kafkas Sympathie gilt ihnen. »Deshalb gehörte ich notwendig zur Person des Personals«, heißt es im *Brief an den Vater* (H/187); »man möchte es die Freiheit des Schwachen nennen, der sein Heil in Niederlagen sucht«, so hat es Elias Canetti formuliert.[160] In jedem Fall wird in solchen Beschreibungen mehr zum Ausdruck gebracht als nur eine Verhaltensweise im privaten häuslichen Kreis. Hier geht es um Denkformen, die zur Tradition im Gegensatz stehen; denn die traditionelle Art zu denken, sieht man auf Sieg und Niederlage, ist anders beschaffen. In wen sich denn der Geschichtsschreiber des Historismus einfühle, hat Walter Benjamin gefragt und die Antwort selbst gegeben: »Die Antwort lautet unweigerlich in den Sieger«.[161] Umkehrung auch hier! An Hölderlins herrliche Anmerkungen zur *Antigone* fühlt man sich erinnert, sieht man einmal vom Vaterländischen ab, wie es hier verstanden wird: »Denn vaterländische Umkehr ist die Umkehr aller Vorstellungsarten und Formen …«.[162]

Daß die dem *Brief an den Vater* eigentümlichen Sehweisen nicht ausschließlich in individueller Psychologie ihren Grund haben, galt es zu zeigen. Angebracht wäre es, von Sozialpsychologie zu sprechen, und dies zudem in einem ähnlich gelagerten Fall. Hinsichtlich der Situation, was das Verhältnis zur Autorität des Vaters angeht wie hinsichtlich der Sehweisen, von denen die Rede war, verband Kafka eine Art Geistesverwandtschaft mit dem Sohn seines akademischen Lehrers, dem Psychiater und Psychoanalytiker Otto Groß, der gleichfalls aus dem Kontext der Erzählung *In der Strafkolonie* nicht wegzudenken ist; und auch in der Literaturgeschichte der Zeit hat er seinen Ort, sieht man nicht nur auf die herausragenden Werke von weltliterarischem Rang. Kafka hat ihn persönlich erst nach der Niederschrift seiner Erzählung kennengelernt, gelegentlich einer gemeinsamen Bahnfahrt von Budapest nach Prag im Juli 1917. Daß ihm dieser Sohn seines akademischen Lehrers nicht gleichgül-

tig war, bezeugt ein im Jahre 1920 geschriebener Brief an Milena Je-
senská: »Otto Groß habe ich kaum gekannt; daß hier aber etwas Wesent-
liches war das wenigstens die Hand aus dem ›Lächerlichen‹ hinaus-
streckte, habe ich gemerkt« (M/78); und soweit reichte die Bekanntschaft
denn doch, daß man um diese Zeit darauf und daran war, eine Zeitschrift
gemeinsam herauszugeben, worüber Max Brod in seiner Biographie berichtet. Sie sollte bezeichnenderweise den Titel *Blätter zur Bekämpfung
des Machtwillens* tragen.[163] Daß Kafka von der Wirksamkeit dieses
Nervenarztes Kenntnis hatte, ehe er ihn persönlich kennenlernte, ist
kaum zu bezweifeln. Otto Groß war um 1900 Assistenzarzt bei dem
Psychiater Emil Kraepelin in München gewesen. Aber sein eigentlicher
Lehrer war kein Geringerer als Sigmund Freud; und als dessen vielleicht
bedeutendsten Schüler hat man ihn gelegentlich bezeichnet. Freud selbst
hat ihn gegenüber C.G. Jung und mit diesem zu den »einzigen originellen
Köpfen unter seinen Schülern« gezählt.[164] Daß es sich um eine schil-
lernde Persönlichkeit gehandelt hat, die sich häufig an der Grenze des
Zulässigen und noch Vertretbaren bewegte, wie seine freizügige Einstellung zur Euthanasie als Sterbehilfe zeigt, ist kaum zu bestreiten.[165]
Aber ebenso wenig ist zu bestreiten, daß er viele Menschen faszinierte,
daß er neue Ideen im Prozeß der erotischen Rebellion beigesteuert hat
und daß er auch in der Geschichte der modernen Medizin nicht ohne
Bedeutung geblieben ist. Man hat sie in einer deutlichen Gewichtsverlage-
rung gegenüber der von Freud begründeten Wissenschaft gesehen: »die
Psychoanalyse«, so stellt es der Zürcher Arzt Emanuel Hurwitz dar,
»wird von der Naturwissenschaft zur Sozialwissenschaft. Es erstaunt
daher nicht, daß Otto Groß in der ›Zukunft‹ [der von Maximilian Har-
den herausgegebenen Zeitschrift] als Arzt, der sich besonders mit Psychiatrie und Soziologie beschäftigt, bezeichnet wird«.[166]
Der Konflikt mit dem Vater konnte kaum ausbleiben. Der in seiner Härte
unerhörte Artikel über *Degeneration und Deportation* von Hans Groß
mußte den Sohn treffen. Auf diesen 1905 veröffentlichten Beitrag des
Vaters antwortet Otto Groß vier Jahre später mit der Schrift *Über psychopathische Minderwertigkeiten*. Er setzt sich in ihr expressis verbis
mit den Auffassungen des väterlichen Juristen auseinander. Das geschieht
im letzten Kapitel dieser Schrift, in dem Kapitel »Die rassen- und gesell-
schaftsbiologische Stellung der Minderwertigen«. Er legt dar, daß das
Genie aus der Norm falle und daß ein Zusammenhang zwischen diesem
und psychopathischer Minderwertigkeit bestehe.[167] Das läßt an Ideen
Cesare Lombrosos denken, aber an solche Nietzsches nicht minder. Denn
daß Gesellschaft und Kultur nicht selten durch diejenigen vorangebracht

würden, die aus der Norm fallen, also durch »Entartete« und »Degenerierte«, wie Otto Groß geltend macht, hatte ähnlich auch Nietzsche zu begründen gesucht; so vor allem in *Menschliches, Allzumenschliches*. Im fünften Hauptstück mit der Überschrift »Anzeichen höherer und niederer Cultur« führt er aus: »Die abartenden Naturen sind überall da von höchster Bedeutung, wo ein Fortschritt erfolgen soll [...] Die stärksten Naturen *halten* den Typus *fest*, die schwächeren helfen ihn *fortbilden* [...] Insofern scheint mir der berühmte Kampf um's Dasein nicht der einzige Gesichtspunkt zu sein, aus dem das Fortschreiten [...] erklärt werden kann. Vielmehr muß zweierlei zusammen kommen: einmal die Mehrung der stabilen Kraft durch Bindung der Geister in Glauben und Gemeingefühl; sodann die Möglichkeit, zu höheren Zielen zu gelangen, dadurch daß entartende Naturen und, in Folge derselben, theilweise Schwächungen und Verwundungen der stabilen Kraft vorkommen; gerade die schwächere Natur, als die zartere und freiere macht alles Fortschreiten überhaupt möglich«.[168] Um eine Umwertung der Werte handelt es sich, und das betrifft den sozialdarwinistisch gefärbten Begriff der Degeneration in erster Linie.[169] Diese Umwertung kulminiert in dem Ausspruch eines »genialen Psychiaters«, den Groß zitiert, ohne ihn namentlich zu nennen: »Die Degenerierten sind das Salz der Erde!« Die Gegensätze zwischen dem Kriminologen dort und dem Psychiater hier sind evident, und sie sind kaum zu überbrücken: »Otto Groß«, so formuliert es Emanuel Hurwitz, »setzt also der negativen Wertung des ›Degenerierten‹ durch Hans Groß eine positive, im Sinne verfeinerter Ästhetik und höher entwickelter Ethik, im Grunde sogar im Sinne des kulturellen und gesellschaftlichen Fortschritts überhaupt entgegen. Nur ein fortschritts-feindliches Denken kann daher Degenerierte – dieses ›Salz der Erde‹ – deportieren und ausmerzen wollen«.[170]

Die über das Private und Persönliche weit hinausreichenden Gegensätze im Verhältnis von Hans und Otto Groß entluden sich zu Ende des Jahres 1913 in einer Konfrontation gewaltigen Ausmaßes. Er wurde zu einem in der Öffentlichkeit ausgetragenen Konflikt, der in die Literatur der Zeit einging. Die noch immer anhaltende Diskussion über die Deportationsstrafe wurde in die Praxis überführt; denn zu einer Art Deportation ist es um diese Zeit in der Tat gekommen: zur Verhaftung des Sohnes in Berlin durch Polizeibeamte auf Veranlassung des Vaters und zu der sich anschließenden Internierung in einer Nervenheilanstalt bei Wien, wohin Hans Groß seinen Sohn hatte bringen lassen.[171] Daß sich Otto Groß wegen Umgangs mit Drogen und Beihilfe zum Freitod hart an der Grenze der Straffälligkeit bewegte oder sie hier und da auch schon überschritten

hatte, ist einzuräumen. Die Sorge des Vaters, seinen Sohn vor unverkennbar vorhandenen Gefahren zu bewahren, war berechtigt. Nicht alles ist
unverständlich, was da geschah. Über die Motive dieser Verhaftung hat
sich der Schriftsteller Franz Jung in seiner Autobiographie in Vermutungen geäußert, die sich glaubwürdig anhören. Danach habe Otto Groß
einen Aufsatz für eine psychoanalytische Fachzeitschrift fertiggestellt, von
dem der Vater Kenntnis erhalten habe. Es sei in diesem Beitrag um den
eigenen Vater gegangen – »ausgehend von einer Analyse des Sadismus in
der gesellschaftlichen Funktion eines Untersuchungsrichters«.[172] Aber
wie berechtigt die Sorge des Vaters auch war – die Art seines Vorgehens
war es nicht. Diese Verhaftung rief nahezu alle auf den Plan, die im
deutschen Expressionismus Rang und Namen hatten. Pfemferts Zeitschrift *Die Aktion* hatte zuvor einige Beiträge von Otto Groß über Psychoanalyse gebracht. Sie waren nicht unwidersprochen geblieben. Gustav
Landauer wie Ludwig Rubiner hatten sich kritisch mit ihnen auseinan-
dergesetzt. Das alles hat jetzt nichts mehr zu bedeuten, so einhellig ist die
Empörung unter den Schriftstellern der expressionistischen Generation.

Um eine vollständige Dokumentation dieser Empörung kann es nicht
gehen, und nur einiges sei angeführt. Franz Pfemfert ergreift als einer der
ersten für den jungen Groß Partei und veröffentlicht einen offenen Brief;
er nimmt sich kein Blatt vor den Mund: »Wie? Sie wagen das Schweigen?
Ich frage Sie: weil Sie der Vater sind? weil Sie gute Beziehungen zur
Macht haben? Begreifen Sie denn nicht, Professor Hans Groß (Graz), daß
hier das ganze Lebenswerk eines großen Menschen verdächtigt, ge-
schmäht wird? [...] Diese Nummer meiner Zeitschrift, die Otto Groß
gewidmet ist, bedeutet nur den Beginn [...] Wenn Väter schweigen, werden Freunde reden...«.[173] Es war tatsächlich erst der Beginn. In derselben Zeitschrift meldet sich Ludwig Rubiner mit einem *Aufruf an Litera-
ten* zu Wort, der schon vom Wortgebrauch her an das Strafmittel der
Deportation erinnert: »Helfen Sie, daß alle Menschen unter uns ein Zittern ankommt, eine Sorge, ein Frost [...] Ihr Freund wird einen Tag lang
von zwei Militäranwärtern eingesperrt, in seinem eigenen Zimmer. Dann
transportiert. Transportiert! Gefangenentransport (kein russischer Ka-
torga-Sträfling!) durch Deutschland, wo man deutsch spricht, in einem
Viehwagen [...] Männer mit Fäusten, die Macht über Sie haben, ›trans-
portieren‹ Sie im Viehwagen durch Deutschland; reizen Sie, mißachten
Sie körperlich, behandeln Sie als Kranken. Als gefährlichen Kranken.
Denn Sie kommen ins Irrenhaus«.[174] Die bedenkliche Rechtslage be-
leuchtet der Beitrag des gleichfalls zum Expressionismus gehörenden
Schriftstellers Richard Oehring: *Die Internierung des Dr. Otto Groß und*

die Polizei. Er stellt die Frage, ob die Polizei auf Bitten des Vaters die unentgeltliche Besorgung einer Privatangelegenheit übernommen habe und folgert, wenn es so sein sollte: »Dann hätte die Polizei ihre Gewalt mißbraucht. Dann ist zu befürchten, daß wir alle interniert werden können, daß die Polizei häufiger den Vätern helfen wird, daß die alte unumschränkte väterliche Gewalt eine Renaissance erlebt«. [175] Die Befürchtung, es könnte eines Tages alle treffen, was hier einem Einzelnen widerfuhr, ist ausgeprägt. Als Vorzeichen späteren Geschehens hat Emanuel Hurwitz in seiner Schrift das Ereignis dieser Verhaftung gedeutet: »Eine weitere Gefahr, [...] hat Otto Groß am eigenen Leibe zu spüren bekommen, die Gefahr der Machtausübung, die bis zur Anwendung physischer Gewalt gehen kann: bei Otto Groß' Verhaftung, Ausweisung, Internierung, Entmündigung. Ihre letzte Konsequenz ist die Ausmerzung »lebensunwerten Lebens‹ «. [176]

Die Reaktionen der Schriftsteller des deutschen Expressionismus auf diese Vorgänge gehören zur Literaturgeschichte der frühen Moderne im deutschen Sprachgebiet, und der Psychiater und Psychoanalytiker Otto Groß als der in erster Linie Betroffene gehört zu ihr. In mehreren Texten dieser Zeit begegnen wir ihm in oft nur leicht verschlüsselter Form: bei Franz Jung, Max Brod, Leonhard Frank und vor allem bei Franz Werfel in seinem Roman *Barbara oder die Frömmigkeit* wie in seinem Drama *Schweiger. Jemand mußte Otto G. verleumdet haben* heißt der schon genannte Beitrag (von Thomas Anz), der mit der Überschrift auf den Eingang des *Prozeß*-Romans anspielt, und daß die Vorgänge des Spätjahres 1913 auch zum Kontext des Romans gehören, der um diese Zeit begonnen wurde, kann angenommen werden. [177] Es sind die gemeinsamen Erfahrungen einer Generation, die sich in Empörung artikulieren, und wie sehr sie es sind, bestätigt der angeführte Beitrag des Schriftstellers Richard Oehring eindrucksvoll, der mit resoluten Worten schließt: »Die ganze Jugend wird in dem Geschick unseres Kameraden Otto Groß ihren eigenen Kampf, ihre größte Gefahr sehen. Deshalb ist es gut, daß durch die Genialität eines Sohnes, der sich der durch staatliche und familiäre Sanktionierung gestützten Kraft des Vaters nicht beugte, die Katastrophe herbeigezwungen wurde. Hier liegt der Freiheit Kampfplatz«. [178] Das hat Kafka nicht anders aufgefaßt; das Generationenbewußtsein war auch in seinem Falle in besonderem Maße ausgeprägt. Das zeigt sich zweimal und in gegenteiliger Weise in seinem Verhältnis zu Werfel. Ein Angehöriger ihrer Generation, der Prager Schriftsteller Karl Brand, war 1917 an der Krankheit gestorben, an der sieben Jahre später auch Kafka starb. Johannes Urzidil hatte 1921 einen Band mit Arbeiten des Verstorbenen unter dem Titel *Das Vermächtnis eines Jünglings* zusammengestellt, und Werfel hatte das Buch mit einem Vorwort eingeleitet. Nicht nur von einer verlorenen, sondern von einer gemordeten Generation war da gesprochen worden: »Die Kraft der Generation, die unter dem Unstern dieser Läufte ins Leben trat, war das Bekenntnis zum Schiffbruch, war der besessene, der unbedingte Sprung ins Meer. Diese Menschen haben nichts ›Bleibendes‹, keine Vollendung geschaffen. Aber der um sein Leben kämpfende Schwimmer ist froh, wenn er einen Balken erhascht und denkt nicht daran, ein Haus zu bauen…«. Es folgt an anderer Stelle dieses Vorworts der Satz: »Dein Werk? Eine Scherbe auf dem großen Scherbenberg der gemordeten Generation, den sie der Zeit hinterlassen haben«.[179] Das war ganz im Sinne Kafkas gesagt, und im Brief an Urzidil, der ihm das Buch übersandt hatte, spricht er es rückhaltlos aus. Von Werfels einfacher und schrecklicher Wahrheit wird gesprochen –: »dann das Sterben dieses jungen Menschen, der drei Tage- und Nächte-Schrei, man hat in Wirklichkeit keinen Laut davon gehört, und wenn es hörbar gewesen wäre, wäre man ein paar Zimmer weiter gegangen, es gibt keinen anderen ›Ausweg‹ als diesen …«. An Tolstois *Tod des Iwan Iljitsch* habe er sich erinnert gefühlt – an Hinrichtung (B/371). Umso mehr war Kafka über Werfels Drama *Schweiger* entsetzt, in dem Otto Groß als Dr. Grund unschwer zu erkennen war.[180] Kafka hat das Stück vor allem wegen dieser Gestalt – und also wegen Otto Groß – verworfen. Die Leiden seiner und ihrer Generation erschienen ihm verzerrt und entstellt. Es sind solche Gesichtspunkte vor allem, die seine Entrüstung erklären, mit der er auf Werfels Text reagiert. Der denkwürdige Passus im Brief an Werfel – gleichviel, ob er abgesandt wurde oder nicht – lautet wie folgt: »Sie sind gewiß ein Führer der Generation, was keine Schmeichelei ist und niemandem gegenüber als Schmeichelei verwendet werden könnte. [...] Darum sind Sie auch nicht nur Führer sondern mehr (Sie haben Ähnliches in dem schönen Vorwort zu Brands Nachlaß gesagt [...]) und man verfolgt mit wilder Spannung Ihren Weg. Und nun dieses Stück. Es mag alle Vorzüge haben, von den theatralischen bis zu den höchsten, es ist aber ein Zurückweichen von der Führerschaft, nicht einmal Führerschaft ist darin, eher ein Verrat an der Generation, eine Verschleierung, eine Anekdotisierung, also eine Entwürdigung ihrer Leiden« (B/424).[181] Das ist erschließend. Die Solidarität einer Generation – seiner Generation – sieht Kafka in den Leiden, von denen sie heimgesucht wurde; und die Würde dieser Leiden, den Sohn seines akademischen Lehrers eingeschlossen, bedeutet ihm viel. Die Wendung vom Verrat an der Generation ist bezeichnend, sicher nicht nur für ihn. Es kann angenommen werden, daß der vor aller Öffentlichkeit ausgetragene Konflikt zwischen Vater und Sohn in seiner Bedeutung über alle persönlichen Animositäten weit hinausgeht. Hier treffen eine an Biologismus und Positivismus des neunzehnten Jahrhunderts orientierte Kriminologie und eine an modernen Denkweisen orientierte Psychiatrie hart und unversöhnlich aufeinander. Auch für Kafkas *Brief an den Vater* und die in ihm sich abzeichnenden Familienverhältnisse trifft das zu. Die Generationskonflikte – bei Groß wie bei Kafka – sind nicht oder nicht nur aus individueller Psychologie zu erklären. Sie haben eine stark wissenschaftsgeschichtliche Komponente.

Moderne Soziologie und Bürokratiekritik (Alfred Weber)

Es geht um Konflikte zwischen traditioneller Wissenschaft einerseits und moderner Literatur zum andern. Wissenschaftskritik, wie ausgeführt, wird zu einem Strukturmerkmal der neuen Literatur – den Auffassungen Max Webers entsprechend, der die Ursprünge der Moderne als Trennung und Ausdifferenzierung der Wertsphären Wissenschaft, Moral und Kunst verstanden hat. Diese Trennung wird deutlich, wenn man die geistige Situation um 1900 mit der Entwicklung dieser Wertsphären im neunzehnten Jahrhundert vergleicht, die von einem noch weithin konformen Verlauf bestimmt wird. Er kulminiert im Naturalismus, der in mancher seiner Programmschriften die Poesie am liebsten naturwissenschaftlicher sehen möchte, als es die Naturwissenschaften selber sind. Aber der Prozeß dieser Trennung und Ausdifferenzierung ist doch nur partiell zu verstehen, wenigstens in Hinsicht auf die Entstehung der modernen Literatur. Er betrifft in erster Linie oder ausschließlich das Verhältnis zwischen »alter« Wissenschaft und neuer Literatur, nicht so sehr dasjenige zwischen neuer Literatur und neuer Wissenschaft, wie es sich im Prozeß dieser Trennung herausbildet. Schon im Verhältnis zwischen dem Juristen Hans Groß und seinem Sohn, dem Psychiater, Psychoanalytiker und modernen Nervenarzt, wurde dieser anders geartete Konflikt erkennbar: ein solcher zwischen traditioneller Wissenschaft dort und »modernen« Wissenschaftsauffassungen hier. Die sich anbahnende Unterscheidung zwischen klassischer und moderner Physik kann man damit in Zusammenhang bringen. So sehr man auf seiten der literarischen Moderne gegenüber Positivismus, Mechanismus, Darwinismus und anderen Resultaten des neunzehnten Jahrhunderts revoltiert, so freundlich gestalten sich vielfach die Beziehungen zwischen moderner Wissenschaft und moderner Literatur. An einen der herausragenden Wegbereiter der kultu-

rellen Moderne, an Georg Simmel, hat man vor anderen zu denken. Auf
ihn am wenigsten trifft die behauptete Trennung und Ausdifferenzierung
der Wertsphären zu.[182] Hier herrscht Vereinigung durchaus, aber eine
Vereinigung neuer Art. Er vor allem habe Erfahrungen der Moderne, wie
sie Baudelaire verstanden hatte, in das Gebiet der soziologischen Forschung eingebracht, heißt es in einer neueren Studie über Simmels Theorie der Moderne; und wörtlich: »Insofern als er der erste war, der dies tat,
können wir Simmel mit Recht als den ersten Soziologen der Moderne
bezeichnen«.[182a] Das kommt auch darin zum Ausdruck, daß er moderne Poesie wie diejenige Stefan Georges in seine wissenschaftliche
Arbeit einbezieht; wie andererseits seine »Philosophie des Geldes« und
zahlreiche andere seiner Schriften auf die Entwicklung der modernen
Literatur stark eingewirkt haben. Und nicht zufällig handelt es sich in
seinem Fall nicht um traditionelle Philosophie, sondern um moderne
Soziologie weit mehr. Als eine betont moderne Wissenschaft ist sie seit
dem Ausgang des neunzehnten Jahrhunderts anzusehen, obwohl Gegensätze zwischen älteren und neueren Wissenschaftsauffassungen auch hier
nicht zu übersehen sind. Sie brachen in ungewöhnlicher Schärfe in der
Bürokratiedebatte auf, die es zwischen 1907 und 1909 gegeben hat und im
Verein für Sozialpolitik ausgetragen wurde.[183] Die Verteidiger der
»amtierenden« Bürokratie, der Interesse am Gemeinwohl attestiert wird,
und die Kritiker dieser Bürokratie standen sich schroff gegenüber. Die
überragende Figur auf diesem Gebiet in der Wissenschaftsgeschichte des
zwanzigsten Jahrhunderts ist ohne Frage Max Weber, und die Wirkungen, die von seinem wissenschaftlichen Werk in die Literatur hinein zu
verfolgen sind, betreffen dieses Thema, dasjenige der Bürokratie und
ihrer Stellung im modernen Staat, vor allem.[184]

Bürokratie steht für ihn im Zusammenhang zunehmender Rationali-
sierung und einer sich in alle Lebensgebiete ausbreitenden Wissenschaftlichkeit. Sie ist Teil desjenigen Prozesses, den er als Entzauberung der
Welt versteht. Der so verstandenen Bürokratie kommt eine durchaus
positive Bedeutung zu, sofern sie es ist, die vor allem Herrschaft zu
sichern vermag. In den Funktionen, die sie innerhalb einer modernen
Gesellschaft ausübt, erscheint sie ihm unentbehrlich, und ein Chaos
mußte seiner Meinung nach entstehen, gäbe es sie eines Tages nicht mehr.
Aber zugleich beschreibt Max Weber im Sinne seiner Konstruktion ideal-
typischer Erscheinungen ihre Perfektion, die erschreckt. Er beschreibt sie
in einer Sprache, die als apokalyptisch bezeichnet worden ist.[185] In
einer seiner epochemachenden Schriften, in »Wirtschaft und Gesellschaft«, hat er eine solche Perfektion beschrieben: »Wo die Bürokratisie-

rung der Verwaltung einmal restlos durchgeführt ist, da ist eine praktisch so gut wie *unzerbrechliche* Form der Herrschaftsbeziehungen geschaffen. Der einzelne Beamte kann sich dem Apparat, in dem er *eingespannt* ist, nicht *entwinden*. Der Berufsbeamte ist [...] mit seiner ganzen materiellen und ideellen Existenz an seine Tätigkeit *gekettet*. Es ist – der weit überwiegenden Mehrzahl nach – nur ein einzelnes, mit spezialisierten Aufgaben betrautes, *Glied* in einem nur von der höchsten Spitze her, nicht aber (normalerweise) von einer Seite, zur Bewegung oder zum Stillstand zu veranlassenden, rastlos weiterlaufenden Mechanismus, der ihm eine im wesentlichen gebundene Marschroute vorschreibt. Und er ist durch all dies vor allem *festgeschmiedet* an die Interessengemeinschaft aller in diesen Mechanismus eingegliederten Funktionäre daran, daß dieser weiterfunktioniere und die vergesellschaftet ausgeübte Herrschaft fortbestehe [...] Die Gebundenheit des materiellen Schicksals der Masse an das stetige korrekte Funktionieren der zunehmend bürokratisch geordneten privatkapitalistischen Organisation nimmt stetig zu und der Gedanke an die Möglichkeit ihrer Ausschaltung wird immer *utopischer*. Die ›Akten‹ einerseits und andererseits die Beamtendisziplin, d.h. Eingestelltheit der Beamten auf präzisen Gehorsam innerhalb ihrer *gewohnten* Tätigkeit, werden damit im öffentlichen wie im privaten Betrieb zunehmend die Grundlage aller Ordnung. Vor allem aber – so praktisch wichtig die Aktenmäßigkeit der Verwaltung ist – ist die Disziplin«.[186] An dieser Beschreibung fällt eine bestimmte Bildlichkeit in der Sprachführung auf. Wiederholt werden Begriffe wie Apparat, Präzisionsinstrument oder Mechanismus gebraucht, so daß moderne Technik und moderne Verwaltung in einem ihnen gemeinsamen Sprachfeld aufeinander bezogen sind. Aber solcher Metapherngebrauch ist kein Eigentum Max Webers. Es gibt ihn auch sonst. In Fragen wie diesen hat auch der Literarhistoriker mitzureden. Mit Blick auf Bürokratie bei Tolstoij und Kafka wird hierüber in der genannten Schrift (von A. Dornemann) ausgeführt: »Bei der Behandlung der Bürokratie, mittels derer legale Herrschaft ausgeübt wird, setzt Weber die lange Reihe derer fort, die sich bei der Beschreibung dieses Phänomens einer Metapher bedienen (müssen), und zwar der der Maschine. In seltener Einmütigkeit nämlich bemühen Poeten, Schriftsteller, Literaturkritiker, Historiker, Politologen, Psychologen, Kulturkritiker und Soziologen die Welt der Maschinen und Apparaturen zur Explikation ihrer je und je gearteten Einstellung zur Bürokratie. Die Sprache wissenschaftlicher Texte rückt immer dann, wenn von Bürokratie die Rede ist, in die Nähe der Fachsprache des Maschinenbauers. Der Mythos der Maschine, vor der der Mensch in angsterfüllter Bewunderung verharrt, verfehlt auch auf große wissenschaftliche Kapazitäten nicht seine Wirkung«.[187] In diesem Zusammenhang ist nun auch über den Soziologen Alfred Weber, den jüngeren Bruder Max Webers, zu sprechen, mit dem sich die Kafka-Forschung wiederholt beschäftigt hat, und zum Kontext der *Strafkolonie* gehört er in mehr als einer Hinsicht.

Als ein noch junger Professor war Alfred Weber im Jahre 1904 an die juristische Fakultät der Prager Universität berufen worden. An Kafkas Dissertation wirkte er als Promotor mit: als derjenige, der den Promoventen dem Rektor vorzustellen hatte – nicht als Doktorvater, wie man vielfach irrtümlicherweise lesen kann.[188] Im Prager Kreis um Kafkas Freund Max Brod wurde er geschätzt und verehrt. Wo immer Brod in seiner Autobiographie *Streitbares Leben* oder auch sonst auf ihn zu sprechen kommt, spricht er nicht anders als in Tönen höchsten Lobes von ihm. In dem Kapitel »Begegnungen an der Hochschule« ist viel Freudloses zu vernehmen; von unbegabten und langweiligen Professoren ist die Rede. Dagegen nun Alfred Weber, »der inmitten der Wüste als ein wahres Wunder, ein üppiges Labsal des Geistes auftauchte«! An anderer Stelle seines Buches bezeichnet er ihn als den »König Arthus inmitten der wagemutigen Ritterschar«.[189] In seiner Erzählung *Jugend im Nebel* ist die Figur des Professors Westertag ein leicht verschlüsseltes Porträt des verehrten Lehrers.[190] Ebenso freundlich ist der Ton in den Erinnerungen, die Alfred Weber wenige Jahre vor seinem Tod veröffentlicht hat: »Meine Berufung nach Prag 1903/4«, heißt es hier, »traf mich ein paar Jahre nach meiner Habilitation in Berlin in einer merkwürdigen Lage. Ich hatte vom ersten Semester an ausgesprochenen Lehrerfolg«. Es sei ihm gelungen, sich von Kollegen zu distanzieren, indem er sich in die damals einsetzende Flottenpropaganda nicht einspannen ließ; in diesem Zusammenhang kommt er auch auf Max Brod und seinen Kreis zu sprechen. Eine unerwartete Verbindung sei ihm zugefallen: diejenige »mit dem außerordentlich begabten jungen Prager Judentum meines Seminars und damit eine Fülle von menschlicher Erfahrung«.[191] Dieser akademische Lehrer hat es zweifellos verstanden, aktuelle Fragen von allgemeinem Interesse aufzuwerfen. Auch brisante Themen zu erörtern, hat er sich offensichtlich nicht gescheut. Max Brod teilt auch hierüber Näheres in seinem Erinnerungsbuch mit: »Mit überlegener Kraft leitete er unsere Studien über Darwinismus, Lamarcks ›direkte Anpassung‹, die Forschungen Mendels, über Rassentheorie, über August Weismanns ›Kontinuität des Keimplasmas‹ und seine Ablehnung der ›Vererbung erworbener Eigenschaften‹ [...] Mit meinem Freunde Felix Weltsch, der zu den eifrigsten Mitarbeitern des Seminars gehörte, teilte ich mich in eines der ersten

Referate, die unter Webers Leitung gehalten und diskutiert wurden: über das Buch von Schallmeyer ›Auslese und Vererbung im Lebenslaufe der Völker‹«; und hinsichtlich der Brisanz solcher Themen fügt er hinzu: »Rückblickend habe ich den Eindruck, daß wir, weder Lehrer noch Schüler, die Aktualität des von uns Besprochenen ganz klar durchschauten. Wir streichelten die Höllenhunde, die bereits an ihren Ketten zerrten«. [192]

Hier wird Wichtiges zur geistigen Situation der Jahrhundertwende gesagt, und was sich an diffusen Ideen in »Weltanschauungen« ablagert, bleibt im Hintergrund. In seinem Buch *Zeit der Ideologien* hat Karl Dietrich Bracher ein Kapitel über die Jahrhundertwende mit dem Untertitel »Weichenstellungen der Moderne« kommentiert. [193] Aber nicht nur handelt es sich um Weichenstellungen der Moderne oder um solche in ihr, sondern gleichermaßen um »Restbestände« des neunzehnten Jahrhunderts, die als Ideologien fortwirken. Der »Biologismus« ist ein solcher Restbestand. [194] Darauf vor allem beziehen sich Max Brods Ausführungen über die Seminare Alfred Webers, an denen er teilgenommen hat. Darwin, Lamarck, Mendel, Weismann und Schallmayer – das sind die Namen, die in diesem Zusammenhang genannt werden. Darunter befinden sich einige, die der Wissenschaft mit Recht auch heute viel bedeuten. Aber die Namen wie August Weismann und Wilhelm Schallmayer stehen auf einem anderen Blatt. Beide sind sie in unterschiedlicher Weise auf Erbbiologie und Rassenhygiene eingeschworen. Ihre Bestrebungen werden in einem medizinhistorischen Beitrag (von Gunter Mann) wie folgt gekennzeichnet: »Sie analysieren die Gesellschaftssysteme, wie ihre biologistischen Vorgänger, sie suchen das Maß der Natur oder Unnatur, die selektorischen und kontraselektorischen Elemente zu bestimmen. Sozialdarwinismus dieser Art wird Teil der umfassenderen und älteren biologistischen Soziallehren«. [195] Der Untertitel des genannten Buches von Schallmayer – »Eine staatswissenschaftliche Studie auf Grund der neueren Biologie« – bringt es zum Ausdruck [196]; und obgleich sich dieser Arzt und Gelehrte am nordischen Rassendünkel so mancher seiner Mitstreiter nicht beteiligt hat, muß auch auf ihn bezogen werden, was über die Ethik dieser Rassenhygieniker gesagt wird: »Ansätze zu biologistischer Ethik sind dabei zu beachten. Der Schutz der Schwachen, der Minderwertigen, der Geisteskranken, der Verbrecher, der Erbkranken ist in Wahrheit unmenschlich, weil er die Menschheit ruiniert«. [197] So auch sah es Kafkas akademischer Lehrer Hans Groß, dessen ungeheuerlicher Artikel genau um die Zeit erschien, da man im Seminar Alfred Webers – mit Gewißheit nicht im Sinne des Juristen Hans Groß – über Fragen wie diese diskutierte. Die *Politisch-anthropologische Revue*, in der im Jahre 1905 der genannte Artikel von Hans Groß veröffentlicht wurde, wird als »literarisches Kampforgan« der Rassenhygieniker bezeichnet.[198] Max Brods Wendung vom Streicheln der Höllenhunde ist ohne Frage auf solche Entwicklungen zu beziehen; und man darf wohl annehmen, daß sich eine Persönlichkeit wie Alfred Weber durchaus der Gefahren bewußt war, um die es ging.

Max Brod bedauert, daß es ihm nicht gelungen sei, Kafka in die Vorlesungen des verehrten Lehrers mitzunehmen: Kafka sei bereits im Endstadium seiner Vorbereitungsarbeiten zu den Prüfungen gewesen, als Weber in Prag eintraf; er habe Kafka weder in Webers Kolleg noch in seinen Übungen je gesehen.[199] Es kann aber kein Zweifel sein, daß Kafka von Alfred Weber und seinen Arbeiten sehr viel mehr gewußt hat, als seinem Freund Max Brod bekannt war. Das ist unschwer zu erweisen und inzwischen auch erwiesen: die Aktivitäten Alfred Webers in pädagogischen, politischen und allgemeinen Fragen waren unübersehbar, und sie fanden in den großen Tageszeitungen Prags auch ihren Niederschlag. Alle sind sie gekennzeichnet durch Radikalität des Denkens und durch eine unverkennbar linksliberale Position. Im Streit um den Zusammenschluß der deutschen Parteien ergriff Alfred Weber leidenschaftlich Partei, indem er vor einer Vereinigung des Unvereinbaren warnte, die womöglich Alldeutsche und verwandte Gruppierungen eingeschlossen hätte. Seine Warnung, die im *Prager Tagblatt* abgedruckt wurde, ist diese: »Neue Waffen aus dem Arsenal der Sozialdemokratie sind dem Liberalismus nötig, nicht ein Tropfen, sondern ein Schaff sozialpolitischen Öls und dazu eine Menge Demokratie. Als Demokraten kennen wir keinen Bürger zweiter Klasse, weder wenn sie Arbeiter, noch wenn sie Juden sind«.[200] Daß einer der stets temperamentvollen Essays Alfred Webers in Kafkas *Strafkolonie* regelrecht »hineingreift«, geht aus einer Veröffentlichung neueren Datums (von Astrid Lange-Kirchheim) hervor. Überzeugend legt sie dar, daß Kafka von einem Beitrag Kenntnis gehabt haben muß, der 1910 in der *Neuen Rundschau* erschienen war.[201] Bis in wörtliche Wendungen hinein wird diese zu vermutende Kenntnis an der Erzählung *In der Strafkolonie* deutlich. Es handelt sich um Alfred Webers Beitrag mit dem Titel *Der Beamte*, mit dem er die Bürokratie-Debatte auf seine Art fortsetzt, in die er schon einige Jahre zuvor eingegriffen hatte.

Schon mit dem ersten Satz seines Essays gibt Alfred Weber zu erkennen, daß ihm die durch Beamte und Bürokratie verbürgte Ordnung nicht über alles geht. »Was hier gesagt werden soll, richtet sich nicht an jene notwendig immer große Masse von Menschen, für die das gute Geord-

netsein des Daseins, wie es auch sei, zugleich dessen letztes und höchstes Etwas ist, die, wenn sie sich ins Philosophische erheben, darin das göttliche System des Lebens sehn und, wenn sie im Alltäglichen verbleiben, das warme Plätzchen spüren, das dabei nicht nur für andere, sondern auch für sie bereitet ist«.[202] Die Ironie gegenüber den Anwälten des Beamtentums und der Bürokratie ist unüberhörbar; nicht sie sind für den Verfasser das letzte und höchste Etwas, sondern die Dynamik des Lebens selbst ist es. Was in solchen Auffassungen Nietzsche verdankt wird, kann kaum zweifelhaft sein. Ein Kernwort in diesem Text ist der Begriff »Apparat«, und auch er wird ganz im Sinne einer dynamischen Lebensauffassung kritisch vorgestellt: »Für Leute, die so fühlen [...] wächst heut ein ungeheures Problem herauf. Sie sehen, wie sich ein riesenhafter ›Apparat‹ in unserem Leben erhebt, wie dieser Apparat die Tendenz besitzt, sich immer weitergehend über früher – sagen wir es zunächst einmal unklar – frei und natürlich gewachsene Teile unsrer Existenz zu legen, sie in seine Kammern, Fächer und Unterfächer einzusaugen, – sie fühlen, wie ein Gift der Schematisierung, der Ertötung alles ihm fremden, individuellen, selbstgewachsenen Eigenlebens dabei von ihm ausstrahlt, wie er an Stelle dessen ein riesenhaftes rechnerisches Etwas setzt...«.[203] Eben dieser Apparat hat die Eigenschaft, alles Lebendige in sich einzusaugen, so daß Beamte und Angestellte in ihm verschwinden: »Man sucht sie mit allen Mitteln, die es gibt, an den Apparat und den Beruf zu ketten, so, daß sie in ihm aufgehn. Man bietet ihnen Sicherheit, Bequemlichkeit der Existenz [...] – dafür aber verlangt man Lebensbindung an den Apparat: ›Gehorsam‹ in ihm«.[204] Gegenüber dem Apparat müsse es darum gehen, den Menschen als Person, als lebendige Kraft zu retten.[205] Als Bild wird der Apparat bei Weber gleich eingangs eingeführt, und erst allmählich erfahren wir, daß damit etwas Abstraktes bezeichnet wird: Beamtentum und Bürokratie. Ihre religiöse Verklärung, die Mystik und Weihe, mit der man sie umgibt, wird im Anschluß an Max Webers Wendung von der Metaphysik des Beamtentums beschrieben: »So stark ist noch die Empfindung jener künstlichen Bedingtheit unserer Existenz durch Organisation [...] daß dies eine Stimmung bei uns brachte und auf Basis dieser Stimmung eine Lehre, von der man zutreffend allein das eben Angeführte sagen kann, – die – man muß ehrlich reden – einen *Götzendienst* vor dem Beamtentum verrichtet [...] Einen Götzendienst!« Das Bestehen einer solchen Lehre bedeute, »daß in Wahrheit nicht der einzelne Beamte, sondern tatsächlich der ›Apparat‹ erhoben und gesteigert wird; daß ein mystisch wunderbares Etwas aus ihm hergestellt wird ...«.[206]
Die Verwandtschaft des hier beschriebenen Apparates mit dem Appa-

rat in Kafkas *Strafkolonie* ist in dem genannten Beitrag unübersehbar; und sie ist in hohem Maße überzeugend, was hier im einzelnen nicht zu belegen ist. Diese Nachweise sind von Astrid Lange-Kirchheim, der Entdeckerin dieser offensichtlich von Kafka benutzten »Quelle«, in mehreren Veröffentlichungen und mit beigegebenen Synopsen geführt worden. Sie zeigt das für Kafka Entgegenkommende dieser »Vorlage« auf. Es beruht darin, daß der von dem Soziologen beschriebene Apparat den Erzähler Kafka umso mehr ansprechen konnte, weil im Begriff beides enthalten war: der Apparat als eine Einrichtung der Technik und als Apparat im übertragenen Sinn mit Beziehung auf Beamtentum und Bürokratie. Im Offizier der *Strafkolonie* kommt beides zusammen; er »verkörpert« das eine wie das andere. Es kann gefolgert werden: »Alfred Weber verwendet hier also jene Technik des Wörtlich- bzw. Gegenständlichnehmens von Sprache, die wiederholt an Kafkas Darstellungsweise beobachtet worden ist [...] So liest sich Webers Essay stellenweise wie ein Bildreservoir zu Kafkas Erzählung, gleichzeitig aber als ausführliche Interpretation der bürokratischen Bedeutungsdimension des Strafapparates«[207] – nur eben aus der Sicht Alfred Webers hier kritisch und im Gegensinn, muß man erläuternd ergänzen. Es kann angenommen werden, daß auch Kafka an einem solchen Gegensinn festhält, wenn man bedenkt, welche zentrale Bedeutung der Bürokratie-Kritik zumal in seinem literarischen Werk zukommt.

Daß es bei Nietzsche in Hinsicht auf Strafsysteme verwandte Vorstellungen in gleichfalls metaphorischer Rede gibt, an die Kafkas Text denken läßt, schränkt den Wert der Entdeckung nicht ein, von der hier zu sprechen war. Vor allem in der Schrift *Zur Genealogie der Moral* ist wiederholt von Folterungen und Grausamkeiten die Rede, wenn es in der zweiten Abhandlung mit der bezeichnenden Überschrift: »›Schuld‹, ›schlechtes Gewissen‹ und Verwandtes« heißt: »Jedenfalls ist es noch nicht zu lange her, daß man sich fürstliche Hochzeiten und Volksfeste größten Stils ohne Hinrichtungen, Folterungen oder etwa ein Autodafé nicht zu denken wußte«.[208] Sodann der Passus über Strafsysteme und Strafpraxis in derselben Schrift und in demselben Kapitel, der kaum zu übergehen ist, wo immer über die Geschichte der menschlichen Grausamkeit nachgedacht wird. Nietzsche handelt hier von dem, was sich der Mensch einprägt und wie es gemacht wird, damit er es sich einprägen kann – also von Mnemotechnik: »Dies uralte Problem ist, wie man denken kann, nicht gerade mit zarten Antworten und Mitteln gelöst worden [...] ›Man brennt Etwas ein, damit es im Gedächtnis bleibt: nur was nicht aufhört, *weh zu thun,* bleibt im Gedächtnis‹ – das ist ein

Hauptsatz aus der allerältesten (leider auch allerlängsten) Psychologie auf Erden [...] Es gieng niemals ohne Blut, Martern, Opfer ab, wenn der Mensch es nöthig hielt, sich ein Gedächtniss zu machen; die schauerlichsten Opfer und Pfänder (wohin die Erstlingsopfer gehören), die widerlichsten Verstümmelungen (zum Beispiel die Castrationen), die grausamsten Ritualformen aller religiösen Culte (und alle Religionen sind auf dem untersten Grunde Systeme von Grausamkeiten) – alles Das hat in jenem Instinkte seinen Ursprung, welcher im Schmerz das mächtigste Hülfsmittel der Mnemonik errieth«. Und gegen die Deutschen und ihr Strafrecht gerichtet, wird gesagt, als würde hier die »Archäologie« Foucaults antizipiert: »man sehe nur unsre alten Strafordnungen an, um dahinter zu kommen, was es auf Erden für Mühe hat, ein ›Volk von Denkern‹ heranzuzüchten [...] man denke an die alten deutschen Strafen, zum Beispiel an das Steinigen (– schon die Sage läßt den Mühlstein auf das Haupt des Schuldigen fallen), das Rädern (die eigenste Erfindung und Spezialität des deutschen Genius im Reich der Strafe!), das Werfen mit dem Pfahle, das Zerreissen- oder Zertretenlassen durch Pferde (das ›Viertheilen‹), das Sieden des Verbrechers in Öl oder Wein (noch im vierzehnten und fünfzehnten Jahrhunder), das beliebte Schinden (›Riemenschneiden‹), das Herausschneiden des Fleisches aus der Brust...«. [209] Näher heran an Kafkas Text führt Nietzsches Schrift mit Vorstellungen, die das Rituelle in konkrete Bilder überführen, wenn gesagt wird, daß das Leiden eine geheime Heils-Maschinerie bilde. [210] Es sollte nicht schwerfallen, beide »Vorlagen« – Nietzsche wie Alfred Weber – mit Kafkas Erzählung in Zusammenhang gebracht zu sehen; denn natürlich haben sowohl Kafka wie sein »Promotor« bei der Dissertation »ihren« Nietzsche gekannt[211]; und daß die Bürokraten-Schelte in der *Neuen Rundschau* Geist vom Geiste Nietzsches ist, bestätigt sich nahezu Seite für Seite. Hier aber handelt es sich nicht nur um literarische Traditionen, die Kafka im Sinne und im Geist der großen russischen Schriftsteller fortführt, sondern um Zeitkritik in den Formen einer modernen Wissenschaft wie der Soziologie. Hier wie dort regt sich Bürokratie- und Institutionenkritik als ein neuartiges Phänomen in der Entwicklung der literarischen Moderne. Aber zeitgeschichtliches Anschauungsmaterial liegt noch in einem anderen Schriftwerk vor, das der Kafka-Forschung m. W. unbekannt geblieben ist, aber dennoch zu dem gehört, was hier als europäischer Kontext zu erläutern gesucht wird. Von einem Buch soll im folgenden die Rede sein, mit dem diese Betrachtung noch einmal in die Geschichte der Deportationsstrafe zurückkehrt, genauer: in die Geschichte der Versuche, sie auch im deutschen Strafrecht zu verankern; um einen Nachtrag mithin, der dennoch an dieser Stelle einzubringen ist, weil das in Frage stehende Buch 1912 erschien und an die Entstehungszeit der *Strafkolonie* unmittelbar heranführt.

Eine Forschungsreise nach den Strafkolonien (Robert Heindl)

Von Kafkas akademischem Lehrer im Gebiet des Strafrechts unter denjenigen, die sich für die Einführung der Deportationsstrafe auch im deutschen Strafrecht verwandt hatten, war zuletzt die Rede gewesen. Aber in der Zwischenzeit hatte diese Diskussion ihren Fortgang genommen, verstärkt durch die deutschen Kolonialvereine, die sich von diesem Strafmittel Pionierarbeit zu verbilligten Preisen erhofften. Zu den Befürwortern in Verbindung mit den deutschen Kolonialvereinen gehörte neben vielen anderen der schon genannte Justizbeamte Casimir Wagner. Schon 1901 habe er als Vorstand eines Zweigvereins der deutschen Kolonialgesellschaft den deutschen Reichstag gebeten, »der Frage näher zu treten, ob nicht im Interesse der Entwicklung unseres überseeischen Besitzes *die* Strafver*schickung* einzuführen sei«. Er teilt dies in seinem Buch *Die Strafinseln* mit, das in dem mit solchen Fragen befaßten Schrifttum häufig genannt wird. [212] Von einem ähnlichen Vorstoß im Jahre 1907 berichtet ein Landesanstaltsdirektor (Glaunig). Den Gedanken der Strafverschickung gelte es zu verbreiten und Freunde zu gewinnen; und in Verfolgung dieses Zieles habe ein Hauptmann a.D. Werther als Vorsitzender des Deutschen Kolonialbundes vor Jahren einen Deportations-Ausschuß gegründet, dem auch eine Eingabe an den Reichstag zu danken sei. Auch einen Deportationsverband gebe es in Berlin, der Denkschriften und Eingaben ausarbeite. [213] Schließlich wurde im Jahre 1909 ein Antrag im Deutschen Reichstag eingebracht, dem Vorbild anderer Staaten entsprechend die Deportation auch im deutschen Strafrecht zu verankern. [214] Im Kolonialamt war eigens ein Ressort für Deportationsfragen eingerichtet worden; aber zuständig für die Behandlung derartiger Anfragen war das Reichsjustizamt. Beide Ämter kamen überein, einen Juristen mit der Besichtigung aller Strafkolonien zu beauftragen, der darüber Bericht erstatten solle; und sie hielten den noch jungen Kriminalisten Robert Heindl, der sich um Einführung des Fingerabdruck-Verfahrens verdient gemacht hatte, für unvoreingenommen genug, ihn mit dieser Aufgabe zu betrauen. [215] So besuchte der unternehmungsfreudige Jurist in den Jahren 1909 und 1910 die Strafkolonien in Neukaledonien, Australien, auf den Andamanen, in China und anderen Weltgegenden. Nach seiner Rückkehr, unmittelbar vor Ausbruch des Ersten Weltkrieges, veröffentlichte er seine Eindrücke und Erfahrungen in dem Buch *Meine Reise nach den Strafkolonien*, das 1912 in Wien und Berlin erschien. Mit Tabellen, Statistiken und Zahlenmaterial ist es reichlich ausgestattet, aber auch mit Bildern, die meistens schreckliche Bilder sind. Das Buch war sichtlich für einen größeren Leserkreis bestimmt, und dafür spricht auch, daß es im Verlag Ullstein erschien.[215a]

Im Nekrolog auf diesen Forschungsreisenden der Vorkriegszeit, der 1958 in Irschenhausen bei München verstorben ist, wird ausgeführt: »Leidenschaftlich diskutierte die Weltpresse dieses Werk, in dem eindeutig und unparteiisch festgestellt wurde: Die Deportationen sind ein Unglück und ein Schaden für die betroffene Kolonie«[216]; und in der Tat ist das Ergebnis des umfangreichen Berichts dieses, daß von einer Einführung der Deportationsstrafe dringend abzusehen sei. Der Verfasser des Buches *Meine Reise nach den Strafkolonien* unterschied sich in diesem Punkt unmißverständlich von Kafkas akademischem Lehrer Hans Groß, mit dem er gleichwohl gut bekannt oder befreundet war. Das von Groß begründete Organ *Archiv für Kriminologie* hat Heindl mit Zustimmung seines Gründers später übernommen.[217] Was sie trennte, war nicht ein anderes Menschenbild, und schon gar nicht waren es menschenrechtliche Fragen. Um die betroffenen Menschen, auch wenn es Verbrecher sind, ging es dem Juristen Robert Heindl kaum. Seine Ablehnung der Deportationsstrafe beruhte vornehmlich auf kolonialpolitischen Erwägungen, und vor allem in diesem Punkt war er anderer Auffassung als der Verfechter der Deportationsstrafe Hans Groß. Dem Kriminalisten Robert Heindl ging es um staatspolitische und ökonomische Fragen allererst. Er war überzeugt, daß die Deportierten keine wertvolle Arbeit leisteten und daß sie die Pioniere gerade nicht seien, für die man sie vielfach gehalten habe: »Nichts von alledem! Der Deportierte als Wegebauer hat versagt ...«, heißt es in diesem Sinn.[218] Zunehmend verschlinge der Transport immer höhere Kosten; und was sich schon auf den Andamanen wie in anderen Strafkolonien nicht rentiere, könne für die Europäer erst recht nicht rentabel sein.[219] Dieses Buch mit Kafkas Erzählung in Zusammenhang zu bringen, legt schon der Titel nahe; denn auch bei Kafka geht es um eine Reise nach den Strafkolonien, um diejenige eines Forschungsreisenden, in dem man einen Juristen vermuten darf. Daß Kafka dieses in der gesamten Weltpresse eifrig diskutierte Buch gekannt hat, kann angenommen werden, zumal einige Kapitel im Vorabdruck der Prager Tageszeitung *Bohemia* unter der Überschrift *Die Verbrecherinsel* erschienen waren – in einer Tageszeitung, die Kafka las.[220]

Von Klaus Wagenbach ist die Vermutung geäußert worden, daß Kafka

über die französische Strafinsel Neukaledonien am besten Bescheid gewußt habe.[221] In dem Buch von Heindl beansprucht der Bericht über
die französische Strafinsel gut die Hälfte des Ganzen; und wenn wir
hören, daß die Administration der Insel in Kafkas Erzählung französisch
spricht, so kann auch in diesem Punkt an Neukaledonien als einer zum
französischen Kolonialreich gehörenden Strafinsel gedacht werden. Dieser Teil ist in mehrfacher Hinsicht der »französische« Teil des Buches. In
ihm wird nicht nur über das französische Strafsystem berichtet; es werden
auf vielen Seiten auch Anordnungen und Gesetze in französischer Sprache abgedruckt. Es geht in diesem Bericht einer Reise vorrangig keineswegs um Exotismus oder um etwas Verwandtes dieser Art, sondern um
die Wirklichkeit europäischer Strafsysteme unmittelbar vor Ausbruch des
Ersten Weltkrieges. Sein Verfasser, der unter anderem in Lausanne studiert hat, dürfte schon von seinem Studium her mit dem französischen
Strafrecht bekannt geworden sein. Sein Buch ist auch nicht ausschließlich
ein Tatsachenbericht, eine Wiedergabe dessen, was er selbst erlebt hat,
sondern besteht zum Teil auch in der Übernahme französischer Quellen.[222] Wie auch sonst in Strafkolonien hat man es mit einer Militärgerichtsbarkeit zu tun. »Das Militär« ist ein Kapitel überschrieben; es tritt
mit Sicherheit in Erscheinung, wenn eine Hinrichtung zu vollstrecken ist.
Wie in Kafkas Text auch wird sie in Anwesenheit von Zuschauern ausgeführt; wenigstens war dies, was Kafkas Erzählung angeht, unter dem
alten Kommandanten der Fall gewesen. Von solchen Hinrichtungen, wie
es sie früher einmal gab, schwärmt Kafkas Offizier: »Wie war die Exekution anders in früherer Zeit! Schon einen Tag vor der Hinrichtung war
das ganze Tal von Menschen überfüllt; alle kamen nur um zu sehen [...]
die Gesellschaft – kein hoher Beamter durfte fehlen – ordnete sich um die
Maschine…« (E/217); und wie bei einer festlichen Veranstaltung geht es
auch in Neukaledonien zu: »Die Beamten setzen sich links von der Guillotine. Etwa dreißig Aufseher mit gestreckten Waffen stellen sich hinter
sie. Einige Augenblicke später postiert sich rechts eine Kompagnie Infan-
terie in Reih und Glied. Ein Bataillonschef und ein Hauptmann befehligt
sie. Sobald die Soldaten auf ihrem Platze sind, hört man den dumpfen
Lärm klirrender Ketten sich nahen. Es sind die Sträflinge der Ile Nou, die
sämtlich zum Hinrichtungsplatz geführt werden, um der Exekution beizuwohnen [...] Der Kommandant der Strafanstalt gibt ein Zeichen. Einer
der Aufseher tritt aus der Reihe und verschwindet. Minuten vergehen in
feierlicher Stille. Dann bemerkt man am Tor eine Prozession, die sich
langsam nähert«.[223] Längst ist auch unser Forschungsreisender, der
Verfasser dieses Buches, von dem ergriffen, was da geschieht; und so

heißt es denn im Fortgang dieses Berichts: »Der Gerichtsschreiber verliest das Todesurteil. Die Beamten und Gerichtspersonen entblößen ihr Haupt. Dieser Augenblick ist von packender Wirkung. Das Herz krampft sich einem zusammen. Die Kehle wird trocken. Man fühlt etwas über der ganzen Szene lasten, das Unerbittliche«[224] – als wollte unser Kriminologe wie der Offizier in Kafkas Erzählung sagen: »Jetzt geschieht Gerechtigkeit«.

Das sind letzte Reste jenes schrecklichen Zusammenhangs von Theater und Hinrichtungsritual, das in unserer Zeit wiederholt beschrieben wurde; so in der unlängst veröffentlichten Arbeit von Carsten Zelle mit dem bezeichnenden Titel *Strafen und Schrecken. Einführende Bemerkungen zur Parallele zwischen dem Schauspiel der Tragödie und der Tragödie der Hinrichtung*[225], sicher am eindringlichsten von Michel Foucault in dem Buch *Überwachen und Strafen.*[226] Noch dem neunzehnten Jahrhundert sind solche «Schauspiele« in zahlreichen Ländern geläufig, und der literarische Niederschlag zeigt sich vielerorts. Auf Byrons Schilderung einer Hinrichtung in seinem Tagebuch hat man aufmerksam gemacht.[227] Daß das barbarische Ritual noch um diese Zeit in Strafkolonien praktiziert wurde, wird in dem Buch von Robert Heindl bestätigt, so daß Kafka auch in diesem Punkt die Grenzen zeitgenössischer Wirklichkeit nicht überschreitet. Davon abgesehen hatte sich Kurt Tucholsky erst wenige Jahre vor Niederschrift der Erzählung *In der Strafkolonie* dieses Themas angenommen und in satirischer Rede vorgebracht, was dagegen vorzubringen war. Das geschah in dem 1912 veröffentlichten Beitrag *Hinrichtung.* Nur die Angehörigen des Opfers sind hier als Zuschauer zugelassen, damit auf diese Weise Vergeltung sei: »Im ganzen waren es diesmal nur 60 (sechzig) Zuschauer. Bei Grete Beier fand ja ein kleines Volksfest statt: damals zierten 200 den Hof. Diesmal war es ein kleines, aber gewähltes Publikum, das den spannenden Vorgängen auf der Bühne mit Interesse folgte und nach Schluß der Aufforderung des Beamten Folge leistend, sogleich den Hof verließ. Also: eine mäßige Vorstellung«.[228]

Wo Hinrichtungen stattfinden sollen, kann der Henker nicht ferne sein. Bei Kafka sind Offizier, Richter und Henker in einer Person vereint. Dagegen ist der Henker in dem Buch *Meine Reise nach den Strafkolonien* eine in jeder Hinsicht schäbige Figur, ein früherer Mörder, der es nicht erwarten kann, wenn er etwas zu tun bekommt. Er hat sich nach eigenem Geständnis zum Henker angeboten, »um seine Mordgelüste ohne neue Schwierigkeiten mit der Justiz befriedigen zu können«. Aber Gemeinsames im Vergleich mit Kafka gibt es gleichwohl. Hier wie dort haben wir es mit Menschen zu tun, die ihr blutiges »Handwerk« als ein künstlerisches Tun auffassen. Von dem genannten Henker in Heindls Buch heißt es: »Er ist ein Künstler, der in seine Kunst verliebt ist. Er spricht von ihr in zärtlichen Ausdrücken, die eine helle Note in sein teuflisches ›argot‹ bringen«[229] – wie ähnlich Kafkas Offizier, der Begriffe wie »kunstmäßig«, »Vollendung« oder »Lebenswerk« mit Beziehung auf die Tötungsmaschine gebraucht, die sein Stolz ist. An derartigen Tötungsmaschinen fehlt es auch in Neukaledonien nicht, die in Heindls Buch ausführlich beschrieben werden. Eine solche Maschine ist das Werk des Henkersgehilfen, eines Sonderlings und Stubenhockers: »Er hat eine Maschine erfunden, die fünf Personen in drei Minuten enthaupten kann, ohne daß der Henker genötigt ist, eine Sperrklinke zu berühren. Man schneidet sich selbst den Kopf ab durch den Betrieb des Schaukelbretts, das automatisch das Fallbeil herabfallen läßt. Wenn mehrere Patienten nacheinander an die Reihe kommen, guillotiniert der zweite den ersten; er braucht nur den Fuß auf die Planke zu setzen und der Apparat beginnt zu arbeiten«.[230] Auch bei Kafka heißen solche Tötungsmaschinen Apparate, die von sich aus arbeiten: »Nun sehen Sie aber diesen Apparat [...] Bis jetzt war noch Händearbeit nötig, von jetzt aber arbeitet der Apparat ganz allein« (E/ 200). Aber vor allem auf die Person des Forschungsreisenden beziehen sich die Gemeinsamkeiten zwischen dem Buch von Heindl und Kafkas Text; nur daß es jetzt nicht um Gemeinsamkeiten in beiden Texten geht, sondern um solche zwischen einer historischen und einer fiktiven Person.

Man kann die Züge kaum übersehen, die beide Forschungsreisenden gemeinsam haben. Weder der eine noch der andere ist ehrlichen Herzens empört über das, was sie zu sehen bekommen. Sie sind im Gegenteil geneigt, einiges den Verhältnissen zugute zu halten. So Kafkas Forschungsreisender, wenn wir erfahren, wie er über das denkt, was er zur Kenntnis nehmen muß: »Immerhin mußte er sich sagen, daß es sich um eine Strafkolonie handelte, daß hier besondere Maßregeln notwendig waren und daß man bis zum letzten militärisch vorgehen mußte« (E/ 208). In verwandter Weise wird in unserem Reisebericht die grausame Strafpraxis gerechtfertigt, wie sie sein Verfasser in China kennengelernt hat: »Auch die übrigen grausamen Verordnungen des chinesischen Strafrechts haben ihre guten Gründe und sind keineswegs die bloße Barbarei eines nervenlosen Volkes oder gar die sadistische Roheit einer blutdürstigen Dynastie und Beamtenschaft. Ein Reich von vierhundert Millionen, das von nur fünfundzwanzigtausend Beamten im Zaum gehalten werden muß, bedarf der abschreckendsten härtesten Drakonismus, bedarf der Folter und peinvollsten Körperstrafe, da bei der Phantasielosigkeit und dem Materialismus des Volkes ein Appell an das Ehrgefühl und an das religiöse Gewissen wirkungslos ist.«.[231] Denn so richtige Menschen, soll das wohl heißen, sind diese Chinesen doch nicht – entsprechend dem, was an anderer Stelle des Buches über »das System der kollektiven Verantwortlichkeit« gesagt wird: »Man kann es bei Weißen nicht anwenden. Es ist gut für Neger oder Chinesen«.[232]

Weder im Falle unseres reisenden Juristen noch des Forschungsreisenden in Kafkas Erzählung gibt es so etwas wie Empörung über diese wenig menschenwürdigen Zustände. Menschenwürde – halten wir uns an das, was wir in Heindls Buch zu lesen bekommen – wird eng gefaßt, und es sind so wenige nicht, denen man sie versagt. Vielfach gibt der reisende Jurist nicht einfach seine eigenen Auffassungen wieder, sondern das, was die Angehörigen der Administration auf diesen Strafinseln sagen und denken. Aber so selten sagt er nicht, was er selber denkt. Das zeigt sich in der Schilderung des Irrenhauses innerhalb der Strafkolonie: »Das Innere dieses Irrenhauses glich einer Tierausstellung. Die meisten Kranken kauerten hinter Eisenstäben. Viele fingen zu brüllen und schreien an, als sie die Beamten sahen, und rüttelten in ohnmächtiger Wut an den Gittern [...] Der zweite, ein blasses Gespenst mit schwarzem Haar und Bart, der menschenscheu, ängstlich, aber immer zu Grimassen bereit wie ein wildes Tier im Käfig umherhuscht, ist eine unvergeßliche Figur«.[233] Man denkt an den Verurteilten der *Strafkolonie*. So zu Herabstufungen und Ausgrenzungen jederzeit bereit, kann es gelegentlich auch einmal geschehen, daß der Vergleich zugunsten des Tieres und zu Ungunsten des Menschen ausfällt. Nachdem die Kranken auf der Insel Nou besichtigt worden sind, heißt es: »Lauter traurige, stumpfsinnige Gesichter. Gebückte Gestalten mit grauen Stoppeln und unsicher flackernden Augen. Einer der Kranken hat zwei kleine Vögel in einem Käfig bei sich, und ich weiß nicht, wen ich mehr bemitleiden soll, den gefangenen Menschen oder die gefangenen Vögel. Die Vögel sind wohl noch bedauernswerter, die für den schrankenlosen Himmel geboren wurden und nun in dem jämmerlich kleinen Bauer hocken. Sie sind vielleicht auch des Mitleids würdiger als der Sträfling«.[234] Fast wörtlich kehrt die Wendung in Kafkas Erzählung mit Beziehung auf den Verurteilten wieder: »ein zum Mitleid gar nicht auffordernder Mensch« (E/215); und es kann kein Zweifel sein, daß hier – bei Kafka – aus dieser Sicht des Forschungsreisenden gedacht und gesprochen wird. Dieser und der »wirkliche«, den es gegeben hat, sind Brüder im Geist. Sie mögen neue Rechtsordnungen und Rechtsauffassungen gegenüber veralteten Systemen vertreten – ideale Rechtssysteme sind es nicht, denen sie sich verschrieben haben, von ihrem »Menschenbild« ganz zu schweigen. In Heindls Buch ist die saloppe und burschikose Sprache in Anbetracht *solcher* Verhältnisse vielfach schockierend. Von den Fluchtversuchen der Sträflinge wird gesprochen, die meistens mißlingen. Danach die gewollt witzige Formulierung: »Gewöhnlich haben diese verzweifelten Fluchtversuche nur den einen Schlußerfolg, etwas Abwechslung in die monotone Nahrung der Haifische zu bringen«.[235] In der Art, wie in Heindls Buch die Degradierungen des Menschen vielfach teilnahmslos geschildert werden, ist es ein menschenverachtendes Buch. Das ist Kurt Tucholsky nicht entgangen. Er hat nicht nur Kafkas *Strafkolonie* einer bedeutenden Rezension gewürdigt, sondern auch die Schriftwerke des Kriminalisten Robert Heindl angezeigt; man könnte sagen: im doppelten Sinne des Wortes.

Anlaß seiner ungewöhnlich scharfen Attacke gegen den Verfasser des Buches *Meine Reise nach den Strafkolonien* war das Mitte der zwanziger Jahre erschienene Buch *Der Berufsverbrecher, ein Beitrag zur Strafrechtsreform.* Wieder einmal geht es um die »Unverbesserlichen«, um die es auch denjenigen Juristen in der Zeit der Jahrhundertwende gegangen war, die sie am liebsten deportiert sehen wollten. Das letztere, die Deportation, hat der Kriminalist Robert Heindl abgelehnt; an der These von der Unverbesserlichkeit von Verbrechern dagegen hielt er fest. Ihre Gefährlichkeit durch Maßnahmen der Unterbringung zu verschärfen, ist er durch die von ihm vorgesehenen Reformen bestrebt. Kurt Tucholsky, von Haus aus seinerseits Jurist, sieht das nicht gleichermaßen so. Er erteilt diesem Buch eine geharnischte Absage, die in das pointiert formulierte Dictum einmündet: »Es gibt besserungsfähige Verbrecher, aber es gibt unverbesserliche Geheimräte«.[236] In diesem Zusammenhang kommt Tucholsky auch auf das 1912 erschienene Buch über die Strafkolonien zu sprechen, und sein Zorn entlädt sich nun vollends. Tucholsky über den Verfasser unseres Reiseberichts: »Der Mann ist viel gereist: er kennt den französischen Strafvollzug in Neu-Kaledonien, den in der Südsee, den englischen Strafvollzug auf den Andamanen [...] Von diesen Reisen berichtet er zunächst [...] Die Heindlsche Schilderung des Kolonie-Elends geht von der Idee völliger Rechtlosigkeit der Strafgegangenen aus. An keiner Stelle – an keiner einzigen – ist ein Wort der Kritik der fremden Behörden zu finden; auch da nicht, wo deren Roheiten offen zugegeben werden«. Schließlich zur Prügelstrafe, wie sie in Heindls Buch geschildert wird: »Denn wenn es etwas gibt, was hassenswerter und niedriger wäre als dies hier beschriebene infame Verbrechen, so ist es die lässig saloppe Schilderung durch einen deutschen Beamten, dem die Tropen nicht gut bekommen sind.«[237] Das ist das eine, aber auch das andere – die »Internierung« des Nervenarztes Otto Groß – bringt Tucholsky in diesem Zusammenhang zur Sprache – dort nämlich, wo er das von Hans Groß (dem Vater) begründete *Archiv für Kriminologie* erwähnt, das Robert Heindl als Herausgeber übernommen hat: »Wenn Heindl übrigens wissen will, was es so alles auf der Welt gibt, dann hat er das gleich bei der Hand: er erkundige sich einmal nach dem Schicksal des Sohnes von Groß«.[238] Tucholsky schließt seine Anzeige mit Kritik am Fachmann als einer Figur der Bürokratie, der nichts als Fachmann ist: »Fast alle diese Fachleute aber sind in ihrem Apparat befangen, empfinden das Unrecht nicht mehr, sondern achten nur auf seine formal-unanfechtbare Durchführung, als ob Verordnungen, Bestimmungen und Reglements ihre Taten deshalb weniger verbrecherisch erscheinen ließen! Der Fachmann sieht den Betrieb nur innen, also am Ende genau so unvollkommen wie der, der ihn nur von außen sieht«.[239] Es ist Zeitgeschichte, über die hier zu handeln war, nicht Metaphysik, Erlösungs-Theologie oder Verwandtes. Was aber den Forschungsreisenden in Kafkas *Strafkolonie* angeht, so ist es diejenige Figur vor allem, die diese »Vorgeschichte« mit der eigentlichen »Geschichte« verknüpft; daß es um sie nicht ausschließlich geht, sondern um »Verknüpfungen« in einem umfassenderen Sinn, wird sich zeigen. Das betrifft endlich den literarischen Text selbst, von dem bisher nur in Hinweisen und Vergleichen gesprochen wurde.

DER LITERARISCHE TEXT

Zum Vorverständnis der Erzählung

Aus der Sicht einer streng immanenten Betrachtung mag als aufwendig, unnötig und methodisch fragwürdig erscheinen, was hier als Vorgeschichte zur »eigentlichen« Geschichte, als Kontext zum »eigentlichen« Text gebracht wurde. Eine schon etwas zurückliegende Empfehlung an die Literarhistoriker könnte sich in Erinnerung bringen. Es ist diejenige Emil Staigers, der damals, 1939, Grund genug hatte, vor ideologischen Verführungen zu warnen, denen man leicht erliegt, wenn man die Sicherheit der Textebene verläßt – falls es eine solche Sicherheit überhaupt gibt. »Denn was den Literarhistoriker angeht«, so hieß es damals, »ist das Wort des Dichters, das Wort um seiner selbst willen, nichts was irgendwo dahinter, darüber oder darunter liegt«.[1] Wo immer man anderes will, weil man den literarischen Text nicht mehr recht will, ist auch heute Vorsicht geboten; und wo man ihn lediglich zu politischen, psychoanalytischen oder anderen Zwecken zu benutzen gedenkt, erst recht. Gegenüber solchen Strömungen, kann es nur darum gehen, auf »Eigenständigkeit« zu insistieren – darauf, daß Literaturwissenschaft Textwissenschaft bleibt. Freilich war die seinerzeit formulierte Maxime in dieser Form und in solcher Ausschließlichkeit schon damals nicht annehmbar, weil sie die andere Seite vergessen macht, ohne die Literaturwissenschaft auch als Textwissenschaft nicht denkbar ist. Das ist die historische Seite der »Sache«. Sie macht es in jedem Fall erforderlich, über den Text hinaus und auf anderes hin zu denken. Der These »Die Medizin wird Naturwissenschaft sein oder sie wird nicht sein« hat unlängst ein namhafter Internist (Felix Anschütz) die etwas veränderte Formulierung entgegengehalten: »Die Medizin wird deutlich mehr sein müssen als Naturwissenschaft oder sie wird nicht sein«.[2] Eine solche Bestimmung des eigenen Tuns kann sich die Literaturwissenschaft, auf ihre Gegenstände übertragen, zu eigen machen: »das Rhythmische, der Satzbau, Reim, Klangfarbe, Wahl der Worte«, um den Zürcher Literarhistoriker noch einmal anzuführen, darf ihr nichts Nebensächliches sein.[3] Aber sie wird als eine Geisteswissenschaft (diese in einem heutigen Sinne verstanden) nur bestehen können, wenn sie mehr sein will als nur sie selbst; wenn sie nicht im Gehäuse verharrt, sondern die Fenster öffnet und den Blick nach draußen richtet. Die moderne Industriegesellschaft, in der wir uns befinden, ist kaum erklärbar ohne die Entwicklung im Bereich des sozialen Lebens, der Technik und der Naturwissenschaft, und die Literaturwissenschaft hat allen Grund, sich mit den genannten Gegenstandsbereichen zu befassen, ohne in ihnen zu verschwinden; schon allein deshalb, weil sich die Literatur ihrerseits mit ihnen befaßt.

Daß man einen Text nicht aus sich selbst heraus verstehen kann, ist der Grund für die geforderte Blickwendung nach draußen hin, und möglicherweise kann alles zum Hintergrundwissen gehören, das den im Vordergrund und im Mittelpunkt stehenden Text zu erhellen vermag. Diesen, wie mir scheint, glücklichen Begriff, hat der Philosoph Wolfgang Stegmüller in einer Betrachtung über den sogenannten hermeneutischen Zirkel gebraucht. Er erörtert dort gewisse Unterschiede zwischen naturwissenschaftlichem und geisteswissenschaftlichem Denken und bemerkt, daß in der Gewinnung der Fakten überhaupt kein Unterschied sei, der sich aber deutlich in der Gewinnung des Hintergrundwissens zeige: »Das Merkwürdige ist vielmehr, daß man im historischen Fall zwischen hypothetischen Fakten einerseits und Hintergrundwissen andererseits keine klare Grenze ziehen kann«. So werde deutlich, fährt Stegmüller fort, »warum das Interpretationsverfahren dem darüber reflektierenden Philosophen, ›wie ein Zirkel erscheint‹. Bereits bei der Beschreibung der Fakten ›holt der Interpret sein in deren Deutung gestecktes Hintergrundwissen aus dieser Beschreibung wieder heraus‹«.[4] Wir sind uns darüber im klaren, daß der Begriff des Hintergrundwissens alle denkbaren Kontextbezüge eines Textes bezeichnet, und der Auffassung des Philosophen zufolge beruht die Schwierigkeit in den fließenden Übergängen zwischen Fakten- und Hintergrundwissen – darin, daß zwischen beiden Wissensarten nicht strikt getrennt werden könne. Aber eine weitere Schwierigkeit kommt hinzu. Sie beruht darin, unser Wissen über den Text mit dem in Frage stehenden Hintergrundwissen zu verknüpfen. Das kann anderes nicht bedeuten, als daß man die Begründung für das liefert, was man zusammenbringt, und das kann vieles sein. Innerhalb einer Epoche kann alles mit allem zusammenhängen. Aber weil dem so ist, weil alles zu solchem Wissen in Beziehung treten kann, kann sich das Hinausgehen über den Text als bedenklich und problematisch erweisen. Nur Zusammenhänge herzustellen, genügt nicht. Auf die Art der Verknüpfung und auf die Evidenz ihrer Begründung kommt es an. Es scheint, als hätten die in hohem verlegerischen Ansehen stehenden Sozialgeschichten der Literatur bisweilen ihre liebe Not, solche Verknüpfungen überzeugend zustande zu bringen. Vielfach sieht es so aus, als gebe es dort das eine, den sozialgeschichtlichen Abriß, und hier das andere, die davon losgelöste Literatur. In eine solche, in eine Geschichte der deutschen Literatur vom Naturalismus zum Expressionismus, wird ein solcher von einem Historiker verfaßter Abriß eingefügt.[5] Aber nicht schon, weil solches geschieht, ist das Eingefügte mit den literarischen Texten verbunden, verknüpft und in sie »integriert«. Der Leser einer Literaturgeschichte hat aber Anspruch darauf, daß er literaturgeschichtliches Wissen zu lesen bekommt; bekommt er anderes außerdem »mitgeliefert«, so muß ihm einsichtig gemacht werden, was das eine mit dem anderen zu tun hat. Das kann nicht einfach dem Leser überlassen bleiben. Die Verknüpfung und Integration des anderen bleibt von Fall zu Fall zu leisten, eigentlich von Satz zu Satz. In dem sozialgeschichtlichen Abriß, um den es geht, lesen wir den unschuldigen Satz: »Ein Prunkstück der deutschen Industrie war schon im Kaiserreich die Chemie, und gerade sie ist mit Recht die erste wirklich ›moderne‹ Produktionssparte genannt worden, weil die Herstellung ihrer in jeder Hinsicht ›künstlichen‹ Erzeugnisse voll und ganz auf theoretischen Kenntnissen aufbaut«.[6] Diese Aussage ist in jeder Geschichte des deutschen Kaiserreichs, in jeder industriegeschichtlichen oder wissenschaftsgeschichtlichen Darstellung dieser Epoche am Platz. Aber in einer Geschichte der Literatur möchte man wissen, was Chemie und Literatur miteinander zu tun haben, und natürlich müssen sie nicht völlig beziehungslos zueinander gedacht werden. Solche Verknüpfungen sind hier und sonst durchaus denkbar, wenn man davon ausgeht, daß es in beiden Gegenstandsbereichen die Mentalitäten derselben Epoche sind, die in ihr aufeinandertreffen, sei es in Übereinstimmung oder im Widerspruch. Michel Foucault geht von solchen Gemeinsamkeiten verschiedener Wissenschaften aus und beschreibt eine grundsätzlich geltende Beziehung: »Die Geschichte des Strafrechts und die Geschichte der Humanwissenschaften sollen nicht als zwei getrennte Linien behandelt werden, deren Überschneidung sich auf die eine oder andere oder auf beide störend oder fördernd auswirkt. Vielmehr soll untersucht werden, ob es nicht eine gemeinsame Matrix gibt und ob nicht beide Geschichten in einen einzigen ›epistomologisch-juristischen‹ Formierungprozeß hineingehören‹«.[7] Aber gemeinsame Linien als solche einer Epoche sind auch zwischen den Wissenschaften einerseits und der Literatur zum andern vorhanden, und nicht nur als Übereinstimmung, sondern erst recht als Opposition des einen Bereichs gegenüber dem anderen. Hinsichtlich der vorliegenden Untersuchung soll es mit anderen Worten darum gehen, daß der eine vorwiegend strafrechtsgeschichtliche Teil nicht unverbunden neben dem anderen, dem eigentlich literarischen oder literarhistorischen Teil steht oder zu denken ist, sondern daß in jedem Punkt die »Geschichte« selbst mit ihrer »Vorgeschichte« zu verknüpfen gesucht wird, wie sie aufzuzeigen war. Das schließt ein, auch diejenigen »literaturinternen« Fragen zur Sprache zu bringen, die sich jeder Öffnung nach außen hin zu verweigern scheinen. Das ist oft dort der Fall, wo es um Grundsatzfragen eines Faches geht. Die Frage, wie Kafka erzählt, wie er sich als Erzähler verhält, welches der Standort ist, von dem aus erzählt wird und wer die Hauptperson in seinen Texten ist, die jeweils einen solchen Standort verbürgt – das sind einige der Grundfragen, die in neuerer Forschung wiederholt diskutiert worden sind. Sie sind im Sinne von Vorverständnissen zu klären, ehe wir uns dem Text selbst zuwenden. Es wird sich zeigen, daß man sich damit keineswegs in die engen Grenzen der Philologie, der Poetik oder der Erzähltheorie einschränkt, sondern daß eine Öffnung nach draußen hin, und das heißt: zur Geschichte, nicht zu umgehen ist und auch nicht umgangen werden soll. Im Rahmen einer Vorklärung vor jeder weiteren Klärung ist ein Vortrag Friedrich Beißners noch immer im Gespräch, der im eigentlichen Sinne des Wortes Schule gemacht hat. Es ist dies der Vortrag *Der Erzähler Franz Kafka,* der als selbständige Schrift zuerst 1952 erschien und zum hundertsten Geburtstag Kafkas im Jahre 1982 zusammen mit einigen anderen Beiträgen in einem Taschenbuch erneut vorgelegt wurde – hier mit dem Bemerken des Herausgebers (Werner Keller), daß mit diesen Studien der solide Grund für weitere erhellende Untersuchungen gelegt worden sei, mit dem zusätzlichen Bemerken: »Als strenger Philologe hörte er dort zu deuten auf, wo Urteile beginnen, subjektiv oder gar beliebig zu werden«.[8]

Daß ein so angesehener Hölderlin-Forscher wie Friedrich Beißner in die damals noch junge Kafka-Forschung eingriff, mußte überraschen; und daß diesem Beitrag eine so außerordentliche Wirkung beschieden war, erweist sich rückblickend als eine Überraschung nicht minder; dies umso mehr, als dem Erzähler Franz Kafka nur wenige Seiten vorbehalten sind. Der Vortrag verweilt bei ganz anderen Autoren und ihrer Erzählart, die sich hin und wieder auch einige Belehrungen gefallen lassen müssen, Goethe nicht ausgenommen. Nach einigen sehr allgemein gehaltenen Bemerkungen über Kafka ist von Goethes *Wahlverwandtschaften* die Rede, von Flauberts *Madame Bovary,* von Dostoevskijs Roman *Die Brüder Karamasow,* schließlich von Wieland, Josef Ponten, Friedrich Spielhagen, Carl Spitteler, Albrecht Schaeffer, Ina Seidel und August Strindberg. Verbleiben von den insgesamt sechsundzwanzig Druckseiten des Vortrags zur Bestimmung der Erzählart Kafkas noch genau elf Seiten, sieht man von den einleitenden Bemerkungen ab. Aber auch innerhalb dieses Teils als des Hauptteils ist noch einmal und vergleichend von anderen Autoren wie Stifter, Kleist und Schnitzler die Rede. An Texten Kafkas, an denen seine Erzählart zu bestimmen gesucht wird, werden erwähnt: *Der Verschollene*, sehr beiläufig die Romane *Der Prozeß* und *Das Schloß*, ferner – und gleichfalls sehr kurz – die Erzählungen *Das Ehepaar, Das Urteil, Die Verwandlung, Ein Landarzt* und *Der Bau*. Kafka selbst kommt zu Wort mit einigen Paralipomena zum *Prozeß*-Roman und ausführlich – das ist wichtig – mit der vielzitierten Niederschrift vom 6. August 1914, die den Satz enthält: »Der Sinn für die Darstellung meines traumhaften innern Lebens hat alles andere ins Nebensächliche gerückt und es ist in einer schrecklichen Weise verkümmert und hört nicht auf zu verkümmern« (T/420). Mit dieser Tagebuchnotiz ist eigens ein späterer Vortrag Friedrich Beißners befaßt, der unter dem Titel »Kafkas Darstellung des ›traumhaften innern Lebens‹« erst 1972 im Druck erschien.[9] In einer der jüngsten Untersuchungen zum literarischen Werk (von Ulf Abraham) wird gleich einleitend mit verhaltenem Sarkasmus vermerkt, daß es sich um eine »arg strapazierte Tagebuchnotiz« handele, und dem ist überhaupt nicht zu widersprechen.[10]

Innerhalb der wenigen Seiten also, die dem Erzähler Franz Kafka noch verblieben sind, wird nun die zentrale These in der gebotenen Kürze zu begründen gesucht. Es ist diese, daß Kafka von einem festen Standort aus und aus der Perspektive eines seiner »Helden« heraus, der Hauptfigur, erzähle: einsinnig, ohne sich der Untugend der Allwissenheit schuldig zu machen. »Kafka erzählt, was anscheinend bisher nicht bemerkt worden ist, stets einsinnig, nicht nur in der Ich-Form, sondern auch in der dritten Person. Alles, was in dem Roman ›Der Verschollene‹ [...] erzählt wird, ist von Karl Roßmann gesehen und empfunden; nichts wird ohne ihn oder gegen ihn, nichts in seiner Abwesenheit erzählt, nur seine Gedanken, ganz ausschließlich Karls Gedanken und keines andern, weiß der Erzähler mitzuteilen«.[11] Nehmen wir an, im *Verschollenen* sei dies ganz so, wie hier gesagt wird; aber daß es generell so sei, darf bezweifelt werden. Es gibt in seinen Erzählungen so wenige Figuren nicht, gegen die erzählt wird; und dies auch dann, wenn die Ichform gewählt wurde, die vor anderen Erzählformen die Einsinnigkeit zu verbürgen scheint. In der späten Erzählung *Der Bau* hat ein Maulwurf das Wort. Er spricht aus der Sicherheit seines Gehäuses heraus und sagt: »Dort schlafe ich den süßen Schlaf des Friedens, des beruhigten Verlangens, des erreichten Zieles des Hausbesitzes«.[12] Das ist durchaus einsinnig aus der Perspektive des Maulwurfs erzählt. Nur gibt es noch andere Sehweisen; denn niemand, der Kafka kennt, wird behaupten wollen, solche Aussagen über süßen Schlaf, beruhigtes Verlangen und Hausbesitz seien die »Meinung« des

Textes. Es wird einsinnig aus der Figur und zugleich gegen die Figur erzählt.

Versteht man das Erzählprinzip der Einsinnigkeit im vereinfachten Sinn, so liegt es nahe, wie Beißner zu folgern, daß eine Identität des Erzählers mit dem Erzählten – und mit Kafka! – bestehe, ohne jede Distanz: »Der Erzähler ist nicht nur mit der Hauptgestalt eines [...], sondern auch mit dem Erzählten. Der Abstand zwischen dem Geschehen und dem Erzählen ist aufgehoben«.[13] Autobiographik (die es im Werk Kafkas ohne Frage gibt und die im einzelnen zu beschreiben wäre) wird hier aus der Erzählart der Einsinnigkeit mit einer Eindeutigkeit abgeleitet, die zu denken gibt: »Ist nun die innere Welt mit all ihren Erfahrungen, Einsichten, Wünschen, Träumen, Gedanken, Freuden und Kränkungen der Gegenstand Kafkaischen Erzählens und steht der Erzähler nicht als kalt beobachtender Psychologe draußen, so bleibt ihm kein andrer Platz als in der Seele seiner Hauptgestalt: er erzählt sich selbst, er verwandelt sich in Josef K. und in den Landvermesser K. – man hat längst bemerkt, daß diese Namengebung auf Kafkas eigenen Namen hindeutet...«.[14] Dem Biographismus und der Psychoanalyse – der manchmal hemmungslosen Psychoanalyse – sind Tür und Tor geöffnet. Wer wollte es leugnen!

Die so ins Zentrum einer jeden Erzählung gerückte Hauptgestalt erzählt nur, was sie selber weiß und wissen kann – »nichts was irgendwo dahinter, darüber oder darunter liegt« (E. Staiger). Verzicht auf Allwissenheit wird zum durchgehenden Erzählprinzip. Das wirkt modern. An den Eingang zu Hesses *Demian,* der ja der Traditionalist keineswegs war, für den ihn manche noch immer halten, kann man erinnern: »Die Dichter, wenn sie Romane schreiben, pflegen so zu tun, als seien sie Gott und könnten irgendeine Menschengeschichte ganz und gar überblicken und begreifen und sie so darstellen, wie wenn Gott sie selber erzählte, ohne alle Schleier, überall wesentlich. Das kann ich nicht...«.[15] Aber so – nämlich modern – hat es Friedrich Beißner gerade nicht gemeint. Er versteht den Verzicht auf Allwissenheit als eine Frage des falschen Erzählens (wie bei Josef Ponten) oder eben des »richtigen« wie bei Kafka, unbeschadet der Unterschiede zwischen klassischer Ästhetik – »Gleichsam wie einen Gott hat das Schicksal den Dichter über dieses alles hinübergesetzt«[16] – und literarischer Moderne – »Das kann ich nicht«. Gegenüber solcher Modernität bezeugt der nicht mehr allwissende Erzähler Franz Kafka eine altepische Tugend; oder genauer und in Beißners eigenen Worten: »Wir stellen es auch nur deshalb fest, um Kafkas ganz eigene Erzählerhaltung herauszuarbeiten, die sich bei einer extremen Moderni-

tät ihrer Gegenstände doch durch eine altepische Tugend auszeich-
net«.[17] Worin die Modernität Kafkas beruht, von der extremen ganz zu
schweigen, wird nicht gesagt, und was heutigentags altepische Tugend in
Erinnerung an Homer bedeuten kann, bleibe offen; und so gänzlich un-
vertraut scheint ihm das nicht gewesen zu sein, was man die Krise des
Erzählens nennt. Begriffe wie Beschreibung, Bericht oder Forschungen
erscheinen in einigen seiner Texte schon im Titel. Vor allem aber ist
Verzicht auf die Allwissenheit des Erzählens nicht das Prinzip einer zeitlo-
sen Regelpoetik, sondern ein historisches Phänomen. Diese Allwissenheit
war zu ihrer Zeit legitim, und von historischer Ahnungslosigkeit zeugt es,
wenn gesagt wird: »Da ist man zwar schnell bei der Hand und spricht
von dem göttlichen Vorrecht der Allwissenheit des Erzählers. Aber welcher Gott und welche Muse haben einem frommen Sänger je so schlechthin alles verraten?«[18] Da frage man bei Herder oder Goethe nach![19]
Zu solch ironischer Distanz gegenüber dem Göttlichen im Akt des Erzählens scheint die Wendung von der gottverlassenen Romanschreiberei im
Widerspruch zu stehen. Von Homer ist in der Tat die Rede: vom Seelen-
kampf des gekränkten Achilles und von der hehren Göttin Pallas Athe-
ne. Die Hörer des Vortrags werden aufgefordert zu spüren, »wie sehr
dem alten Dichter bewußt war, daß er hier etwas Außergewöhnliches
darstellte…«. Es folgt der Satz: »Nicht so der gottverlassene Romanschreiber von heute, der sich selber ein Gott zu sein dünkt«.[20] Aber
sind das im Blick auf die Moderne nicht weithin die Epigonen? Auch an
anderer Stelle ist von gottverlassener Welt die Rede, der gegenüber Kafka
seinen Standort zu behaupten vermag: »Kafka nun, der die Verlegenheit
des Erzählens um seinen Standort in einer auseinandergebrochenen und
gottverlassenen Welt ohne Ordnung und gültiges Gesetz […] schmerzli-
cher empfindet…«.[21] Schließlich ist vom »psychologisch interessierten
Romanschreiber unserer aus den Fugen geratenen Zeit« die Rede, der
seinen Standort verloren hat.[22] »Verlust der Mitte« – darauf scheint es
hinauszugehen. Hier aber gerät nun freilich alles durcheinander, da es
doch gerade der »psychologische Romanschreiber« ist, der sich aus seiner
Kenntnis moderner Psychologie heraus den allwissenden Erzähler nicht
mehr gestattet wie bisher; und natürlich ist es der moderne Dichter, der
so verfährt. Aber den Verzicht auf Allwissenheit sollte man nicht mißver-
stehen. Natürlich ist der moderne Dichter gegenüber dem allwissenden
Erzähler der Tradition nicht etwa der »Dümmere«, der Unterlegene. Er
ist ganz im Gegenteil derjenige, der mehr weiß als der allwissende Erzähler alten Stils. Sein Verzicht zeugt von erhöhter Bewußtheit – und von
Kenntnis moderner Psychologie!

Es gibt hierüber bei Kafka einige höchst aufschlußreiche Notizen, die es bestätigen. Es gibt die wohl in das Jahr 1912 gehörende Notiz: »Gutes Wort: Der Epiker weiß alles«. Jörgen Kobs, aus der »Schule« Friedrich Beißners kommend, teilt sie in seinem gewaltigen Buch als eine bisher unveröffentlichte Niederschrift mit und fragt, ganz im Sinne seines Lehrers: »Zeichnen sich die Dichtungen dieses Autors nicht gerade durch das Fehlen eines allwissenden Erzählers, eines Erzählers überhaupt aus?« Aber er läßt sich nicht beirren, sondern ergänzt solche Beobachtungen noch obendrein durch eine Tagebuch-Aufzeichnung vom Dezember 1914.[23] Kafka spricht hier vom Sterben seiner Helden und davon, daß er in ihnen gleichsam mitsterbe und dadurch dem Leser überlegen sei: »ich freue mich ja in dem Sterbenden zu sterben, nütze daher mit Berechnung die auf den Tod gesammelte Aufmerksamkeit des Lesers aus, bin bei viel klarerem Verstande als er, von dem ich annehme, daß er auf dem Sterbebett klagen wird, und meine Klage ist daher möglichst vollkommen...« (T/448). Der nicht mehr vorhandene, der nicht mehr anwesende und der nicht mehr allwissende Erzähler kann uns nicht darüber hinwegsehen lassen, daß es unsichtbar diejenige Instanz gibt, die alle Fäden in der Hand behält und die sehr genau weiß, was die Figuren zu tun und zu lassen haben; die also trotz Aufgabe der erzählerischen Allwissenheit sowohl dem Leser wie den Figuren überlegen bleibt, nicht identisch mit ihnen. Es spricht sehr viel dafür, daß Gustav Janouch eines Tages gar nicht so schlecht hingehört hat, als Kafka bestritt, mit Gregor Samsa identisch zu sein.[24] Mit der Gebärde des Sehers und Propheten, der die Zukunft kennt und den sicheren Standort innehat, von dem aus die Welt durchschaubar wird – mit alledem hat solche Überlegenheit nicht mehr viel zu tun.

Der Affekt gegen die Moderne in diesen Kafka-Studien ist offenkundig, aber die Unvertrautheit mit ihr nicht minder. Da liest man doch allen Ernstes den Satz: »Die Unform des modernen Romans aber ist bedingt vor allem durch die Standortlosigkeit des Erzählers«.[25] Standortlosigkeit heißt auch, daß die Perspektive wechselt, und daß dies bei Kafka nicht der Fall sei, sollen wir annehmen; denn das vermeintlich einsinnige Erzählen setzt den festen und unverrückbaren Standort voraus, der ihm hier so feierlich attestiert wird. Nun ist aber Perspektivenwechsel, also Standortlosigkeit im Sinne dieser Theorie der Einsinnigkeit, ein der Moderne ganz selbstverständliches Erzählprinzip. An Döblins Erzählung *Die Ermordung einer Butterblume*, an Georg Heyms aufregenden Prosatext *Der Irre* wie an zahlreichen Texten der modernen Literatur wäre es zu zeigen; und zu zeigen wären ebenfalls die sehr unterschiedlichen Funktionen solchen Perspektivenwechsels. Wechsel der Perspektiven bedeutet Wechsel des Standorts. Aber der Verlust des vordem sicheren Standorts ist nicht etwas, das man als gottverlassene Romanschreiberei herabzusetzen befugt ist; schon deshalb nicht, weil mit dem Standortwechsel ein Zuwachs an »Weltwissen« einhergeht, ein Wissen davon, daß der sichere Standort inmitten der modernen Welt nicht viel mehr sein könnte als eine Illusion. Eine der Moderne eigentümliche Position bringt Döblin im Vorwort zu seinem Roman *Die drei Sprünge des Wang-lun* zum Ausdruck. Der Erzähler blickt von seinem erhöhten Standort auf den Verkehr einer modernen Großstadt hinab und gesteht sich seine Ratlosigkeit hinsichtlich dessen ein, was da geschieht. »Ich tadle das Vibrieren nicht. Nur finde ich mich nicht zurecht«. [26] In dem erstaunlichen Vortrag Friedrich Beißners wird Kafka aufgrund seiner vermeintlichen Einsinnigkeit von allem entfernt, was ihn mit der literarischen Moderne verbindet. Da wird altepische Tugend beschworen, und um die »epische Welthaltigkeit« seiner Kunst evident zu machen, müsse man etwas weiter ausholen; und nun wird ausgeholt: »Homer, der allen abendländischen Literaturen das Maß gibt, dichtet in einer Welt und dichtet eine Welt, die noch fest in ihrer Ordnung steht«. [27] Wer wundert sich! In solchen Verlautbarungen ist Kafka als ein Schriftsteller der modernen Literatur kaum noch wiederzuerkennen. Er wird heimgeholt in die vertraute Welt einer wenigstens seit Homer existierenden Tradition. Der geschichtslose Klassizismus ist evident. Schon aus diesem Grund gibt es zu denken, was hier so selbstsicher als Gesetz und Regel Kafkaischen Erzählens formuliert wird, als hätte man es mit zeitloser Poetik zu tun und nicht mit geschichtlichem Wandel.

Daß freilich jede Regel ihre Ausnahmen hat, wird nicht verschwiegen. Von den wenigen angeführten Texten fügen sich nicht alle so, wie sie es sollten. Es gibt also Ausnahmen, Abweichungen, Variationen – oder wie man das bezeichnen will; und dies ausgerechnet bei jenen Erzählungen, die man stets zu den »maßgeblichsten« gerechnet hat. »Nur ausnahmsweise«, lesen wir, »geht die Erzählung nach dem Tode des Helden weiter, in einer andern Perspektive also…«. Die Erzählung *Das Urteil* wird als Beleg angeführt; es heißt: »In der Erzählung ›Das Urteil‹ ist es ein einziger Satz, der den Schlußstrich zieht, nachdem Georg Bendemann sich in den Fluß gestürzt hat«. Weil es nur ein einziger Satz ist, scheint die Allgültigkeit des einsinnigen Erzählens nicht im mindesten in Frage gestellt zu sein – als käme es auf Quantitäten an. Anders im Falle der *Verwandlung*, obschon auch dieser Text der behaupteten Einsinnigkeit und seiner durchgehenden Geltung nichts anzuhaben vermag. Hierzu heißt es: »Der

Epilog der ›Verwandlung‹ – in der Perspektive der Eltern und der Schwester Gregor Samsas – ist länger, etwa fünf Seiten. Dafür aber blickt diese Erzählung von ihrem ersten Satz an in die traumhaft verzerrte Einsamkeit des erkrankten Helden...«.[28] Immerhin fünf Seiten! Aber sodann der Epilog, den es hier geben soll! In Hinsicht auf erzählende Dichtung ein zweifellos ungewöhnlicher Begriff: Prologe und Epiloge gibt es vornehmlich im Theater als das, was der dargestellten Handlung vorausgeht oder ihr – eben als Epilog – folgt. Es handelt sich in jedem Fall um ein Heraustreten aus dem Handlungszusammenhang, meistens durch Personen, die am Geschehen nicht beteiligt waren. Von einem derart zusätzlichen Textteil kann in der *Verwandlung* nicht die Rede sein. Es gibt nach dem Tode Gregor Samsas keine andersartigen Textteile; die Erzählung nimmt ohne jeden markanten Einschnitt ihren Fortgang, und das kann deshalb so sein, weil es nicht nur eine Sehweise gibt. Es ist natürlich kein Zufall, daß es in beiden Texten um den Tod der Hauptperson geht; und zu Ende gedacht, müßte der Held des einsinnigen Erzählens ein wahrhaft unsterblicher Held sein: kein Tod kann ihn aufgrund der konsequent angewandten Erzählweise ereilen.

Diese vielleicht nicht ganz zufällige Ungenauigkeit in der Beschreibung eines Prinzips wiederholt sich in einem anderen Punkt. Sie betrifft den inneren Monolog als einer für die literarische Moderne bezeichnenden Errungenschaft. Mit dem, was hier als einsinniges Erzählen bezeichnet wird, hat er ja wohl einiges zu tun. Als Beispiele werden die beiden Monlognovellen Arthur Schnitzlers *(Leutnant Gustl* und *Fräulein Else)* angeführt, und indem sich Beißner auf eine Veröffentlichung Eduard Berends beruft, führt er aus: »Doch Berend sagt mit Recht, daß diese Form rein dramatisch nichts weniger als episch sei. Es ist ja kein Erzähler vorhanden – oder sagen wir so: die Situation des Erzählens ist gar nicht gegeben, sondern recht eigentlich die Situation des Theaters, wenn auch auf der Bühne nur ein einziger Schauspieler agiert«.[29] Das ist eine folgenschwere Verkennung des inneren Monologs. Denn natürlich handelt es sich um ein Gestaltungsmittel epischer Art – trotz des aus der dramatischen Literatur entlehnten Begriffs. Der innere Monolog ist in dem Augenblick vorhanden, in dem der dramatische Monolog auf der Bühne des Naturalismus zurückgenommen wird. Aber nicht als ein Gestaltungsmittel des Dramas findet er in die erzählende Literatur Eingang, sondern als eine spezifisch epische Form des Erzählens, wenn es denn aufgrund der veränderten Verhältnisse noch ein Erzählen im traditionellen Sinne genannt werden darf. Diese Neuartigkeit, daß nur aus einer Figur gedacht, gesehen und gesprochen wird – hier, wenn irgendwo, scheint Einsinnigkeit vorzuherrschen –, hängt aufs engste mit dem zusammen, was als Verinnerung des Erzählens in der Moderne beschrieben wurde [30]; und natürlich wird im inneren Monolog auch erzählt, nur eben gegenüber der Tradition auf eine etwas andere Art. Begriffe wie Situation des Theaters, Bühne, Schauspieler und agieren sind völlig fehl am Platz. Dagegen spricht allein schon der reduzierte Bewußtseinsgrad der Figuren, es seien dies Leutnant Gustl oder Fräulein Else. Aber erzählerisch geht hier etwas ganz anderes vor. Der tradierte Begriff des Erzählens wird merklich verändert und erweitert, und man wird sich fragen dürfen, ob dies bei Kafka nicht gelegentlich auch der Fall sein könnte, da Einsinnigkeit des Erzählens und innerer Monolog strukturell verwandte Redeformen sind. »Es ist ja kein Erzähler vorhanden«, so lesen wir in Beißners Vortrag – kein solcher, muß man ergänzen, der hervortritt und sich, gewissermaßen als Person, bemerkbar macht. Aber es gibt eine Erzählinstanz, die dafür sorgt, daß wir nicht für bare Münze nehmen, was dieser k. und k. Leutnant so vor sich hinzusagen geruht. Niemand wird Arthur Schnitzler Antisemitismus unterstellen, weil sich dieser Offizier als Antisemit zu erkennen gibt, obgleich kein anderer das Wort hat als er. Es wird immer aus der Sicht des Leutnants erzählt; dennoch wird gegen ihn erzählt; und die Darstellung inneren Geschehens schließt Sozial- und Gesellschaftskritik keineswegs aus, weil trotz der Einsinnigkeit des Erzählens und des fehlenden Erzählers im überlieferten Sinn noch immer jemand vorhanden ist, der lenkt und steuert, um das Gesagte gegen den Sprecher zu kehren. Aber obwohl in Schnitzlers Monolognovelle einsinnig aus einer Figur gedacht und gesprochen wird, erweist sich die Behauptung, der Leser sei der Figur in keinem Punkt gemäß der nicht vorhandenen Allwissenheit voraus, als kompliziert. Denn der Leser – und mit ihm der nicht hervortretende, aber vorhandene Erzähler – weiß natürlich mehr, als der in seinem Horizont eingeschränkte oder beschränkte Leutnant weiß. Er durchschaut den eigentümlich halbbewußten Zustand der Hauptfigur, sein Mittelbewußtsein, wie Schnitzler diese Lage zwischen höchstem Bewußtsein und traumhaftem Unbewußtsein überaus glücklich bezeichnet hat. [31] Der Verzicht auf erzählerische Allwissenheit ist ein Kunstgriff, der unter anderem dazu dient, daß der Leser eben doch mehr weiß als die Hauptfigur im Zustand ihres halbbewußten Sprechens. Der Leser wird sich der Vorurteile und Ideologien, zu denen auch der Antisemitismus gehört, deutlich bewußt, deren sich der Sprechende nicht bewußt ist. Es geht nicht an, gewisse Formen des Nichtvorauswissens und der nicht vorhandenen erzählerischen Allwissenheit auf Kafkas Werk oder auf ein »richtiges« Erzählen hin zu verallgemeinern; und

Schnitzlers Text *Leutnant Gustl* bezeugt sich in jeder Hinsicht als ein Text der modernen Literatur – wie jedes Prosastück Kafkas auch. In *Fräulein Else* haben wir es mit keiner grundsätzlich anderen Erzählstruktur zu tun, nur daß sich das Gesagte gegen diejenigen kehrt, die das Mädchen als ihr Opfer auf dem Gewissen haben: die Eltern und der alternde Herr von Dorsday vor allem. Aber auch hier schließt die »Darstellung des traumhaften innern Lebens«, um diese Wendung Kafkas gerade an dieser Stelle aufzunehmen, Sozial- und Gesellschaftskritik nicht aus sondern ein.

Das führt zu einem letzten Vorbehalt gegenüber Friedrich Beißners Erzähltheorie am Beispiel Franz Kafkas. Vereinfacht gesagt, geht es um das Verhältnis von äußerer und innerer Wirklichkeit oder um dargestellte Wirklichkeit als Realismus, wenn die erstere dominiert. Seinen Realismusbegriff hatte Erich Auerbach seinerzeit an dieser vorwiegend »äußeren Wirklichkeit« als einer solchen des gesellschaftlichen und sozialen Lebens gewonnen. In einer noch heute lesenswerten Rezension (von Gerhard Hess) wurde ihm zu bedenken gegeben, daß sein Wirklichkeitsbegriff einseitig sei und daß er mit ihm der inneren Wirklichkeit nicht gerecht werde, wie sie sich etwa in der Lyrik Baudelaires oder in der Lyrik allgemein bezeuge.[32] Im Fortgang solch kritischer Diskussionen eines einseitigen Wirklichbegriffs hat später Richard Brinkmann sein Realismusbuch konzipiert, in dem die Darstellung der ihm wichtigen inneren Wirklichkeit nicht zufällig (obgleich unter anderem) an einem Text der Jahrhundertwende erläutert wird: an Eduard von Keyserlings Erzählung *Beate und Mareile*.[33] Spätestens hier mündet die literarische Entwicklung in jenen Vorgang ein, von dem als Verinnerung des Erzählens schon die Rede war; und mit ihm, mit dem Vorgang dieser Verinnerung, hat es die von Beißner beschriebene Einsinnigkeit aus der Optik der Hauptfigur so gut zu tun wie der innere Monolog als eine legitime Form epischer Dichtung. Der Realismusbegriff des Romanisten Erich Auerbach, sagten wir, sei einseitig und viel zu ausschließlich an der sogenannten äußeren Wirklichkeit orientiert. Aber Beißner wird über der Verabsolutierung seiner Einsinnigkeit nach der anderen Seite hin einseitig: er kennt, was Kafka angeht, nur noch innere Wirklichkeit, die Darstellung des traumhaften inneren Lebens. Das wird hier ganz unmißverständlich ausgesprochen. »*Kafka* nun, [...] wendet sich ganz von dieser Welt der äußeren Wirklichkeit ab«, heißt es; und es heißt: »Er wendet sich also von der Welt der äußeren Wirklichkeit ab und entdeckt den inneren Menschen als Gegenstand epischer Kunst ...«.[34] Man muß ergänzen, daß nicht er einfach als Entdecker solcher Kunst zu bezeichnen ist, sondern daß er radikalisierend fortsetzt, was in der Literatur der Jahrhundertwende eingeleitet worden war. Die behauptete Einsinnigkeit des Erzählens und der einseitige Blick auf die innere Wirklichkeit hängen damit eng zusammen. Aber zu fragen ist gleichwohl, ob man diese neuartige Verinnerung des Erzählens so einseitig aufzufassen hat.

Daß sich die neuere Kafka-Literatur immer erneut an dieser weithin gegen die Moderne gerichteten Erzähltheorie orientiert hat, ist wenigstens merkwürdig. Um Vollständigkeit der Belege, was Zustimmung betrifft, kann es nicht gehen. Aber einige namhafte Interpreten Kafkas, die es ähnlich sehen, seien der Reihe nach erwähnt, vor anderen Martin Walser. Die von Beißner nur angedeutete Erzählstruktur wird auf breiter Textgrundlage bestätigt und fortgeführt: in allen drei Romanen eröffne sich uns kein Schauplatz, »ohne daß einer der drei ›Helden‹ [...] anwesend wäre«; von Kongruenz des Autors mit seinem Helden ist die Rede[35]; im *Schloß* sei diese Kongruenz zwischen dem Dichter und K. so vollkommen wie sonst nur im Ich-Roman[36] – und so fort. Die Erzählung *In der Strafkolonie* kommt in dieser »Beschreibung einer Form« bezeichnenderweise nicht vor. Diese Friedrich Beißner bestätigenden Erörterungen wurden 1961 veröffentlicht. Wenige Jahre zuvor, 1954 und unmittelbar nach Beißners erzähltheoretischem Beitrag, hatte Fritz Martini seine beispielhaften Interpretationen zu Texten der literarischen Moderne veröffentlicht. In dem Buch *Das Wagnis der Sprache* ist dem *Schloß*-Roman ein umfangreiches Kapitel vorbehalten. Die monoperspektivische Darstellung bestätigt sich auch hier: aber anders als bei Beißner wird die Zugehörigkeit zur literarischen Moderne betont. »Alles wird einer Verwandlung unterzogen, die sich daraus ergibt, daß nichts geschieht, das nicht allein aus der Perspektive des Helden K. aufgenommen wird, die zugleich immer eine auf enge Grenzen stoßende Perspektive ist«; und daß der Erzähler niemals einen distanzierenden Kommentar gebe, daß er »aus der unmittelbaren Augenblicklichkeit des Erzählens« nicht herausgehe, wird gleichfalls vermerkt.[37] Auf den *Schloß*-Roman ist auch die 1963 veröffentlichte Arbeit von Lothar Fietz bezogen, eine Arbeit aus der Tübinger Schule auch sie. Die in Frage stehende Erzähltheorie wird sanktioniert und fast schon als eine communis opinio deklariert: »Beißner vor allem hat mit seinen grundlegenden Überlegungen über die Einsinnigkeit der Darstellung und der Einheit der Perspektive legitime Wege gewiesen...«; und hinsichtlich der Perspektivik im Roman selbst: »Es gibt im Schloß-Roman keinen wertenden, kommentierenden Erzähler, der reifer ist als die nichts als erlebende K.-Gestalt. Die mögliche Doppelperspektive im Ich-Roman ist reduziert auf die einfache

Perspektive des K. zum Zeitpunkt des Erlebens...«.[38] »Eine umfassende Beschreibung und Begründung der einsinnigen Erzählweise hat jetzt Jörgen Kobs, ein Schüler Beißners, gegeben«, bemerkt Herbert Kraft in einer Schrift über Kafka, der gleichfalls aus dieser Schule »stammt«, und die von Beißner erstellte Erzähltheorie in einem eigenen Kapitel mit Verwendung des Begriffs der Perspektivgestalt erläutert.[39] Die fortwirkende Resonanz der Erzähltheorie Beißners ist in einer resümierenden Schrift über *Kafka und Kafka-Deutung* (von Dietrich Krusche) nicht zu übersehen, wenn es heißt: »Kafkas Erzählen ist charakteristisch geprägt durch die konsequente Anwendung einer bestimmten Erzählperspektive: Fast alles Erzählte in seinem Werk wird geboten als gesehen, gesichtet, erlebt von einer Figur, die innerhalb des Erzählrahmens zugleich als Handlungsfigur fungiert.[40]

Spätestens hier ist Einhalt geboten. In derselben Schrift wird über Variationen des Erzählprinzips gehandelt. Texte werden genannt, die wie *Erstes Leid* und *Ein Hungerkünstler* ihren Standort außerhalb des Erzählrahmens haben.[41] Offenbar hängt viel von der Textauswahl ab und die Textbasis Friedrich Beißners ist denkbar schmal. Die Erzählung *In der Strafkolonie* würdigt er keines Blicks, und auch in den bei ihm entstandenen Arbeiten von Martin Walser und Jörgen Kobs wird sie weithin ausgespart. Gerade hier aber hat man mehrere Erzähler festgestellt[42], dementsprechend hat man mehrere Hauptgestalten ausgemacht, bald den Offizier, bald den Reisenden.[43] Die Frage, ob es denn unbedingt in einem modernen Text eine Hauptgestalt geben müsse, wurde meines Wissens bisher kaum je gestellt. Aber auch dort, wo man Friedrich Beißner ganz nahe bleibt, sozusagen in seinen Spuren, ist man für Abweichungen, Variationen und Differenzierungen keineswegs blind. Jörgen Kobs, der dem Erzählprinzip der Einsinnigkeit ein eigenes Kapitel vorbehalten hat, leitet es ein mit dem folgenden Satz: »An dem kleinen Prosastück ›Die Bäume‹, das sich für die Eigenart des Kafkaischen Werkes in mancher Hinsicht als signifikant erweist, läßt sich indes ein Prinzip nicht beobachten, welches für die größeren Dichtungen erzählenden Inhalts von entscheidender Bedeutung ist, das Prinzip der ›einsinnigen‹ Darstellung.«[44] Derselbe Autor ist konziliant genug, die Auffassungen eines anderen Tübinger Kafka-Forschers aufzunehmen und zur Diskussion zu stellen – diejenigen Klaus-Peter Philippis, eines »Gegen-Tübingers«, könnte man sagen. Ein Kapitel seines Buches über den *Schloß*-Roman leitet er mit dem Satz Friedrich Beißners ein: »Kafka [...] tritt als Erzähler nicht selbst auf« – um ihn sogleich einzuschränken. Der Romananfang habe gezeigt, »daß die Erzählhaltung nicht allein und eindeutig auf die innere Perspektive K's zurückgeführt werden kann;« an einige Grundregeln alles Erzählens, die über der vielfach kritiklos hingenommenen Einsinnigkeitstheorie in Vergessenheit geraten waren, wird erinnert: »Die Grundformen des Erzählens, daß jemand, der erzählt, zwar nicht als erkennbare Person faßbar ist, aber doch, durch das Faktum des Erzählten bedingt, vorhanden sein muß, ist auch hier nicht aufgehoben.«[45] Die These, daß wir im »Schloß«-Roman nichts erfahren, was nicht auch sein »Held« (oder Antiheld) erfährt, wurde auch andernorts bezweifelt: »Daß der Dichter in ›totaler Kongruenz‹ mit dem Helden erzähle (Walser), also unterschiedslos mit K. verschwimme, ist wiederholt behauptet worden. Der Dichter weiß jedoch mehr als K., und sein Blick dringt tiefer.« So liest man es, die Einsinnigkeit bezweifelnd, immerhin schon in einem Handbuch zu alltäglichem Gebrauch, in einem gut durchdachten Artikel des Kindlerschen Lexikons (von Gert Sautermeister).[46]

Aber Abweichungen, Variationen und Differenzierungen hinsichtlich der auf wenigen Seiten entwickelten Erzähltheorie der Einsinnigkeit gibt es in der neueren Forschung, wohin man sieht. Es gibt sie notwendigerweise dort, wo über Dialoge bei Kafka gehandelt wird; sie sind zumal in unserer Erzählung zahlreich. Wiederum ist es Klaus-Peter Philippi, der nicht zufällig auf das aufmerksam wird, was hier anders ist als im einsinnigen Erzählen. Im Dialog stünden wiederholt Ansicht gegen Ansicht, die beide Geltung beanspruchten; und wörtlich: »Die Einheitlichkeit der subjektiv erlebten Welt K's wird zerbrochen, wenn seiner in seinen Reflexionen enthaltenen Deutung von Geschehen und Motiven die einer anderen Person gegenübertritt.[47] Er kann sich in solchen Beobachtungen auf den Kafka-Forscher Walter H. Sokel berufen. «Im SCHLOSS«, heißt es an einer Stelle seines Buches, »nähert sich der Expressionismus Kafkas dem Realismus, insofern die Gestalten des SCHLOSSES mehr zu sein scheinen als Projektionen des Innenlebens der Hauptgestalt. Dialog und Handlung enthüllen das vom Helden unabhängige Innenleben anderer Gestalten.[48] Aber der Theorie der Einsinnigkeit widerspricht dieser Forscher auch sonst. An der Legende vom Türhüter wird aufgezeigt, daß die Perspektive des Mannes vom Lande durch diejenige eines allwissenden Erzählers gebrochen wird; hier heißt es: »denn in den von mir hervorgehobenen Stellen steht der Erzähler außerhalb und über den beiden Figuren der Erzählung und blickt in herkömmlicher Erzählermanier in beide hinein.« An den Erzählungen des *Landarzt*-Bandes wird Ähnliches bemerkt: »eine beobachtende, vom Geschehen distanzierte Figur [...] aus deren Perspektive wir das Geschehen betrachten.«[49] So daß ein jüngerer Forscher in einem Kapitel zur Erzählstruktur »die Grundlage der

Theorie von der ›Einsinnigkeit‹ des Kafkaschen Erzählens« kurz resümiert, um danach sehr eingehend bei den Abweichungen und Variationen zu verweilen. [50] Im Falle Sokels handelt es sich um grundsätzliche Zweifel an der Gültigkeit dieser Theorie.

Das ist erst recht der Fall in einigen Arbeiten von Winfried Kudzus über Erzählperspektive und Erzählgeschehen in Kafkas Romanen *Der Prozeß* und *Das Schloß*. Beißners »Einsinnigkeit« wird hier am nachhaltigsten eingeschränkt und durch eine sehr viel differenziertere Erzählweise ersetzt. Am *Prozeß*-Roman wird gezeigt, daß es Rückblicke gibt und daß sich die dadurch entstandene zeitliche Differenz mit auktorialen Erzählelementen (im Sinne Franz Stanzels) verknüpft. Festgestellt wird auch, daß eine Reduktion solcher Erzählelemente stattfindet und daß sich die Perspektive Josef K's zunehmend einschränkt. Von einem Zerfall der personalen Perspektive wird gesprochen; solche Veränderungen im Erzählen entsprechen den Veränderungen im Verhalten der Hauptgestalt; wörtlich heißt es: »die strukturelle Entwicklung des ›Prozesses‹ weist in zunehmendem Maße antipersonale Tendenzen auf, und schließlich wird Josef K. [...] ›Kraft‹ entzogen; sein Verhältnis zur Realität *wird* [...] vom Gericht her destruiert.« [51] Mit der Wahrnehmung antipersonaler Tendenzen steht dem Interpreten Kafkas eine auch für die *Strafkolonie* wichtige Kategorie zur Verfügung. Diesen Beobachtungen, die das Erzählverhalten Kafkas in bemerkenswerter Weise differenzieren, waren schon einige Jahre zuvor Untersuchungen zum *Schloß*-Roman vorausgegangen. Daß die von Beißner behauptete Kongruenz von Erzähler und Helden (oder Perspektivgestalt) bisher keinen Widerspruch gefunden habe, wird hier – im Jahre 1964 – ausdrücklich festgestellt. Eben diese Kongruenz wird bezweifelt. Den distanzierten Erzähler gebe es im *Schloß* sehr wohl; man solle sich nicht dazu verleiten lassen, solche Kongruenz »als Merkmal schlechthin« anzusehen: »denn auch im Innern der Romane verspürt man, wenn auch in anderer Weise als bei den Einleitungen, oft einen Erzähler, der sich vom Helden distanziert«. Eben durch solche Distanzierung werde es Kafka möglich gemacht, das Ausmaß im Versagen K's vor Augen zu führen. Erst dadurch, erst durch solche Distanzierungen, erhalte der Text die beunruhigende Wirkung, die von ihm ausgeht. [52] Auch der für die Moderne charakteristische Perspektivenwechsel wird wahrgenommen. Kafkas literarisches Werk, so bleibt zu ergänzen, wird hier nun vollends erkennbar als ein solches der modernen Literatur, von dem es durch Beißners beruhigende Sehweise entfernt worden war. Es ist klar, daß es sich wenigstens hinsichtlich der beanspruchten Allgemeingültigkeit um eine von der Forschung überholte Theorie handelt, die uns schon deshalb nicht hindern muß, sie gegebenenfalls auf sich beruhen zu lassen.

Wiederholt wird in der Kafka-Forschung von Sehweisen gesprochen, diese in einem weiteren Sinne verstanden: »Hier und da haben wir bereits den Begriff der *Sehweise* herangezogen, wenn es galt, jenes alle erzählten Vorgänge steuernde Prinzip zu beschreiben. Er soll künftig in seinem vollen Umfang verwendet werden, keinesfalls nur im Bereich der reinen Beobachtung. Vielmehr verstehen wir die Sehweise als Einheit des fühlenden, wollenden und reflektierenden Weltverhaltens«, heißt es in dem Buch von J. Kobs.[53] Das ist ein glücklicher Begriff, weil damit das Geschehen innerhalb einer Erzählung genauer als mit Begriffen wie Erzählform oder Erzählstruktur erfaßt wird. Wenig erwogen, soweit zu sehen ist, wurde die Möglichkeit, daß eine Figur die Sehweisen anderer aufnimmt, ohne sie sich zu eigen zu machen. Der Hergang in der *Verwandlung*, wie schon angedeutet, kann so verstanden werden, daß Gregor Samsa die Sehweise der Umwelt ernst nimmt; daß er sich eines Tages in ein riesiges Ungeziefer verwandelt sieht, weil ihn seine Umwelt so sieht. Die eigene Sehweise gibt er deswegen keinesfalls preis, aber unter Einbeziehung der Sehweise der anderen gelangt er zum »Beweis dessen, daß es unmöglich ist zu leben« (H/23). Von eigentümlich verschränkten Sehweisen könnte man sprechen, wenn man bereit ist, diese Deutung anzunehmen. Ein ähnliches Beispiel gibt es in der *Strafkolonie*, wovon andeutend schon die Rede war. Gemeint ist der Dialog zwischen Offizier und Reisenden, bei dem der erstere viel spricht und der letztere nur hin und wieder sprechend eingreift. Aber nicht der Reisende hält dem Offizier die in Europa geltenden Rechtsnormen und Rechtsverordnungen vor, sondern der Offizier sagt, was der Reisende wohl sagen würde, wenn er nur den Mund auftäte. Die Sehweise des Reisenden wird vom Offizier in Sprache umgesetzt, ohne daß sich dieser diejenige des anderen, des Reisenden, zu eigen macht. Auch hier handelt es sich um eigentümlich verschränkte Sehweisen in Verbindung mit Redeformen. Die Einsinnigkeit wird in solchen Betrachtungen nicht nur eingeschränkt, sondern die in Frage stehenden Sehweisen stellen sich so differenziert dar, daß sich der Begriff der Einsinnigkeit abermals als zu einfach und vereinfachend erweist.

Anders verhält es sich mit dem anderen Erbe dieser Theorie: mit dem aus der Einsinnigkeit abgeleiteten Vorgang der inneren Wirklichkeit, getreu dem Wort Kafkas von der Darstellung seines traumhaften innern Lebens. Die Auffassungen Beißners in diesem Punkt sind schroff; das gilt es zu sehen. Noch 1968 (gedruckt 1972) heißt es im letzten seiner Kafka-

Vorträge: »Aber in seinem *traumhaften innern Leben* entdeckt er neue Möglichkeiten. Den Weg nach innen gehn auch andre zeitgenössische Dichter. Vor allem wäre an Rilke zu denken. Kafka jedoch löst das Problem der Zeit radikaler als die andern. Wenn die Zusammenhänge und Bezüge zwischen den Menschen fragwürdig, unverständlich, sinnlos geworden sind, so ist das innere Leben des Einzelnen doch noch ein Ganzes. Und dem sich zuwenden bedeutet recht erwogen weder Verzicht noch Einschränkung [...] es bedeutet im Gegenteil, scheinbar paradox, eine ungeahnte Ausweitung. Dem darstellenden Dichter werden in der Hinwendung zum Traum, zum Traumhaften neue Gebiete und neue Möglichkeiten geschenkt.«[54] Eine Grunderfahrung der Moderne ist die Spaltung, diese im weitesten Sinne des Begriffs verstanden. Lassen wir auf sich beruhen, wie weit im Falle Kafkas die innere Wirklichkeit des Menschen je als eine solche Ganzheit verstanden werden kann. Zweifel regen sich, ob seine Traumwelt in solchen Beschreibungen nicht als eine noch weithin heile Welt aufgefaßt wird, um die es mit Gewißheit nicht geht. Was aus dem ehedem poetischen Traum im Bewußtseinswandel der Moderne geworden ist, deutet Strindberg in der Vorbemerkung zu seinem Stück *Ein Traumspiel* an: »Der Schlaf, der Befreier, ist oft grausam, doch wenn die Pein am heftigsten ist, kommt das Erwachen und versöhnt den Leidenden mit der Wirklichkeit, die, wie qualvoll sie auch sein mag, in diesem Augenblick doch eine Erleichterung ist, verglichen mit dem schmerzhaften Traum.[55] Daß Strindberg für Kafka kein unbekannter Autor war, ist bekannt.[56] Mit Kafkas traumhaftem inneren Leben geht seine Abkehr von der äußeren Wirklichkeit in der Sicht Beißners einher; das wird ausdrücklich festgestellt. Bezieht man die vielzitierte Wendung auf die *Strafkolonie*, so könnte es, solchen Auffassungen zufolge, wohl nur heißen, daß hier Träume erzählt werden, die mit Wirklichkeit nicht viel zu tun haben. Aber auch in diesem Punkt war der Theorie Beißners – ihrem zweiten Teil – rege Nachfolge beschieden: sei es, daß das geschilderte Geschehen als existentielle Autobiographie ohne jeden Bezug zur gesellschaftlichen Wirklichkeit oder als allegorisches Märchen, gleichfalls ohne einen solchen Bezug, verstanden wurde. Letztlich konnten sich nahezu alle Interpreten auf diese Erzähltheorie berufen, die als Mystiker, Allegoriker oder Theologen nur die eine Seite der »Sache« gelten lassen, um die »äußere Wirklichkeit« als Gesellschaft und Zeitgeschichte zum Teufel zu wünschen, wenn es denn sein muß. Aber das sind Fragen die nicht mehr im Sinne eines Vorverständnisses zu klären sind. Sie betreffen bereits den literarischen Text selbst: seine groteske, allegorische oder märchenhafte Darstellung und die Bezüge zur empirischen Wirklichkeit, die es denn doch wohl gibt. Die Absicht kann auf keinen Fall sein, eine Erzählung wie die *Strafkolonie* oder Kafka überhaupt für den Realismus zu »retten«, was immer man unter diesem Begriff verstehen will. Um eine solche Literatur in der Weise oder in der Nachfolge des sogenannten poetischen Realismus oder gar des Naturalismus handelt es sich mit Gewißheit nicht. Nicht nur die Zeit des Expressionismus, in der sich der Durchbruch zum eigenen Stil vollzieht, sondern auch anderes spricht dagegen. Aber dieser nicht vorhandene Realismus kann uns nicht hindern, die wie immer beschaffenen Bezüge zur Wirklichkeit zu klären. Mehr noch muß es darum gehen, im Blick auf den Text wie auf die Geschichte seiner Deutung der Klärung dieser Fragen das Hauptaugenmerk zuzuwenden. Ihre Bedeutung und ihre Funktion in Texten Kafkas als solchen einer nicht realistischen Literatur muß Vorrang vor anderen Fragen haben. Aber damit sieht man sich erneut, wie es schon der Titel anzeigt, auf die Wirklichkeit des geltenden Rechts, der Rechtswissenschaft und der vollziehenden Justiz verwiesen. Die Abneigung, die Kafka ihr gegenüber wiederholt zum Ausdruck gebracht hat, ist bekannt. Im *Brief an den Vater* wird sie unmißverständlich formuliert: »Ich studierte also Jus. Das bedeutete, daß ich mich in den paar Monaten vor den Prüfungen unter reichlicher Mitnahme der Nerven geistig förmlich von Holzmehl nährte, das mir überdies schon von tausenden Mäulern vorgekaut war. Aber in gewissem Sinn schmeckte mir das gerade…« (H/207). Das zeugt gewiß nicht von Enthusiasmus für die Sache. Dennoch ist dieser Bereich, derjenige des Rechts und der Justiz, ein wesentlicher Teil seiner unmittelbar ihn umgebenden beruflichen Welt, und nicht wenige Prosatexte zeigen schon vom Titel her an, daß wir es mit ihr zu tun haben. Wo es aber um Schuld und Strafe, um Gericht und Hinrichtung geht, geht es stets um beide Wirklichkeitsbereiche, um die äußere und innere Wirklichkeit. Die Strafphantasien, falls man einzig an sie denken sollte, sind nur ein Teil dieses Bereichs. Sie können nicht beanspruchen, das Ganze zu sein. Aber die rechtliche und gerichtliche Welt, sie sei äußere oder innere Wirklichkeit, ist stets auch als räumliche Welt vorstellbar: als Advokatur, Gericht, Gefängnis oder Hinrichtungsstätte. In Kafkas Erzählung ist der dargestellte Raum dieser gerichtlichen Welt eine Insel, die ihrerseits Teil eines Kolonialreichs ist.

Strafvollzug und Militärgerichtsbarkeit

Deportatio in insulam lautet die Formel des römischen Rechts, mit der ein Zwangsaufenthalt in Einsamkeit und Fremde als Strafe verfügt wurde. Um den Fluchtweg der Sträflinge zu verhindern, wurden Inseln zu Orten solcher Zwangsaufenthalte bestimmt. Inseln innerhalb eines Staatsgebietes – wie die Inseln Man oder Wright in Großbritannien – kommen hierfür nicht in Frage, weil sie im normalen Verkehr mit dem Festland verbunden sind. Es müssen daher Inseln eines weiträumigen, vom Mutterland weit entfernten Kolonialreiches sein, die man als Strafinseln bestimmt. Die Begriffe Strafinsel und Strafkolonie werden weithin synonym gebraucht.

Beide werden sie gebraucht, um dasselbe zu bezeichnen: einen vom Festland nur auf dem Seeweg erreichbaren und von der Heimat weit entlegenen Ort. Erfahrungen der Fremde sind daher von Anfang an gegeben; auch der Freiheitsentzug wird infolge dieser Fremde anders erfahren als in Gefängnissen innerhalb der eigenen Heimat. In Verbindung mit dem abgeschlossenen Raum einer Insel sind von den Erfahrungen solcher Fremde nicht nur die Sträflinge betroffen, sondern auch die bewachenden Soldaten und Offiziere. In Texten der russischen Literatur, die das Leben Deportierter beschreiben, kehrt das Lexem »bei uns«, russisch: »u nas«, häufig wieder. [57] Auch in Kafkas Erzählung kommt es vor als Ausdruck des ganz anderen im Vergleich mit der Heimat, so in der Rede des Offiziers, als spräche der Reisende: »Bei uns ist das Gerichtsverfahren ein anderes«, »Bei uns wird der Angeklagte vor dem Urteil verhört« und so weiter (E/220). Aber jedesmal ist das andere das ganz und gar Fremde. Dieser Rest des Menschlichen in Erinnerung an eine ferngerückte Heimat deutet der Text nur an. Das geschieht dort, wo sich der Reisende nach den für die Tropen viel zu schweren Uniformen erkundigt und darauf vom Offizier die Antwort erhält: »Gewiß [...] aber sie bedeuten die Heimat; wir wollen nicht die Heimat verlieren«; wie wenn es darum ginge, von etwas Schmerzlichem abzulenken, wendet er sich unverzüglich dem zu, was ihm darüber hinwegzuhelfen scheint – und sagt: »Nun sehen Sie aber diesen Apparat...« (E/200).

Mit dieser Redeszene und den Uniformen als ihrem Gegenstand ist aber auch ausgesprochen, wo wir uns befinden. Die Geographie des Raumes innerhalb der erzählten Welt bleibt nicht völlig unbestimmt und unbestimmbar. Und wer in Kafkas *Strafkolonie* nur innere Wirklichkeit, Märchen oder Strafphantasien wahrhaben will, muß sich fragen lassen, was denn die geographischen Angaben zu bedeuten haben, die wir erhalten. Freilich haben wir es nicht mit der Geographie realistischer Literatur zu tun, wie etwa bei Fontane, der uns genau sagt, wo wir uns befinden: »An dem Schnittpunkte von Kurfürstendamm und Kurfürstenstraße, schräg gegenüber dem ›Zoologischen‹...« beginnt *Irrungen, Wirrungen*. Die Angaben Kafkas bleiben in diesem Punkt äußerst sparsam. Wir erfahren nicht viel mehr, als daß wir uns auf einer Insel in den Tropen befinden, und auch, daß sie zu einem europäischen Kolonialreich gehört. Daß es hier Berge, Anhöhen und Täler gibt – schattenlose Täler – trägt zur näheren Bestimmung der geographischen Lage wenig bei, aber einige weitere Signale gibt es doch. Sie sind allesamt so beschaffen, daß sie uns nicht völlig im Unbestimmten lassen, aber eine geographisch genaue Bestimmung unterbleibt. Diese Mittelstellung zwischen dem nicht völlig Unbestimmten und einer nicht ganz deutlichen Bestimmung ist sichtlich eines der Stilprinzipien, das hier gilt. Ein Signal in Richtung auf eine etwas größere Bestimmtheit wird uns mit dem Teehaus gegeben. In Begleitung des Soldaten und des Verurteilten kommt es dem Reisenden am Ende der Erzählung zu Gesicht; aber auch schon zuvor war es erwähnt worden. Es handelt sich um eine Art Wirtshaus, vor dem Tische aufgestellt sind, an denen Gäste sitzen. Damit ist eine geographische Eingrenzung auf den Fernen Osten verbunden. In der Beschreibung der zu Neukaledonien gehörenden Strafinseln, wie wir sie in Robert Heindls Reisebuch besitzen, werden solche Teehäuser nicht erwähnt. Das muß noch nicht gegen Neukaledonien als Ort des Strafvollzugs sprechen. Doch verbietet sich eine Festlegung auf eine Strafkolonie wie diese durchaus, wieviel auch darauf hindeuten mag, daß wir es mit dieser zu tun haben oder in erster Linie an sie denken sollen. Die Interpreten haben diesem Stilprinzip Rechnung zu tragen. Sie können nicht einen geographischen Ort mit Bestimmtheit ausmachen wollen, wenn es der Text seinerseits – und gewiß nicht unabsichtlich – an solcher Betimmtheit fehlen läßt. Das ist auch deshalb so, weil es diesem Schriftsteller nicht um irgendeinen Detailrealismus geht sondern um Allgemeineres, um Abstrahierung von einer menschlichen Situation. Eine von aller Räumlichkeit absehende »Innerlichkeit«, in welchem theologischen Sinne auch immer, wird trotz der sparsamen Signale nicht bestätigt; und soweit realistisch ist die Erzählung nun doch, daß wir uns die Insel als Ort eines Strafvollzugs zu denken haben, der alten Formel »deportatio in insulam« entsprechend.

Strafvollzug auf einer fernen Insel in einem Kolonialreich kann zweierlei bedeuten. Zum ersten dieses, daß der Sträfling den Ort als einen Zwangsaufenthalt angewiesen erhält, aber sich dort mehr oder weniger frei bewegen darf; der Zwangsaufenthalt ist in solchen Fällen bereits der

Strafvollzug. Aber der dorthin verschickte Sträfling kann sich zusätzlich eines Vergehens oder Verbrechens schuldig machen, so daß er am Ort seines Zwangsaufenthalts mit Gefängnis oder auch mit dem Tode bestraft wird. In dem Buch *Meine Reise nach den Strafkolonien* von Robert Heindl wird über das Gefängniswesen innerhalb dieser Strafkolonien wiederholt berichtet; auch Hinrichtungen werden, wie ausgeführt, ausführlich geschildert. Die Sträflinge auf der Insel Nou innerhalb der französischen Strafkolonie Neukaledonien können sich diesem Bericht zufolge nicht durchweg frei bewegen. Man vernimmt ihr Herannahen an den klirrenden Ketten, die sie tragen müssen. Solche Sträflinge gibt es im Raum unserer Erzählung nicht; und auch die herbeizitierten Zuschauer, die es dort gibt, fehlen hier. Denn von dem feierlichen Ritual, daß Zuschauer einer Hinrichtung beiwohnen, spricht der Offizier in der Vergangenheitsform: »Wie war die Exekution anders in früherer Zeit! Schon einen Tag vor der Hinrichtung war das ganze Tal von Menschen überfüllt; alle kamen nur um zu sehen; früh am Morgen erschien der Kommandant mit seinen Damen; Fanfaren weckten den ganzen Lagerplatz; …« (E/217). Ein gesellschaftliches Ereignis also ohnegleichen! Aber es bleibt zu beachten: so war es einmal; jetzt ist es nicht mehr so. Daß bei Hinrichtungen in Strafkolonien um die Zeit, als Kafkas Erzählung entstand, weiterhin Zuschauer herangezogen werden, bestätigt die geschilderte Hinrichtung in dem Buch von Robert Heindl. Aus dem Bericht des Offiziers in Kafkas Erzählung geht nicht hervor, daß sich ehedem auch Sträflinge unter den Zuschauern befanden. Aber der Zug zur Übertreibung als Stilprinzip ist abermals offenkundig. Das kommt zum Ausdruck in der vollkommen unangemessenen Art, wie Gesellschaftliches – »der Kommandant mit seinen Damen« – mit einer Hinrichtung in Verbindung gebracht wird; und erst recht kommt es zum Ausdruck, wenn wir von Anordnungen des Kommandanten hören, wonach vor allem die Kinder beim Zuschauen berücksichtigt werden sollten, damit sie nur ja alles zu sehen bekommen; ergänzend fügt der Offizier hinzu: »oft hockte ich dort, zwei kleine Kinder rechts unnd links in meinen Armen. Wie nahmen wir alle den Ausdruck der Verklärung von dem gemarterten Gesicht…« (E/218). Wenn gesagt wird, daß sich alle so verhielten, so sind die Kinder in dieser Aussage eingeschlossen. Solche Rituale bei Hinrichtungen – sehen wir einmal von den Damen und den Kindern ab – sind europäische Wirklichkeit des neunzehnten und noch des zwanzigsten Jahrhunderts. Aber der Stilzug der Übertreibung entfernt die Darstellung von der dargestellten Wirklichkeit in realistischer Literatur – nicht in Richtung auf »Romantik«, phantastische Literatur oder zeitlose Allegorik sondern so, daß die in der Wirklichkeit latent vorhandene Rohheit und Unmenschlichkeit förmlich hervorgetrieben wird. Daß es der Offizier so nicht sieht – und vermutlich der Reisende auch nicht – muß man kaum betonen. Dieses Stilprinzip der Übertreibung ist nicht auf die Sehweise irgendeiner Figur zurückzuführen, die wir dann Perspektivfigur nennen. Es ist Sache der Erzählinstanz, die dafür sorgt, daß das vom Offizier Gesagte gegen den Offizier gesagt aufzufassen ist. Damit steht auch das Ritual gleichsam vor Gericht – vor demjenigen des Lesers natürlich, der in die Lage versetzt wird, solche Zeichen in einen Sinnzusammenhang umzusetzen. Und um allen Mißverständnissen vorzubeugen, die sich aus dem religiösen Wortschatz – »Verklärung von dem gemarterten Gesicht« – ergeben könnten, sei schon hier die Folgerung eines namhaften Kafka-Forschers angeführt – es ist Peter U. Beicken –, der deutlich ausspricht, was nicht deutlich genug ausgesprochen werden kann: »Kafka, der Künstler, hat in der ›Strafkolonie‹ eine deutliche Absage ans verlockende Ritual erteilt, indem er sich von der Selbsttäuschung der Erlöserhoffnung distanzierte.«[58]

Von Strafvollzug in zweifachem Sinn war die Rede: von der »deportatio in insulam« als einem solchen zunächst und von den Formen des Strafvollzugs nach vollzogener Deportation. Seine entsetzliche Praxis wird zumal in der russischen Literatur wiederholt zur Sprache gebracht, wie gezeigt wurde. Am dargestellten Strafvollzug in Kafkas Erzählung fällt auf, daß von ersterem nicht sehr viel in das Blickfeld des Lesers gelangt. Von deportierten Sträflingen oder vom Akt der Deportation sieht man als Leser so gut wie nichts, wenn wir den Schluß der Erzählung vorerst noch auf sich beruhen lassen. In Heindls Buch *Meine Reise nach den Strafkolonien* ist das auffällig anders. »Mein Reisegefährte« ist das einleitende Kapitel überschrieben, und dieser Reisegefährte ist einer der Sträflinge, die nach Neukaledonien gebracht werden. Die Personen, von denen wir in Kafkas Erzählung nur hören, weil sie abwesend sind oder nicht mehr leben, sind der alte und der neue Kommandant einschließlich einiger Damen sowie der Hauptmann; als Anwesende lernen wir kennen: den Offizier, den Forschungsreisenden, den Soldaten und den Verurteilten. Es sind dies, was den männlichen Personenkreis ohne den Reisenden angeht, durchweg Militärpersonen; und auch der Verurteilte ist ihnen zuzurechnen. Er wird gelegentlich als Wächter bezeichnet, und den Hauptmann nachts zu bewachen, ist ihm als dienstliche Aufgabe übertragen. Ob er und der Soldat sich vom erniedrigenden Stand des deportierten Häftlings in eine solche Stellung »hinaufgearbeitet« haben – in Heindls Buch gibt es mehrere Beispiele dieser Art – wird nicht gesagt. Das gesamte Personal, sofern es zur Insel gehört, von dem am Schluß genannten Personenkreis wiederum abgesehen, ist Wachpersonal oder Personal einer Administration mit vorwiegend militärischen Dienstgraden. Daß diese Menschen nicht da sind, um sich selbst zu bewachen, sondern um den Strafvollzug anderer zu regeln, sollte sich von selbst verstehen; aber von den anderen sieht man, wie schon ausgeführt, so gut wie nichts. Die Verwaltungsbehörde hat sich verselbständigt, sie scheint sich selbst genug zu sein und legt sich in der Tat – ganz im Sinne Alfred Webers – wie ein riesenhafter Apparat über unser Leben«. [59]. Wieder verbleibt Kafka durchaus in der Wirklichkeit seiner Zeit, wie auch der Vergleich mit Alfred Webers Essay *Der Beamte* deutlich macht. Die Bürokratiekritik, die der Erzählung innewohnt, kann sicher auf eigene Erfahrungen Kafkas in seinem beruflichen Lebenskreis zurückgeführt werden, natürlich in Absehung von der Bürokratie in Strafkolonien. [60] Und das Stilprinzip der Übertreibung – einer unaufdringlichen Übertreibung – bemerkt man auch hier. Es beruht im eklatanten Mißverhältnis zwischen Sträflingen und Strafvollzugspersonal; das letztere drängt sich dem Leser auf, wohin man sieht. Daß sich damit ein Bezug zur neuzeitlichen Gesellschaft und genauer noch: zur modernen Industriegesellschaft herstellt, wird in neuerer Forschung wiederholt betont. Die dargestellte Strafkolonie als Metapher einer solchen Gesellschaft zu sehen – »nämlich als ›Röntgenbild‹ der modernen, demokratischen, ›humanen‹ Gesellschaft, …deren Methoden restloser Ausschöpfung der Arbeitskraft usw. sich zu einer ›Strafmaschinerie‹ zusammenschließen, welche ihre Opfer lebenslang abtötet« (H.H. Hiebel) – mag sich im Hinblick auf eine zweite Bedeutungsebene aufdrängen. [61] Aber die erste dieser Ebenen betrifft die empirischen Bezüge, eine mit dem Stilmittel der Übertreibung arbeitende Wirklichkeitsdarstellung, die nicht aufgeht in der Wendung vom traumhaften innern Leben; und natürlich ist diese Übertreibung als eine künstlerische nicht dadurch aus der Welt zu schaffen, daß man findet, es sei ja nicht alles so schlimm sondern bloß übertrieben. Das Verhältnis von der diesen Texten zugrunde liegenden Wirklichkeit und der nicht realistisch dargestellten Wirklichkeit bleibt immer erneut zu bestimmen. Wieweit man hierzu des Grotesken als Bezeichnung eines Stilmittels bedarf, ist wohl nicht generell zu entscheiden. [62]

Das Eigentümliche dieses Beamtenapparats hat man freilich erst mit der Jurisdiktion erfaßt, die den höher gestellten Militärpersonen übertragen ist, vornehmlich dem Kommandanten und dem Offizier. Aber ungewöhnlich ist diese Vereinigung von Militärpersonal und Gerichtsperson keineswegs. Wir haben es mit einer Militärgerichtsbarkeit zu tun, wie sie

in Kriegszeiten und in Strafkolonien selbstverständlich ist. In einer der
eingangs genannten Schriften über die Deportation als modernes Strafmittel (von Oscar Priester) ist es deutlich ausgesprochen: »Bereits auf
dem Transportschiffe beginnt die Strafknechtschaft in harter Zucht und
unter dem Druck des Kriegsrechts.« Jurist und Offizier sind für den
Verfasser dieser Schrift als eine Einheit aufzufassen, wie es der Wirklichkeit in Strafkolonien vielerorts entsprochen haben dürfte.[63] Auch im
englischen Strafrecht war dies der Fall: »die Urteile wurden von einem
Kriegsgericht in summarischen Verfahren gesprochen«, liest man in
einem informierenden Beitrag *Über Strafkolonisation und Einrichtung
überseeischer Strafanstalten*.[64] Einer solchen Militärgerichtsbarkeit, die
Kriegsrecht ausübt und im Rahmen eines Kriegsgerichtsverfahrens Urteile spricht, ist im allgemeinen auch das Standrecht übertragen; so daß es
– wie in unserem Fall – umständlicher Verhöre und Verhandlungen nicht
bedarf. An mittelalterliches Recht, obwohl einmal beiläufig erwähnt,
muß man nicht denken.[65] Was geschildert wird, ist europäische Wirklichkeit jüngsten Datums. Kaum zwanzig Jahre lagen zurück, als eine
hinter verschlossenen Türen tätig gewesene Militärgerichtsbarkeit die
Deportationsstrafe über den französischen Hauptmann Dreyfus verhängt
hatte. Einer der maßgeblich Beteiligten an diesem Verfahren, der General
und Kriegsminister Auguste Mercier, wird in einer Veröffentlichung über
diese Affäre (von Siegfried Thalheimer) wie folgt charakterisiert: »Mercier war der Typ des modernen Kriegstechnikers, der zynische Zweck-
mensch, das ideale Werkzeug irgendeines totalitären Staates. Eine dürre
Seele, ein flacher Geist, ein enger Verstand ermöglichten es ihm, in den
Niederungen des Verbrechens ohne Ekel und mit kalter Berechnung seine
Ziele zu verfolgen.«[66] Es handelt sich also keineswegs um Schilderungen von Zuständen, die zeitlich und räumlich weit von uns weg liegen
und deshalb nicht mehr viel zu sagen haben. Vielmehr geht es in Hinsicht
auf eine solche Militärgerichtsbarkeit um Bedrohungen des Menschen
von stets vorhandener Aktualität; oder mit den Worten Wilhelm Herzogs
in der Einleitung zu seiner umfangreichen Dokumentation: »die Affäre
Dreyfus wird immer aktuell bleiben. Jedenfalls so lange, als es einen
Kampf ums Recht, eine Übermacht, die ihn zu ersticken sucht, und in den
Staaten von heute und morgen Auseinandersetzungen zwischen Zivil-
und Militärgewalt geben wird.«[67] Aber der in Kafkas Erzählung dargestellten Militärgerichtsbarkeit kommt noch in anderer Weise Aktualität
zu. Das betrifft noch einmal ihre Entstehungszeit als eine Kriegszeit. Was
Joseph Roth in seinem Roman *Radetzkymarsch* rückblickend beschreibt,
ist zwar ›nur‹ Roman, gibt aber dennoch zu denken, was seine Wirklich-

keitsbezüge angeht: »Voreilige Standgerichte verkündeten in den Dörfern voreilige Urteile. Geheime Spitzel lieferten unkontrollierbare Berichte über Bauern, Popen, Lehrer, Photographen, Beamte. Man hatte keine Zeit. Man mußte sich schleunigst zurückziehen, aber auch die Verräter schleunigst bestrafen [...] Der Krieg der österreichischen Armee begann mit Militärgerichten. Tagelang hingen die echten und die vermeintlichen Verräter an den Bäumen auf den Kirchplätzen, zur Abschreckung der Lebendigen.«[68] Wie Kafka solche Bedrohungen sah, seinerzeit und jederzeit, ist eindrucksvoll in einem Fragment aus dem Nachlaß ausgesprochen: »Es kamen zwei Soldaten und ergriffen mich. Ich wehrte mich, aber sie hielten fest. Sie führten mich vor ihren Herrn, einen Offizier. Wie bunt war seine Uniform! Ich sagte: ›Was wollt ihr denn von mir, ich bin ein Zivilist.‹ Der Offizier lächelte und sagte: ›Du bist ein Zivilist, doch hindert uns das nicht, dich zu fassen. Das Militär hat Gewalt über alles« (H/237). Aber in einem Punkt geht Kafka über die europäische Wirklichkeit der in ihr vorhandenen Militärgerichtsbarkeiten unauffällig hinaus, und dies abermals gemäß dem Stilprinzip der Übertreibung, um die latente Gewalt in der Wirklichkeit desto augenfälliger hervorzutreiben. Solches »Hinausgehen« darf abermals nicht mißverstanden werden. Es wird nichts ins Phantastische, Unwirkliche und niemals Mögliche entrückt. Alles bleibt – sehen wir von der Tötungsmaschine einstweilen noch ab – in den Grenzen empirischer Erfahrbarkeit, sehr anders als in der *Verwandlung* oder in verwandten Tiergeschichten; nur eben nicht in einem Punkt. Er betrifft die Einheit von Richter und Henker in einer Person, und es ist ja deutlich gesagt, daß es der Offizier stets als eine Ehrensache angesehen hat, die Exekution selbst zu betätigen. Daß es in Strafkolonien die Personalunion von Richter und Offizier gibt, wurde gesagt; aber die zusätzlich übernommene Tätigkeit des Henkers, allerdings mit Hilfe einer Maschine, hat keine Entsprechung in der Wirklichkeit, soweit man sieht. Dieses schmutzige Amt läßt man andere tun, sofern Soldaten nicht den Befehl erhalten, einen Verurteilten zu erschießen. Der Offizier bleibt auch in solchen Fällen vornehm und in die Tötung handgreiflichen Sinnes nicht involviert: er gibt ›lediglich‹ den Befehl. Auch in Neukaledonien steht dem Henker (nach dem Buch Robert Heindls), wie bei Kafka, eine Tötungsmaschine zur Verfügung. Aber der sie betätigt, ein früherer Mörder, ist eine der übelsten Gestalten, die man sich denken kann. Selbst dem Forschungsreisenden des deutschen Kaiserreiches entgeht das nicht. Daß in Kafkas *Strafkolonie* die Personalunion neben dem Offizier und dem Richter auch den Henker einschließt, hat einen, sozusagen, tieferen Sinn. In einer Zeit, in der

Spaltung der Persönlichkeit zu einer Grunderfahrung der Moderne zu werden beginnt und in der man hierfür auch den mehr oder weniger passenden Begriff bereitstellt – denjenigen der Schizophrenie – wird die Einheit der Person ein fast utopisches Ziel.[69] Daß Kafka in diesem Punkt etwas zur Wirklichkeit »hinzugetan« hat – nicht unbedacht, wie man annehmen darf –, kann kaum zweifelhaft sein; denn auch der alte Kommandant war ein solcher »Universalist«. Dessen frühere Handzeichnungen werden herumgereicht, und einigermaßen ungläubig fragt der Reisende: »Handzeichnungen des Kommandanten selbst? [...] Hat er denn alles in sich vereinigt? War er Soldat, Richter, Konstrukteur, Chemiker, Zeichner?« (E/205). Der Offizier kann frohgemut bejahen. Und nicht nur dies! Später erfahren wir, daß er Exekutionen nicht nur beizuwohnen pflegte sondern auch bereit war, Hand ans Werk zu legen: »Vor Hunderten Augen [...] wurde der Verurteilte selbst unter die Egge gelegt« (E/217). Die Idee des uomo universale hat sich ins Gegenteil verkehrt. Was einst als hohes Menschentum verehrt wurde – die Vereinigung vieler Kenntnisse und Fähigkeiten in einer Person –, dient nunmehr in einer sehr andersartigen Vereinigung dem »Handwerk« des Tötens. Seit Gerhard Neumanns grundlegender Studie über das gleitende Paradox bei Kafka ist der Begriff in der neueren Forschung wiederholt anzutreffen. Mit gutem Grund; denn das Bedrohliche, Beunruhigende und Aufregende wird damit möglicherweise, wie man finden kann, besser bezeichnet als mit dem Begriff des Grotesken.[70]

Vertrauter werden uns die Menschen dieser Erzählung, die so verschiedene Fähigkeiten und Tätigkeiten in ihrer Person vereinen, auf solche Weise keineswegs. Was da vereinigt wird, ist geeignet, uns zu befremden. Etwas Ungeheuerliches geschieht – dadurch, daß Zeichnen als eine künstlerische Tätigkeit mit dem »Handwerk« des Tötens zusammengeht. An eine Aufzeichnung Max Frischs fühlt man sich erinnert: »Aber die Angst vor einer solchen Kunst, die das Höchste vorgibt und das Niederste duldet [...] Diese Angst ist nicht aus der Luft gegriffen. Ich denke an Heydrich, der Mozart spielte...«.[71] Eine Personwerdung ist bei Kafka mit derart verfremdeten Vereinigungen des Entgegengesetzten nicht verbunden. Nirgends im Raum der Erzählung gibt es sie. Daß die Namensgebung auf einen Buchstaben verkürzt wird – Joseph K. oder K. – bezeichnet den beschränkten Raum einer solchen Personwerdung in den beiden großen Romanen, und daß manche Tiergeschichten ohne Namen auskommen, erklärt sich aus der Art solcher Geschichten. Hier aber kommen keinerlei Tiere vor, allenfalls Menschen, die wie Tiere behandelt werden. Dennoch handelt die Erzählung von Menschen, die keine Namen haben, sondern nur aufgrund ihrer Funktionen unterschieden werden: der Kommandant, der Offizier, der Hauptmann, der Forschungsreisende, der Soldat. Die antipersonalen Tendenzen, die man an Josef K. im *Prozeß*-Roman wahrgenommen hat, haben hier die Erzählung im Ganzen erfaßt.[72] Eine schon dadurch grauenhafte Welt, der namenlos gewordene Mensch, der in den Apparaten der Bürokratie verschwindet! Die Vereinigung dessen, was sich in einer Person nicht vereinigen sollte, ist Ausdruck eines solcherart antipersonalen Geschehens.

In Ausübung einer solchen Personalunion ist der Offizier mit dem Rechtsfall befaßt, der sein Tätigwerden als Henker erfordert. Die Rechtsproblematik, die der Geschichte innewohnt, wird vor allem an dieser Gestalt offenkundig. Aber es ist der Rechtsfall innerhalb einer Militärgerichtsbarkeit; das betrifft sowohl die zu ahndende Tat wie ihre strafrechtliche Behandlung. Sie macht Verhöre, Verteidigungen und Verhandlungen nicht nötig, wenn wir es, wie anzunehmen, mit einer Art Standrecht zu tun haben. Aber es ist nicht so, daß es auf die Tat überhaupt nicht ankäme, weil der Offizier später sagt: »die Schuld ist immer zweifellos.« Was aber ist geschehen? Der Verurteilte, der den Hauptmann nachts zu bewachen hat, ist eingeschlafen. Das ist im militärischen Betrieb kein nebensächliches Vergehen. Es ist eine Befehlsüberschreitung gravierender Art; denn hier geht es normalerweise um die Sicherheit der Truppe. Ein Wachvergehen liegt vor und Wachvergehen werden im allgemeinen streng bestraft. Insofern ist alles empirisch getreu dargestellt. Aber etwas Weiteres ist geschehen, etwas Gravierendes abermals: der Wachsoldat hat sich aufgelehnt; er ist gegenüber seinem Vorgesetzten handgreiflich geworden, nachdem er von ihm – wie ein Hund – mit der Peitsche gezüchtigt worden ist. Offensichtlich sind ihm die Nerven durchgegangen: er hat den Hauptmann an den Beinen gefaßt, geschüttelt und zu ihm gesagt: »Wirf die Peitsche weg oder ich fresse dich!« Das ist ein tätlicher Angriff auf einen Vorgesetzten, und daß in Kriegen und Strafkolonien mit solchen Tätern kurzer Prozeß gemacht wird, ist vermutlich in den meisten militärischen Ordnungen so geregelt. Die begangene Tat und der kurze Prozeß sind nichts Ungewöhnliches und mit der bürgerlichen Straßprozeßordnung eigentlich nicht ohne weiteres vergleichbar, an die der Forschungsreisende denken mag. Aber auch in ihr werden Angriffe auf Vorgesetzte, so in Gefängnissen, streng geahndet. Einer der namhaftesten Strafrechtslehrer zu Zeiten Kafkas, Karl Binding, führt dieses Delikt als eines derjenigen an, für das die Todesstrafe als unerläßlich angesehen wird: »Ich bedenke mich nicht einen Augenblick, für schwere Angriffe der Gefangenen auf das innerhalb seiner Pflicht handelnde

Gefängnispersonal [...] die Zulässigkeit der Todesstrafe zu fordern. «[73] Entsprechend muß in unserer Erzählung auch der Forschungsreisende zugeben, daß da etwas nicht unbedingt Rechtswidriges vorliegt: »Der Reisende sah mit gerunzelter Stirn die Egge an. Die Mitteilungen über das Gerichtsverfahren hatten ihn nicht befriedigt. Immerhin mußte er sich sagen, daß es sich hier um eine Strafkolonie handelte, daß hier besondere Maßregeln notwendig waren und daß man bis zum letzten militärisch vorgehen mußte« (E/208); und militärisch vorgehen: das heißt, daß das bürgerliche Strafgesetzbuch an diesem Ort nichts zu suchen hat. Insoweit ist alles, empirisch und zeitgeschichtlich, in Ordnung – bis wiederum auf einen Punkt, an dem sichtbar wird, daß der Rechtsfall ins Theologische oder Quasi-Theologische übergeht. An diesem Punkt verkehrt sich der noch allenfalls vorhandene Sinn in Widersinn. Das betrifft den Befehl, den der Hauptmann gegeben und der Wachsoldat nicht befolgt hat. Es ist ein widersinniger Befehl.

Dem Wachsoldaten ist nicht nur aufgetragen worden, seinen Vorgesetzen zu bewachen; ihm wurde auch befohlen, Stunde für Stunde vor dem schlafenden Hauptmann zu salutieren, und der Gerichtsoffizier fügt in schönster Naivität erläuternd hinzu: »Gewiß keine schwere Pflicht und eine notwendige, denn er soll sowohl zur Bewachung als auch zur Bedienung frisch bleiben« (E/207). Salutieren ist ein einigermaßen sinnvoller Vorgang nur dann, wenn der Bezug zwischen dem Untergebenen, der salutiert, und dem Vorgesetzten, vor dem salutiert wird, offen und öffentlich gewahrt bleibt. Vor einem Schlafenden pflegt man nicht zu salutieren. Im Widersinn beruht der nicht mehr ganz realistische Sinn des erzählten Geschehens, die gezielte künstlerische Übertreibung. Daß der Wachsoldat nachts bei jedem Stundenschlag zu salutieren hat, hat noch einen anderen Sinn, der sich erst recht als Widersinn erweist. Gebetsrituale christlichen Mönchtums sind unschwer zu erkennen. Rilke hat sie in seinem *Stundenbuch* in moderne Lyrik übersetzt. Hier, bei Kafka, werden religiöse Rituale militärisch usurpiert, und das ist gleichermaßen der Fall, wenn das sechste Gebot auf die verabsolutierte Lebensform der Militärs übertragen wird, in dem Gebot: »Ehre deinen Vorgesetzten«. Daß damit jedes von Glauben erfüllte Denken suspendiert wird, kann kaum zweifelhaft sein. Die Glaubensform innerhalb dieser Lebensform und militärischen Rechtsordnung ist zur leeren Hülse geworden, zum baren Widersinn. Ein theologischer Befund deutet sich an – dieser nämlich, als ob es Theologie wäre, die hier vorliegt. Daß sie es nur scheinbar ist, ist noch in anderer Weise zu zeigen – darin, daß der Rechtsfall kein theologischer Fall ist und daß die Schuldfrage nicht überanstrengt werden darf, wie es geschieht, wenn man die Schuld des Verurteilten als Daseinsschuld in Verbindung mit Erbsünde interpretiert; und als eine solche – als Daseinsschuld – muß sie verstanden werden, wenn man (wie Ingeborg Henel) darauf aus ist, die Hinrichtung (groteskerweise!) in einen Vorgang der Verklärung und Erlösung umzudeuten. Über die Schuld des Verurteilten äußert sich der Gerichtsoffizier in zweifacher Weise: er beschreibt das Vergehen als ein Wachvergehen ganz unmißverständlich; und er bemerkt an anderer Stelle, sicher mißverständlich, weil vieldeutig: »die Schuld ist immer zweifellos«. Doch ist es zu besserem Verständnis dessen, was hier geschieht, angezeigt, den Wortlaut der hier in Frage stehenden Deutung anzuführen: daß die Schuld des Verurteilten als Daseinsschuld aufzufassen sei. Der Wortlaut ist dieser: »Das Strafverfahren in der Kolonie beginnt nicht, wie ein gewöhnliches Verfahren, mit der Untersuchung der Schuld. Diese ist vielmehr vorausgesetzt, ist immer ›zweifellos‹, wie der Offizier sagt [...] Es muß sich also um eine andere Art von Schuld handeln als die, mit der sich unsere Gerichte befassen, um eine mit dem Menschsein gegebene Schuld, ein Stigma der Endlichkeit oder eine Art Erbsünde.«[74]

Aber so nebensächlich ist nun die konkrete Schuld des Verurteilten keineswegs, wie man meint, wenn man ausschließlich an Daseinsschuld denkt. Sie beruht im Verschlafen der Wächterpflicht und im tätlichen Angriff auf einen Vorgesetzten. Ohne diese Vergehen würde der Wachsoldat nicht in die Tötungsmaschine eingespannt, damit seine Hinrichtung stattfinden kann. Weil für den Offizier die Schuld immer zweifellos ist, ist sie es auch für manche Interpreten. Das folgt wohl auch aus der Erzähltheorie Friedrich Beißners, wonach es stets eine Hauptgestalt oder eine Perspektivperson geben müsse, die uns sagt, wie alles zu verstehen sei. Aber was ist das für eine Theorie und vor allem: was ist es für eine Deutung! Denn selbst dann, wenn man diesem Gerichtsoffizier auf Gedeih und Verderb folgen will in dem, was er denkt und tut, muß man seine Bemerkung so weitreichend nicht unbedingt verstehen. Indessen gibt es allmählich eine communis opinio im Verständnis unserer Erzählung – diese nämlich, daß die Sehweise des Offiziers mit der Sehweise des Textes nicht identisch ist; oder anders gesagt: es genügt nicht, schon die Gedanken dieser fiktiven Gestalt zu kennen, um schon den Text zu kennen. Und ob man diese aufregende Geschichte in eine Allegorie, in ein Märchen oder ein allegorisches Märchen umzuwenden bestrebt ist – ohne alle Wirklichkeitsbezüge kommt man ja auch hinsichtlich dieser Dichtungsarten nicht aus.[75] Wo aber auf der Welt, seit sie besteht, hätte es das je gegeben – und sei es im Märchen –, daß jemand wegen einer auf

Erbsünde zurückgehenden Schuld hingerichtet würde! Und wie soll man einen Leser Kafkas überzeugen können, wenn man zu erläutern sucht und sagt: hier wird die Geschichte eines primitiven Menschen erzählt, der hingerichtet werden muß – letztlich wegen der Erbsünde? Zweifellos ist es ein primitiver Mensch. Schon aus diesem Grund ist er eine für einen solchen Tiefsinn denkbar ungeeignete Figur. Seine Schuld wäre schuldlose Schuld und damit tragische Schuld, wie wir ihr mit verwandter Begründung metaphysischer Art, obschon stets in Verbindung mit »konkreter« Schuld, in großen Tragödien wiederholt begegnen. Zu einer solchen Schuld fehlt dem Verurteilten sozusagen »das Zeug«, und die Schuld, die man im *Prozeß*-Roman als Daseinsschuld Josef K's denkt, betrifft einen Menschen von menschlich anderer Qualität.[76] Die konkrete Schuld aber – das nicht befolgte Gebot des Salutierens vor dem schlafenden Hauptmann –, ist viel zu trivial, um eine solche theologische Belastung zu tragen. Es ist die Parodie einer Schuld weit mehr als eine solche im existentiellen Sinn. In Hinblick aber auf diesen primitiven Menschen, um den es sich zweifellos handelt, kann die Schuld, die für den Gerichtsoffizier immer zweifellos ist, sicher noch anders verstanden werden, wenn man nicht nur seine, des Offiziers, Sehweise gelten läßt, wie es erforderlich ist.

Der Verurteilte wird gleich eingangs als hündisch ergeben geschildert – wie es den Anschein hat: aus der Sicht des Reisenden, der »fast sichtbar unbeteiligt« hinter ihm hergeht; und sichtlich unbeteiligt bleibt der Reisende auch noch dann, wenn ihm der Verurteilte verstohlene Blicke zusendet und sich stillschweigend Hilfe zu erhoffen scheint. Aber der Reisende interessiert sich wenig für ihn. Er bleibt ihm fremd – »ein zum Mitleid gar nicht auffordernder Mensch«, wie es bezeichnenderweise heißt (E/215). Hat man erst einmal Menschen aus der Gesellschaft ausgegrenzt, weil sie dem herrschenden Menschenbild nicht entsprechen, so kann man auch Mitleid suspendieren, wie es hier geschieht. Ob aber dieser Verurteilte nicht doch verdient, daß man ihn anders beachtet, als es die meisten Interpreten der Erzählung tun? Weil ihn die Personen dieser Erzählung wie einen Hund behandeln, wird er von den Interpreten oft nicht viel anders behandelt. Daß er ein des Mitleids nicht würdiger Mensch sei, ist dem Forschungsreisenden wichtig. Aber ob er als ein schuldfähiger Mensch überhaupt angesehen werden kann, haben wir als Leser zu bedenken; denn möglicherweise liegt in seinem Fall noch anderes vor, als daß man sich begnügen kann, ihn lediglich einen primitiven Menschen zu nennen – aufgrund der Aussage im Text: »ein stumpfsinniger, breitmäuliger Mensch mit verwahrlostem Gesicht...« (E/199). Sein intellektuelles Wahrnehmungsvermögen ist sichtlich begrenzt, und den Wortlaut des Urteils, wenn es ihm verkündet würde, vermöchte er wohl kaum zu erfassen. Seine Zurechnungsfähigkeit – wie seine Schuldfähigkeit – sind aus der Sicht der Erzählinstanz zweifelhaft, und also auch aus unserer Sicht. Seine Tat selbst, der tätliche Angriff auf den Hauptmann, ist alles andere als eine vorsätzliche Tat. Sie ist sichtlich im Affekt geschehen und kommt einem wie die Tat eines verhaltensgestörten Menschen vor. Dieser Wachsoldat wirkt einerseits hündisch ergeben und wird andererseits wie ein Hund aggressiv, so daß ihn sein Vorgesetzter mit der Peitsche züchtigt. Wenn er vor der Exekution festgeschnallt wird, werden wir an das erinnert, was ähnlich in Heilanstalten auch geschieht. »Sie werden ähnliche Apparate in Heilanstalten gesehen haben«, bemerkt der Offizier beiläufig (E/204). Weil das Heil dieser Anstalten theologisch ausgelegt wurde – mit Beziehung auf Seelenheil! –, sei ausdrücklich betont, daß man hier an etwas ganz und gar Empirisches der äußeren Wirklichkeit zu denken hat.[77] Es sind Nervenheilanstalten, in denen die Kranken, wenn man mit ihnen nicht zurecht kommt, festgeschnallt werden. Im *Bericht für eine Akademie* (E/194) wird von Heilanstalten ganz in diesem Sinne gesprochen, und daß Kafka solche Apparate in Erlenbach bei Zürich (1911) und in Riva am Gardasee (1913) gesehen habe, wird im Kommentar zu den Erzählungen mitgeteilt.[78] Es ist also durchaus einleuchtend, wenn im Text das Festschnallen vor der Hinrichtung mit dem verglichen wird, was man auch in Nervenheilanstalten tut. An eine Art Schwachsinn hat man weit mehr Grund zu denken als an eine Art Erbsünde, woran allenfalls der Gerichtsoffizier denken mag. Aber daß auch ihm ein solches Denken, was den Schwachsinn angeht, nicht ganz fern liegt, sagt er ja selbst; denn der Satz »Verstand geht dem Blödesten auf!« ist gewiß nicht ohne Beziehung auf den Verurteilten zu verstehen. Wenn es sich aber so verhält, wie man anzunehmen hat, würde es sich um eine Art Justizmord aus unserer Sicht handeln, wäre die Hinrichtung vollstreckt worden.

Auch hier geht es um Degradierungen des Menschen zum Tier. Aus dem *Brief an den Vater* wurde bereits das auf einen Lehrling des väterlichen Geschäfts bezogene Dictum zitiert, das dem Vater zugeschrieben wird: »Er soll krepieren, der kranke Hund...« (H/186). »›Wie ein Hund!‹ sagte er, es war als sollte die Scham ihn überleben«, lautet der abschließende Satz im unvollendeten *Prozeß*-Roman, so wie ihn Max Brod ediert hat (P/272); und hündisch ergeben erscheint der Wachsoldat des Hauptmanns den Personen unserer Erzählung, die ihn ihrerseits wie einen Hund behandeln. Wieder geht es um bestimmte Denkweisen und darum, daß wörtlich genommen wird, was» man so sagt. Im Wörtlichnehmen solcher Redensarten als einem Gestaltungsmittel Kafkas liegt ein tiefer Sinn. Hier werden Geschehnisse einer schrecklichen Weltgeschichte antizipiert. Was aber das Geschehen in unserer Erzählung angeht, so muß offenbleiben, ob der Verurteilte ein derart »vertierter Mensch« nicht erst geworden ist, weil man ihn hier, in dieser Strafkolonie, wie ein Tier behandelt hat. [79] Vielleicht könnten es der »Logik der Dichtung« zufolge auch solche Gründe sein, die in der Sicht des Gerichtsoffiziers wie des Hauptmanns den kurzen Prozeß rechtfertigen: daß eine solche Menschenart nichts anderes verdient, wenn es denn eine Menschenart überhaupt ist. Die Schuld wäre dann immer zweifellos aufgrund eines Soseins, eines erbbiologischen Soseins, auch wenn der Rassenbiologismus der Jahrhundertwende ein derartiges Sosein als Schuld noch nicht so deutlich zu bezeichnen wagt. Daß man hier aber in dieser Richtung denkt, kann nicht zweifelhaft sein, wie sich an den Versuchen zeigte, die so beschaffenen oder bezeichneten Degenerierten in das Strafrecht einzubeziehen. Zumal auf einen solchen »zum Mitleid gar nicht auffordernden Menschen«, wie der Forschungsreisende sich ausdrückt, zeichnet sich ein Zusammenhang von Degeneration und Deportation ab, der an den Aufsatz denken läßt, den Kafkas akademischer Lehrer im Jahr 1905 veröffentlichte. Auch für ihn, für Hans Groß, ist die Schuld zweifellos, wenn jemand dem »Kreis der staatlich gefährlichen Degenerierten« zuzurechnen ist, die es in seinen Worten unschädlich zu machen gilt. Innerhalb unserer Erzählung ist es der Offizier fast ausschließlich, der die Hinrichtung des Wächters rechtfertigt und betreibt. Wer aber ist dieser Offizier?

Es ist klar, daß es nicht um eine Charakterstudie gehen kann, wenn man Stellung und Funktion dieser Figur im Text zu erläutern sucht; denn zu viel anderes spielt hinein und verbindet sich mit seinem Tun, auch Religiöses, wie gar nicht zu bestreiten ist. Will man dennoch eine Art Personenbeschreibung vorausschicken, so stellt man überraschend weitgehende Übereinkunft unter den Interpreten fest. Die Handlungs- und Bewußtseinswelt, hat man gesagt, grenze fast an religiösen Fanatismus.[80] Es handele sich um die Manifestation »eines echten Fanatikers«, wird andernorts festgestellt.[81] Man bringt seine brutale Unmenschlichkeit mit dem Phänomen des Militarismus in Verbindung und bezeichnet ihn als einen Ideologen, »bei dem die Ideologie über die eigene Wahrnehmung triumphiert ...«.[82] Vor allem nach dem Tode des alten Kommandanten habe sich sein Fanatismus entwickelt, der sich in gesteigerter Treue zu dessen Erfindung zeige. Er sei »Jesuit, Jakobiner, preußischer Offizier, KZ-Beamter und Spezialist für Gehirnwäsche«, was nun freilich sehr unterschiedliche Personen und Funktionen sind. [83] Einen christlichen Kamikaze-Offizier nennt ihn Wolfdietrich Schnurre: »Sein Tod ist der sinnlose Tod der Orthodoxie. Sie opfert sich für ein längst gestorbenes Prinzip: den Glaubensgehorsam.« [84] Aber solche Einstufungen lassen zugleich darauf schließen, daß er nicht der subalterne Beamte ist, der nur ausführt, was ihm aufgetragen wird. Der Fanatismus, der ihm nachgesagt wird, ist ohne Frage als religiöser Fanatismus zu verstehen. Der Akt der Hinrichtung ist ihm wie dem verstorbenen Kommandanten ein sakraler Akt. Auch damit hält sich Kafka als »Erfinder« dieser Figur an das, was es in der europäischen und außereuropäischen Wirklichkeit gegeben hat, und was er zum Teil noch vorfinden konnte: daß man Theologie und Strafjustiz im Akt der Hinrichtung in heute befremdlichen Formen vereinigt. In dem Buch von Robert Heindl konnte sich der zeitgenössische Leser Kafkas von dem feierlichen Getue in Strafkolonien überzeugen, das man in Neukaledonien nach 1910 noch immer für angebracht hielt. Daß der Offizier unsrer Erzählung Hinrichtungen mit religiösen Begriffen rechtfertigt, die an Verklärung und Erlösung denken lassen, steht als das, was von ihm selbst gesagt wird, im Text; und an die Passionsgeschichte denkt er zweifellos, worin wir ihm aber als Leser keineswegs folgen müssen: »Wie still wird dann aber der Mann um die sechste Stunde! [...] Um die Augen beginnt es. Von hier aus verbreitet es sich. Ein Anblick, der einen verführen könnte, sich mit unter die Egge zu legen [...] er braucht sechs Stunden zu ihrer Vollendung« (E/212); und daß sich das, was in den Augen beginnt, als Verklärung versteht, wird im Rückblick auf die Akte der Hinrichtungen gesagt, die es einmal gab: »Wie nahmen wir alle den Ausdruck von Verklärung von dem gemarterten Gesicht...« (E/218). Nimmt man für bare Münze, was dieser Offizier alles von sich gibt – so kann freilich gefolgert werden, was gesagt worden ist: »Die Hinrichtung dient keiner äußeren Macht, sondern dem Heil des Hingerichteten selbst.« [85] Aber daß man die Sehweise einer Figur als diejenige Kafkas interpretiert, macht die Deutung so ungeheuerlich. Sich vorzustellen, Kafka habe sich vorgestellt, daß eine Hinrichtung dem Betroffenen zum Heile dient, ist eine Zumutung ohnegleichen. Damit sieht man sich abermals – und abermals kritisch – mit Friedrich Beißner und seiner Theorie des einsinnigen Erzählens konfrontiert. Zwar ist nicht wenigen Interpreten aufgegangen, daß in der *Strafkolonie* nicht so leicht zu ermitteln sei, wer denn hier als Hauptgestalt oder Perspektivgestalt fungiere, weshalb es geschehen konnte, daß man bald den Offizier und bald den Reisenden zu einer solchen Gestalt ernennt. [86] Hat man aber erst einmal diesen Tötungsoffizier zur Hauptgestalt gemacht, so fällt es nicht schwer, seine Auffassungen als diejenigen Kafkas auszugeben. Man nimmt in solchem Fall auf Treu und Glauben hin, was er sagt; und dagegen spricht nahezu alles. Zum ersten dieses, daß das, was der Offizier in den zum Tode Verurteilten an Verklärung und Erlösung wahrzunehmen glaubte, durch keine Figur im Raum der Erzählung beglaubigt wird. Daß der Reisende sich in diesem Punkt abwartend verhält, ist kein Grund zu behaupten, er sei von dem überzeugt, was ihm mitgeteilt wird. Als aber der Offizier mit seinem eigenen Tod solch absurde Erlösung im Akt der Hinrichtung beglaubigen könnte, geschieht dies gerade nicht, sondern ausdrücklich heißt es, (aus der Sicht des Forschungsreisenden): »Es war, wie es im Leben gewesen war; kein Zeichen der versprochenen Erlösung war zu entdecken« (E/234). Schließlich spricht gegen den entsetzlichen Erlösungsglauben des Offiziers die Tatsache, daß die Maschine nicht gehalten hat, was man sich von ihr versprach. Sie bricht über der Selbstjustiz des Richters und Henkers zusammen. Deutlicher können die Zeichen kaum ausfallen, als es hier geschieht! Im Offizier wird der Wendepunkt seines Verhaltens zum eigentlichen Drehpunkt der Deutung. Und ohne den anwesenden Forschungsreisenden hätte diese Wendung nicht erfolgen können. Aber ehe sie erfolgt, geschieht sprachlich mancherlei. Zwischen der Tötungsmaschine und der Sprache des Menschen gibt es einen Zusammenhang, den es zu erläutern gilt. Er wird fast ausschließlich durch die Person des Offiziers hergestellt.

Schon der unvermittelte Einsatz ist Rede des Offiziers, die sich auf den Gegenstand bezieht, der ihm über alles geht. »›Es ist ein eigentümlicher Apparat‹, sagte der Offizier zu dem Forschungsreisenden und überblickte mit einem gewissermaßen bewundernden Blick den ihm doch wohlbekannten Apparat« (E/199). Fast pausenlos redet der Offizier auf sein Gegenüber ein; von gewinnender Rhetorik – wenn sie es denn wirklich ist – hat man gesprochen; und um diesen zu überreden, sind ihm unter Einsatz seines Körpers fast alle Mittel recht. Er arbeitet mit Handbewegungen, hängt sich in den Arm des Reisenden (E/206), hält ihn mit der Hand fest und umarmt ihn gar, indem er ganz vergißt, wen er vor sich hat, so daß der Reisende in große Verlegenheit kommt (E/218). Rhetorisch gewandt nimmt er die Rede anderer auf, denkt sich aus, was sie gesagt haben könnten, um sie auf solche Weise zu widerlegen. Die möglichen Einwände des Forschungsreisenden gegen die hier geltende Rechtspraxis führt er an, um sie zu entkräften, ehe dieser überhaupt zu Wort kommen kann. Ein kleines Meisterstück solcher Rhetorik ist die Rede des neuen Kommandanten als Antwort des Reisenden in der Sprache des Offiziers: »›Ein großer Forscher des Abendlandes, dazu bestimmt, das Gerichtsverfahren in allen Ländern zu überprüfen, hat eben gesagt, daß unser Verfahren nach altem Brauch ein unmenschliches ist« (E/221). Das sagt er, als ob der neue Kommandant so gesprochen haben könnte. Im Zentrum seiner Rede steht indessen stets der Apparat, den er pausenlos erklärt und beschreibt mit dem Ziel, ihn für die Rechts- und Glaubensordnung zu erhalten, gegen den neuen Kommandanten und mit Unterstützung des Forschungsreisenden, wie er hofft. Der Apparat ist auch durch die Redeweisen das, was er ist. Der Offizier ist recht eigentlich der Propagandist dieser Maschine, erzürnt, wenn man die Anweisungen nicht genau befolgt, aber von Enthusiasmus erfüllt, wo es die Vorzüge des schrecklichen Mordinstruments zu erläutern gilt. Seine Rede ist auf weite Strecken hin Rechtfertigung, die auch deshalb mit solchem Aufwand betrieben wird, weil er seiner Sache nicht mehr sicher ist. Von Gegenfragen des Reisenden ist er irritiert und »peinlich berührt«, so daß man ein »verzerrtes Gesicht« bemerken kann (E/208). Doch dient dieser Apparat zugleich der Festigung seiner Macht. Aber auch der Macht des neuen Kommandanten, die dieser befestigen und auszudehnen sucht, ist er sich wohl bewußt: »Trotzdem seine Macht groß genug wäre, um gegen mich einzuschreiten, wagt er es noch nicht …« (E/219). Doch ist er sich ihrer nicht minder bewußt, und in ihrem Dienst steht seine Rede. Wie sehr es aber um diese geht – um Macht nämlich – zeigt sich am Werben um den Reisenden, damit er für ihn zeuge und für ihn spreche. Was er sich erwartet, kommt zum Ausdruck in dem Satz: »Und jetzt kommt endlich Ihr Wort« (E/225). Es ist keine Frage, daß er das erwartete Wort als ein Machtwort versteht.

Herrschaft durch Rede ist das, was der Offizier zu praktizieren sucht. Auch im *Brief an den Vater* ist es ein wiederkehrendes Motiv. Das herrische Temperament des Vaters, das sich vornehmlich sprachlich äußert, habe dieser in den letzten Jahren aus seiner Herznervosität heraus erklärt, bringt der Schreiber des Briefes vorwurfsvoll vor und fügt hinzu: »ich wüßte nicht, daß Du jemals wesentlich anders gewesen bist, höchstens ist Dir die Herznervosität ein Mittel zur strengeren Ausübung der Herrschaft, da der Gedanke daran die letzte Widerrede im anderen ersticken muß« (H/174). Die nie versagenden rednerischen Mittel des starken und mächtigen Vaters werden nacheinander aufgeführt; es sind dies: »Schimpfen, Drohen, Ironie, böses Lachen und – merkwürdigerweise – Selbstbeklagung« (H/176); und wie sehr es sich in solchen Machtverhältnissen um Redeverhältnisse handelt, bezeugt der Satz: »Tiefer gedemütigt hast Du mich mit Worten wohl kaum…« (H/214). Gegenüber solcher Rednerei des anderen sei dem Schreiber des Briefes alles Reden vergangen; und mehr noch habe er dadurch das Reden verlernt: »Ich bekam von

Dir [...] eine stockende, stotternde Art des Sprechens, auch das war Dir noch zu viel, schließlich schwieg ich, zuerst vielleicht aus Trotz, dann, weil ich vor Dir weder denken noch reden konnte« (H/175). Die Redeverhältnisse hier sind mit denjenigen in der *Strafkolonie* vergleichbar und analog. Auch hier die Bevorzugung der Rede als Macht oder als angestrebte Macht und das schweigende, nur von wenigen Gegenfragen unterbrochene Verhalten des Forschungsreisenden, der sich seinerseits in der Lage befindet, nicht recht zu Wort zu kommen. Es kann sich gewiß nicht darum handeln, Kafka als Verfasser des *Briefes* mit dem Forschungsreisenden zu vergleichen. Aber die Gestalt des Offiziers und die Gestalt des Vaters, wie sie im *Brief* erscheint, sind biographisch verwandt. Hier wie dort bezeugt sich väterliche oder autoritäre Gewalt als Redegewalt. Aber der Zusammenhang von Sprache und Tötungsmaschine zeigt sich noch in anderer Hinsicht. Diese Maschine steht in direkter Beziehung zur Rede der Menschen. Mit ihrer Hilfe wird dem Verurteilten das Gebot, das er übertreten hat, auf den Leib geschrieben. Es wird erläutert, wie solches Schreiben vor sich geht, und auch das ist vornehmlich Rede, was als Sadismus in der Beschreibung offenkundig wird: »Es darf natürlich keine einfache Schrift sein; sie soll ja nicht sofort töten, sondern durchschnittlich erst in einen Zeitraum von zwölf Stunden; für die sechste Stunde ist der Wendepunkt berechnet. Es müssen also viele, viele Zieraten die eigentliche Schrift umgeben; die wirkliche Schrift umzieht den Leib nur in einem schmalen Gürtel; der übrige Körper ist für Verzierungen bestimmt« (E/211). Jemandem etwas auf den Leib schreiben, ist ein idiomatischer Ausdruck, eine Redensart. Im *Duden* wird sie dahingehend erläutert, daß etwas für jemanden wie geschaffen und besonders geeignet für ihn sei; auf den Schauspieler, auf den die Wendung ursprünglich bezogen gewesen sei, wird aufmerksam gemacht [87]; und daß einem Schauspieler eine Rolle wie auf den Leib geschrieben ist, ist wohl die gängige Verwendung des Ausdrucks. Irgendwelche Rohheit der Denkweise muß man nicht unterstellen. Wenn Kafka gegen die sprachgeschichtliche Herkunft wörtlich nimmt, was man so sagt, so ist durchaus nichts gegen eine solche »Verdrehung« einzuwenden. Sein Wörtlichnehmen metaphorischer Redeweisen als künstlerisches Darstellungsprinzip wird damit nicht widerlegt. Die jederzeit mögliche Überführung des Figürlichen ins Wörtliche, Tätliche und Tödliche ist das, was von ihm in einem grundsätzlichen Sinn als jederzeit mögliche Bedrohung des Menschen erfaßt wird. Die »Redekultur« in Politik, Wissenschaft und Alltag, die vielfach weit entfernt ist, noch Kultur zu sein, wird durchschaut. Vielleicht das Erstaunlichste an Sprachwahrnehmung, das man sich denken kann, wenn man bedenkt, daß sie im Falle Kafkas aufgrund seiner Herkunft und seiner Umwelt nichts Selbstverständliches darstellt.

Daß alle Beredsamkeit nichts bewirkt, führt zur entscheidenden Wende der Erzählung, zum Wendepunkt, fast im Sinne der klassischen Novellentheorie. Der Glaube des Offiziers erweist sich als »ideologischer Überbau«, der wie ein Kartenhaus zusammenbricht, wenn die Bestätigung ausbleibt; und nicht nur bleibt die Bestätigung des Forschungsreisenden aus, sondern er sagt auch sein klares »Nein«. Es bringt den Offizier abrupt dahin, die Lust am Töten gegen sich selbst zu kehren und in der Form eines Selbstopfers die Hinrichtung an sich zu vollstrecken. An das in der Zeit des Expressionismus verklärte Selbstopfer, wie in Georg Kaisers Schauspiel *Die Bürger von Calais*, hat man nicht zu denken. Was hier geschieht, verweigert jeden Sinn. Gezeigt wird ein klägliches Ende. »Der Offizier hängt aufgespießt an der Egge wie ein Menschenopfer in den Krallen eines Tiergottes, der es nicht losläßt«, so ist es beschrieben worden.[88]Im Text selbst wird das Ende aus der Sicht des Reisenden wiedergegeben: »kein Zeichen der versprochenen Erlösung war zu entdecken; was alle anderen in der Maschine gefunden hatten, der Offizier fand es nicht; die Lippen waren fest zusammengedrückt; die Augen waren offen, hatten den Ausdruck des Lebens, der Blick war ruhig und überzeugt, durch die Stirn ging die Spitze des großen eisernen Stachels« (E/234). Daß alle anderen die Erlösung in der Maschine gefunden haben, ist Meinung des Reisenden, nicht mehr; denn wie sollte je ein Außenstehender über das befinden können, was im Inneren eines Menschen in einer solchen Stunde vor sich geht? Der Reisende nimmt mit dieser Aussage gegen die Vorstellungswelt des Offiziers Partei, wie er es schon mit seinem Nein getan hatte – wir dürfen annehmen: in Übereinstimmung mit der Instanz der Erzählung, die sich keineswegs als wertneutral darstellt. Im Zusammenhang solcher Bewertungen ist vorübergehend die Stimme eines Sprechers zu vernehmen, die weder die Stimme des Offiziers noch diejenige des Reisenden sein kann – also diejenige eines Erzählers oder einer Erzählinstanz sein muß. Im Verfolg der Anstrengungen des Offiziers, den Reisenden von der Weltordnung zu überzeugen, die er für die einzig richtige hält, wird eine Frage gestellt und eine Antwort gegeben, die nicht »objektiv« und neutral sondern wertend zu verstehen sind. »Begriff es schon der Offizier?«, fragt da jemand, und die Antwort lautet: »Nein, er begriff noch nicht. Er schüttelte lebhaft den Kopf, sah kurz nach dem Verurteilten und dem Soldaten zurück, die zusammenzuckten und vom Reis abließen, ging ganz nahe an den Reisenden heran...« (E/222). Er begriff noch nicht – soll doch wohl heißen: er sollte es endlich begreifen;

begreifen nämlich, daß die Zustimmung ausbleiben wird und daß man sein System als überholt ansieht, dem er weiterhin mit dem ihm eigenen Eifer und Fanatismus anhängt. Seiner letztlich erfolglosen Beredsamkeit entspricht das Versagen der über alles gerühmten Tötungsmaschine. Aber sie versagt erst jetzt und hat bisher, wie wir nicht bezweifeln müssen, ihren Dienst »vorzüglich« getan. Sie ist schon deshalb nicht in der fürchterlichen Bedeutung zu unterschätzen, die ihr innerhalb der Erzählung und über diese hinaus zukommt. Wenn es keine Hauptperson in Kafkas Erzählung gibt, wofür vieles spricht – einen Hauptgegenstand gibt es unbestreitbar: eben diesen Apparat, mit dem wir als Leser sofort im ersten Satz konfrontiert werden.

Über Symbolik, Allegorik, Metaphorik und Metaphysik der schrecklichen Tötungsmaschine ist viel geschrieben worden; auch mit phantastischer Literatur hat man sie in Verbindung gebracht.[89] Ehe man sich indessen in metaphysische Weltferne verliert, tut man gut, vom »Handgreiflichen« auszugehen und daran festzuhalten, daß eine Tötungsmaschine wie diese nicht einfach dem kranken, sadistischen oder sadomasochistischen Gehirn eines Schriftstellers entsprungen ist.[90] Tötungsmaschinen haben ihre Tradition in der Geschichte des menschlichen Fortschritts – einer Geschichte, die ihrerseits nicht zu trennen ist von den Fortschritten der Technik. Ihre Perfektion ist auch Tötungsmaschinen »zugute« gekommen; und schon in solcher Ausdrucksweise deutet sich die ihr eigentümliche Ambivalenz an. Sie beruht darin, daß die Fortschritte im Töten als etwas höchst Zweideutiges aufzufassen sind und daß der ursprünglich auf das Glück der Menschen bezogene Fortschritt seine Unschuld verliert, wenn er mit dem Töten von Menschen in Verbindung gebracht wird. Solche Zweideutigkeit zeichnet sich in einer Betrachtung Lichtenbergs über die Erfindung der Guillotine und ihrem technischen Fortschritt schon deutlich ab. Die Rede ist von dem in der Zeit der Französischen Revolution veröffentlichten Beitrag *Ein Wort über das Alter der Guillotine*. Der Fortschritt des Tötens wird hier begründet mit der Art, wie man tötet: »Aus diesen wenigen Betrachtungen mit jedes eigner Erfahrung im Leben bei Verwundungen zusammen gehalten, wird leicht erhellen: Daß die Guillotine mit langer Schneide, großem Gewicht, und hohem Falle, das sanfteste Mittel ist, den Kopf vom Rumpf zu trennen; sie allein schneidet, im eigentlichen Sinne, das Beil hackt und klemmt; das Schwert hackt und schneidet, und klemmt also auch, weil es hackt; die Schere klemmt und schneidet; die Säge, das schmerzhafteste Werkzeug unter allen, zerreißt durch Dehnung und schneidet.« Des Zynismus ist Lichtenberg durchaus nicht zu zeihen; denn eine Einschränkung gegenüber dem Fortschritt des Tötens fehlt keineswegs, wenn es gleich einleitend heißt: »Des Mannes Absicht war gut, denn, wenn doch einmal Köpfe abgeschlagen werden sollen, so ist nicht leicht eine vollkommenere Maschine zu dieser Absicht möglich, als die Guillotine.«[91] Doch ist wenigstens seit Einführung der Guillotine jeder Fortschrittsglaube blind, der im Fortschritt nicht immer auch die Möglichkeit der Perfektion des Tötens erkennen will.

Mit solchen Fortschritten der abgekürzten und sanften Schmerzen, kann man einwenden, hat die Tötungsmaschine in Kafkas Erzählung nichts zu tun. Der Schmerz wird hier im Gegenteil verlängert und die Tötung wird zu einer Folter, die an das »Fest der Martern« denken läßt, wie es Michel Foucault beschrieben hat. Aber unabhängig von allen sadistischen Zwecken, die im Denken des Offiziers bestimmend sein mögen, gibt es die Perfektion moderner Technik mit ihren komplizierten Apparaten und Ersatzteilen auch hier; und das Unheimliche dieser Tötungsmaschine wird noch dadurch erhöht, daß die Bezeichnung ihrer Teile wie Bett und Egge an Heimisches und Heimatliches erinnert. Die Erinnerung erzeugt den Widersinn, das unerhörte Paradox, und so mittelalterlich uns die Praxis dieser Tötungsmaschine als Foltermaschine vorkommen mag, so modern ist sie eben doch, was die technische Ausstattung angeht. Der widerwärtige Henker, den man bei Hinrichtungen benötigte, hatte schon mit der Erfindung der Guillotine nahezu seine Schuldigkeit getan. Er mußte seit dieser Zeit nicht mehr mit dem Einsatz seines Körpers tätig werden, sondern konnte sich auf Handgriffe beschränken. Die Hemmung zu töten, weil man sich nicht mehr die eigenen Hände blutig machen muß, wird reduziert. Diese »Verbesserung« zeigt sich auch an der Maschine in Kafkas Erzählung. Der Kommandant oder der Offizier legen den Verurteilten unter die Egge, und danach beginnt der Apparat zu arbeiten. Das ist weit entfernt, phantastische Literatur zu sein. In Heindls Buch *Meine Reise nach den Strafkolonien* wird Ähnliches geschildert. Auch hier beginnt die Tötungsmaschine, die der Henkersgehilfe erfunden hat, nach Betätigung eines Handgriffs selbsttätig zu arbeiten und erledigt weitere Hinrichtungen sozusagen automatisch und am laufenden Band: »Wenn mehrere Patienten nacheinander an die Reihe kommen, guillotiniert der zweite den ersten; er braucht nur den Fuß auf die Planke zu setzen und der Apparat beginnt zu arbeiten.«[92] Auch insofern, als die Maschine in Kafkas Erzählung gleichermaßen selbsttätig zu arbeiten beginnt, bleibt sie im Bereich der wirklichen und empirischen Welt. Die zahlreichen Fachausdrücke bestätigen die dargestellte Technik als Teil dieser Welt. Genannt werden Schraubendreher, Ersatzteile, Stahl-

seile, Räderwerk, Abflußröhre und anderes mehr. Auf diese funktionie-
rende Technik ist der Offizier über die Maßen stolz, und daß der Fortschritt in Wissenschaft und Technik dem Heil der Menschen diene, waren
Prämissen der Aufklärung und des 19. Jahrhunderts, die ihren unerhör-
ten Aufstieg ermöglicht haben. Wenn man allen Ernstes annimmt, daß
das hier veranstaltete »Fest der Martern« auf der Grundlage einer perfektionierten Technik dem Menschen zum Heile ausschlägt, so hat man die
in der Erzählung implizierte Fortschrittskritik schlechterdings über-
hört.[93] Die Kritik gilt der Perfektion der Technik, sofern sie eine Perfektion des Tötens ist oder sein kann; und sie gilt dem Glauben an solche
Perfektion, weil sie das jederzeit mögliche Versagen und die jederzeit
möglichen Katastrophen vergessen machen. Die Folgerung, die man aus
der dargestellten Selbstzerstörung gezogen hat, sind gewiß nicht leichtfer-
tig von der Hand zu weisen: »Eine stärkere Relativierung des Begriffs der
historischen Zeit und radikalere Infragestellung des sogenannten Fortschritts der Menschheit, als Kafka sie hier vornimmt, ist wohl kaum
denkbar. Beide dienen dem Hinweis auf die grenzenlose Gefahr der
Selbstvernichtung des Menschen.«[94]

Selbstzerstörungen des Menschen infolge technischer Katastrophen
hatte es wenige Jahre vor Entstehung der *Strafkolonie* gegeben, und auch
in der zeitgenössischen Literatur hatte man begonnen, sich solche Katastrophen auszumalen: in Gerhart Hauptmanns Roman *Atlantis* (1912), in
dem von einem Schiffsuntergang erzählt wird, noch ehe der Untergang
der »Titanic« die Menschen erschreckte; und in Bernhard Kellermanns
spannend erzähltem Roman *Der Tunnel* (1913). Sein Verfasser war für
Kafka kein unbekannter Schriftsteller; im Tagebuch (T/26) gibt es hierüber einige interessante und natürlich nicht unkritische Bemerkungen.
Auch in diesem Punkt, auch hinsichtlich des Umschlags von technischer
Perfektion in Versagen, Zerstörung und Katastrophe, bleibt Kafka in
seiner Zeit und ihrer Wirklichkeit; und solchen Wirklichkeitsbezug in
Fragen wie diesen gibt es auch sonst. Sein Interesse an Maschinen der
verschiedensten Art ist schon von seiner beruflichen Tätigkeit in der
Arbeiterunfall-Versicherung her ausgeprägt. Seine Kenntnisse auf diesem
Gebiet werden als beachtlich bezeichnet. Das sind zwar keine Tötungs-
maschinen, aber in dem Maße, als es sich um Unglücksfälle mit tödli-
chem Ausgang handelt, sind sie es doch. Auf solche Erfahrungen und auf
ihre Umsetzung im literarischen Text des Romans *Der Verschollene* hat
der Herausgeber der *Amtlichen Schriften* (Klaus Hermsdorf) in seiner
Einleitung aufmerksam gemacht; mit seinen Worten: »In der Tat ist
Kafkas Amerika der Kontinent einer perfektionierten Technik, welcher

der Autor mit der Skepsis desjenigen gegenübersteht, der an der Unfallstatistik Böhmens den Preis des technischen Fortschritts abliest.«[95] Insoweit bleibt alles in der Wirklichkeit des Hier und Jetzt. Unerklärbar, ins Phantastische übersteigert, erscheint uns die Tötungsmaschine dort, wo ihr Versagen in den kaum noch vollziehbaren Einzelheiten geschildert wird. Aber das Phantastische ist hier von der Art, wie das Nächste und Wirkliche unserer Zeit uns unversehens als etwas Phantastisches erscheinen kann. In einer Tagebuchnotiz deutet Kafka einen solchen Überstieg vom Wirklichen ins Phantastische oder Phantasiehafte an: »Alles ist Phantasie, die Familie, das Bureau, die Freunde, die Straße, alles Phantasie, fernere oder nähere, die Frau« (T/546). Aber wie steht es in Wirklichkeit mit der Erzählung Kafkas als einer phantastischen Erzählung, als die man sie hier und da verstanden hat? In einer Arbeit zu diesem Thema (von Rolf Günter Renner) wird dem Offizier ein vorwissenschaftliches Verhältnis zur Technik nachgesagt. Er schreibe dem Apparat eine mythische Funktion zu: »Dies vor allem weist auf den historischen Ort von Kafkas phantastischem Erzählen.«[96] Wie aber bestimmt man den historischen Ort und wie versteht er sich als derjenige der Figuren im Verhältnis zum Autor und seiner Kritik an ihnen? Den Offizier als vorwissenschaftlich zu bezeichnen, weil ihm die Technik zum Mythos geworden sei, wie es ja in der Tat der Fall ist, läßt fragen, was man mit Vorwissenschaftlichkeit eigentlich meint. Die mythische Funktion in dem hier verstandenen Sinn schließt moderne Wissenschaft nicht aus. Sie selbst kann ins Mythische überhöht werden, und nahe liegen könnte es durchaus, den Offizier als einen Anwalt des Fortschrittsglaubens aufzufassen, dem Fortschritt und Technik zum Mythos im Sinne einer ideologischen Fixierung geworden sind. Daß Anwälte des Fortschrittsglaubens dezidierte Anwälte auch der Todesstrafe sind, wie dieser Offizier es ist, ist ja auch sonst belegt: David Friedrich Strauß, der Verfasser der von Nietzsche zerpflückten Schrift *Der alte und der neue Glaube* und Ernst Haeckel, der Autor der für ihn weithin lösbaren *Welträtsel*, wären zu nennen.[97] Daß andererseits auch der neue Kommandant als der personifizierte Fortschrittsglaube bezeichnet wurde (von Wolfdietrich Schnurre), muß zu solchem Verständnis nicht im Widerspruch stehen. Vielleicht sind sie beide und auf ihre Art solche Anwälte.[98] Denn wo immer die Idee des Fortschritts zum Glauben geworden ist, zu einer Art Ideologie, kann man ihren Vertretern jederzeit bescheinigen, daß ihnen diese Idee und ihre Realisierung in Wissenschaft und Technik zum Mythos geworden ist, nur eben als Vertretern eines wissenschaftlichen Zeitalters, in dem sich Kafka so gut befand, wie wir uns in ihm befinden. Das schreckliche Ende des Offiziers gilt es in solchem Zusammenhang zu sehen. Der Reisende sieht zu und sieht sich nicht in der Lage einzugreifen, obschon er es möchte. Es folgt der Satz: »Der Reisende wollte eingreifen, möglicherweise das Ganze zum Stehen bringen, das war keine Folter, das war unmittelbarer Mord« (E/233). Das ist unverkennbar erlebte Rede. Aber mit der Aussage »das war keine Folter« gibt der Reisende nicht eigentlich wieder, was er selbst denkt, sondern wie diese Folter vom Offizier gedacht war. Der Nebensatz bringt es zum Ausdruck; und in seinem Sinn weiterdenkend, wird als Mord bezeichnet, was da geschieht. Nicht das, was der Offizier mit sich selbst getan hat, ist gemeint; um Selbstmord geht es nicht. Der Mord in der Vorsätzlichkeit, die ihm zugehört, wird von der Maschine begangen. Sie ist zu einem personartigen Etwas geworden, das sich der Herrschaft des Menschen entzogen hat und eigene Herrschaft auszuüben beginnt, indem es mordet. Das kann man in einem pejorativen Sinn mythisch nennen; nicht aus der einsinnigen Sicht einer Perspektivgestalt sondern aus der Sicht Kafkas selbst. Zugleich zeichnet sich in der Steigerung von der Folterung zum Mord eine Denkart ab, eine Pervertierung des Denkens, über die noch zu sprechen sein wird. Indem der Mord als das Schlimme erscheint, das man nicht mehr hinnehmen kann, erhält die Folter im ganzen den Charakter des Annehmbaren und Erträglichen: »das war ja keine Folter...« – wie sie es sein sollte; das war schlimmer als Folter, eben Mord. Was alles den Forschungsreisenden trotz der offenkundig gewordenen Gegensätze mit dem Offizier verbindet, geht aus dieser Redeszene über Folter und Mord deutlich hervor. Seine für das Verständnis der Erzählung zentrale Stellung kann nicht zweifelhaft sein; sie ist auch nie ernstlich bestritten worden, und mit Gewißheit ist er diejenige Figur, die dafür sorgt, daß die Erzählung nicht zu Ende ist, wenn wir als Leser das Ende des Offiziers und seiner Maschine erfahren haben. [99]

Rechtsordnung und Menschenrechte in der Sicht des Forschungsreisenden

In Kafkas Erzählung ist der Forschungsreisende diejenige Figur, die vom Anfang bis zum Ende der Erzählung anwesend ist. Das erste Wort hat zwar der Offizier, aber gerichtet wird es an dessen Gast, eben den Reisenden; und auch im letzten Satz wird er ausdrücklich genannt. Er entzieht sich den Wünschen des Verurteilten und des Soldaten, die sein Boot zu erreichen suchen; es heißt: »Sie hätten noch ins Boot springen können, aber der Reisende hob ein schweres, geknotetes Tau vom Boden, drohte ihnen damit und hielt sie dadurch von dem Sprunge ab« (E/236). Als Handelnder hält er sich zurück; er beobachtet, hört sich an, was gesagt wird; den Redefluß des Offiziers unterbricht er nur hin und wieder mit verwunderten Fragen. Seine Passivität steht zu den Aktivitäten und zu den Redeweisen des Offiziers in deutlichem Gegensatz. Dennoch ist er es, der die entscheidende Wende, den Umschwung im Verhalten des Offiziers, herbeiführt; und dies mit einem einzigen Wort, mit dem Nein zu dem hier geübten Gerichtsverfahren. Insofern er es aber ist, der dafür sorgt, daß die Erzählung mit dem Zusammenbruch der Mordmaschine noch nicht ihr Ende findet, mochte es nahe liegen, ihn zur Perspektivfigur im Sinne Beißners oder zur Hauptgestalt der Erzählung zu ernennen. Aber weshalb muß es unbedingt in einem erzählten Text eine Hauptfigur geben? Solches zu erwarten, entspricht sehr vielmehr der Erzähltradition als der modernen Literatur. Allzusehr verbindet sich mit solchen Vorstellungen die Erwartung vom positiven Helden als derjenigen Gestalt, mit der sich der Leser vorzugsweise identifizieren kann oder identifizieren soll, wie es im guten alten Bildungsroman der Fall ist. Die Tradition der in doppelter Weise einsinnigen Erzähltheorie wirkt in solchen Ermittlungen einer Perspektivfigur oder Hauptfigur abermals fort. Das bestätigt der Satz in dem Aufsatz Ulrich Schmidts, in dem dieser (der Forschungsreisende) zur Hauptfigur ernannt wird: »Die strikte Redeform auf die begrenzte Perspektive des Reisenden verhindert im Werkzusammenhang eine verbindliche und verklärende Sinngebung des grotesken Geschehens«.[100] Aber die strikte Reduktion auf die begrenzte Perspektive des Reisenden ist eine interpretatorische Unterstellung. Große Teile der Erzählung sind direkte Rede des Offiziers, und es ist nicht einzusehen, weshalb wir sie indirekt aufnehmen sollen: gebrochen nämlich durch die Perspektive des Reisenden. Vollends macht der Schluß deutlich, daß hier nur zum Teil aus der Sicht des Reisenden gesprochen wird; zum anderen Teil wird von ihm und über ihn erzählt – wie in Erzählungen sonst. Die Rede vom armen gedemütigten Volk entspricht nicht der Sehweise und dem in mehrfacher Hinsicht asozialen Verhalten dieses Menschen. In keiner der beiden Figuren, die zu Hauptfiguren erklärt worden sind, ist der Sinn des erzählten Geschehens verbürgt. Beide erscheinen aus der Optik des Ganzen in kritischer Distanz. Wie die anderen Menschen auch bleiben sie namenlos. Es entspricht der Struktur des antipersonalen Erzählens, daß es in Kafkas Erzählung eine Hauptfigur nicht gibt und auch nicht geben muß. Aber als zutreffend ist eine gelegentlich gemachte Bemerkung Peter U. Beickens zu bezeichnen, wonach dieser Reisende strukturell eine der seltensten Figuren Kafkas überhaupt sei.[101]

Kaum zu bestreiten ist eine andere Feststellung. Wir haben es nicht mit irgendeinem Reisenden zu tun, sondern mit einem Forschungsreisenden, wie uns sogleich im ersten Satz mitgeteilt wird. Diese zum Besuch der Strafinsel eingetroffene Person ist nicht aus freien Stücken hierher gekommen. Sie kommt im Auftrag anderer und wird entsprechend zuvorkommend behandelt. So heißt es denn: »Der Reisende selbst hatte Empfehlungen hoher Ämter, war hier mit großer Höflichkeit empfangen worden, und daß er zu dieser Exekution eingeladen worden war, schien sogar darauf hinzudeuten, daß man sein Urteil über dieses Gericht verlangte« (E/215). In der fingierten Rede des Offiziers, der sagt, was der neue Kommandant dem Reisenden vielleicht sagen könnte, wird dieser Forschungsauftrag ausdrücklich betont: »Ein großer Forscher des Abendlandes, dazu bestimmt, das Gerichtsverfahren in allen Ländern zu überprüfen, hat eben gesagt, daß unser Verfahren nach altem Brauch ein unmenschliches ist« (E/221). Zwar schränkt der Reisende solche Erwartungen ein – das entspricht seiner Neigung, sich nicht zu exponieren. Aber daß er im Auftrag kommt, wird nicht geleugnet; und daß wir es trotz der behaupteten Unkenntnis gerichtlicher Verfahren mit einem Juristen zu tun haben, ist anzunehmen. Mit der Bezeichnung des Reisenden als eines Forschungsreisenden erscheint ein Begriff der Wissenschaftssprache zwar nicht im Titel – wie in *Forschungen eines Hundes* oder *Ein Bericht für eine Akademie* – aber doch im Text. Die Bezugnahme zum eigenen Zeitalter als einem Zeitalter der Technik und der Wissenschaft ist unaufdringlich, aber vorhanden ist sie gleichwohl. Wenn es kritische Distanzierungen von dieser Person geben sollte, dann gelten sie sicher nicht dem »Privatmann«, als der er sich aus taktischen Gründen gelegentlich bezeichnet, sondern einer im Gebiet der Forschung autoritativen Person. Zum zweiten ist die Erinnerung an den Reisenden als einen Forschungsreisenden wichtig, weil es in der Wirklichkeit des deutschen Kaiserreichs den analogen Fall gegeben hat, von dem Kafka Kenntnis haben konnte: eben die Reise des Juristen Robert Heindl nach den Strafkolonien, von der im ersten Teil dieser Betrachtung ausführlich die Rede war.

In diesem Reisenden hat man bisweilen den lichten Punkt in der düsteren Landschaft der Erzählung erkennen wollen. Was hat man nicht alles aus ihm gemacht, da er es ja ist, der die Hinrichtung des Verurteilten verhindert! Er ist für nicht wenige Interpreten der positive Held schlechthin: der Träger von Aufklärungsideen; derjenige, der eine neue Position Kafkas anzeige, dem wir die Ehrenrettung verdanken, die es hier gebe – und so fort.[102] Statt anderer Beispiele sei eine dieser überaus freundlichen Einschätzungen aufgeführt. »In der ›Strafkolonie‹ «, meint Herbert Kraft,

»wird das Beispiel eines Handelns gegeben: Der ›Forschungsreisende‹ (!) hat gezeigt, auf welche Weise das Alte überwunden werden kann, wenn die Voraussetzungen für das Handeln des Einzelnen gegeben sind: durch den neuen Kommandanten sind die Verhältnisse in der Strafkolonie schon *grundlegend* verändert, so daß der Reisende *im konkreten Fall* den Anstoß zur Veränderung geben kann.« Mit dem Reisenden als sozusagen positiven Helden ist der Sinn der Erzählung sodann gefunden: »Indem nur die Möglichkeit [...] der Veränderung aufgezeigt wird, behält die Erzählung ihren *Appellationscharakter*. Auf den Beobachter kommt es an: auf den Leser, der wie der Reisende das Rechtssystem der Strafkolonie als Ungerechtigkeit erkennt und dagegen Stellung nimmt.« [103] Und das alles, weil er es fertig gebracht hat, das eine Wort »Nein!« auszusprechen, durch das die Welt der Strafkolonie zum Wohle der Menschen verändert werde, wie man meint. Mit anderen Worten: eine menschenrechtliche Lösung wird solchen Deutungen zufolge angenommen. Von humaner Weltoffenheit, von den humanen Zeiten des neuen Kommandanten kann gesprochen werden. Aber das Wort »human« kommt im Text überhaupt nicht vor; und das ist alles andere als eine nebensächliche Feststellung. Man fragt: auf welcher Textbasis ist wohl das Bild dieser Gestalt zu gewinnen, in der man dies alles verbürgt sieht? Doch beläßt man es nicht beim ersten Blick und sieht man genauer hin, so sollte rasch deutlich werden, daß sie die »Leitfigur« keineswegs ist, auf die alles Geschehen zuläuft, und schon gar nicht kann von einer Ehrenrettung die Rede sein, nachdem uns so viel Düsteres zugemutet worden war. Auch gegenüber dieser Gestalt ist kritische Distanz geboten, was kaum denkbar wäre, wenn man seine Perspektive als die bestimmende gemäß der Theorie von der Einsinnigkeit des Erzählens ansehen wollte.

Daß das Todesurteil nicht vollstreckt wurde, ist nur sehr bedingt sein Verdienst; denn um ein Haar wäre es zur Vollstreckung dieses Urteils gekommen, und viel zu lange ist der Forschungsreisende in einer Gleichgültigkeit verblieben, die tiefere Betroffenheit über das vermissen läßt, was er hier zu sehen bekommt. Ihm wachsendes Engagement zu attestieren, ist eine überaus freundliche Einschätzung seines Verhaltens. [104] Seine mangelnde Aufmerksamkeit gegenüber einer Exekution, die nichts Alltägliches ist, fällt auf. Er erscheint manchen Interpreten als ein Träumer, aber um Bequemlichkeit – der stets vorhandene Sessel! – geht es wohl weit mehr; und eben um Unaufmerksamkeit, die man wiederholt an ihm bemerkt: »Er hatte nicht ganz aufmerksam zugehört«, heißt es im Text (E/201); oder es wird gesagt, daß er sich über die Egge hinwegbeugte – »ohne sich um sie zu kümmern« (E/210). An dem Apparat, so abscheulich er ist, findet er vorübergehend Gefallen, und die Ästhetik der Grausamkeit ist ihm nicht völlig fremd. Daß hier strenge Maßregeln notwendig seien und daß man im letzten militärisch vorgehen müsse, findet durchaus seine Billigung. Militärgerichtsbarkeit, Strafkolonien und Deportation werden von ihm nicht grundsätzlich in Frage gestellt. Eine nur zaghaft sich äußernde Ablehnung des überkommenen Strafsystems ist ihm allenfalls zu attestieren. Er beschwichtigt sich selbst, wenn er sich einredet, dies alles gehe ihn im Grunde nichts an: »Er war weder Bürger der Strafkolonie, noch Bürger des Staates, dem sie angehörte. Wenn er diese Exekution verurteilen oder gar hintertreiben wollte, konnte man ihm sagen: Du bist ein Fremder, sei still« (E/214); und so sehr ihm klar ist, daß hier eine Ungerechtigkeit des Verfahrens und eine Unmenschlichkeit der Exekution vorliege, so sehr zögert er einzugreifen. Sich möglichst still zu verhalten, ist seiner Mentalität gemäß; mit einem Leisetreter hat man es doch wohl zu tun. Wenn er endlich doch seine Zustimmung zu diesem Gerichtsverfahren verweigert, indem ihm das eine Wort »Nein!« über die Lippen kommt, so ist damit eine Ehrenrettung seiner Person keineswegs vollzogen. Und gilt das Nein, das er endlich ausspricht, wirklich in erster Linie dem Verfahren, zu dessen Gegnern er sich bekennt? Der Verweigerung sind die pausenlosen Überredungskünste des Offiziers vorangegangen. Er hat sie mit allen nur denkbaren anwaltlichen Kniffen angereichert und sich einen Plan ausgedacht, wie der Forschungsreisende vor dem Kommandanten und seinem Gefolge reagieren soll; zu einer solchen Sitzung scheint alles vorbereitet zu sein. Er solle sich nach der Vorstellung des Offiziers nur kurz und lakonisch äußern, so daß seine Verbitterung als zweideutig und gegebenenfalls zugunsten des Offiziers aufgefaßt werden kann. Der Forschungsreisende wird also vor eine Entscheidung gestellt. Er soll vor dem Gremium dieser Administration sich so oder so entscheiden; und seine Entscheidung – das Nein, das er dem Offizier entgegensetzt – beruht darin, daß er der Entscheidung – vor dem Kommandanten – ausweicht. Er möchte vor diesem auf keinen Fall aussagen. Aber eine wirksame Veränderung könnte gerade durch ihn sehr viel besser herbeigeführt werden als durch irgend jemand sonst. Zu einer solchen Unterredung kommt es nicht. Seine menschliche Anteilnahme an dem, was er gesehen hat, ist begrenzt, wenn sie überhaupt vorhanden ist. Dieses menschenrechtliche Defizit trennt ihn von dem Offizier nur partiell, und Annäherungen an dessen »Weltbild« gibt es ja durchaus. Eine futuristisch anmutende Begeisterung für die Technik hat man festgestellt; und tatsächlich ist er zeitweilig vom Funktionieren dieser Maschine fasziniert.[105]

Der Unaufmerksamkeit und der erst nach längerem Zögern ausgesprochenen Verweigerung entspricht sein Desinteresse an den Menschen dieser Strafkolonie. Die von diesem System Betroffenen betreffen ihn kaum. Für den Verurteilten hat er wenig übrig. Er bleibt ihm fremd – »ein zum Mitleid gar nicht auffordernder Mensch« (E/215), also jemand der noch unterhalb der Menschen seinen Platz hat als eine Art Tier. So überläßt er denn die von diesem Strafsystem Betroffenen ihrem Schicksal, diesmal ohne lange zu zögern. Der Schluß, wie er den Verurteilten und den Soldaten am Sprung ins Boot hindert und ihn noch obendrein mit einem geknoteten Tau droht, spricht für sich selbst. Mehr noch spricht er gegen ihn. Dieser Forschungsreisende ist mit einem anderen Forschungsreisenden zu vergleichen, sieht man auf das Ende ihrer Besuche. Mit der Abreise, wie sie Robert Heindl in seinem Buch schildert, ist der Schluß bei Kafka in mehrfacher Hinsicht vergleichbar. Beide Reisende sind bestrebt, das Schiff so schnell wie möglich zu erreichen, das sie nach Europa zurückbringen soll; und beide sind sie sichtlich froh, es endlich erreicht zu haben. In Heindls Buch wird die Freude, dies alles hinter sich gebracht zu haben, in der witzigen Pointe eines mitreisenden englischen Passagiers zum Ausdruck gebracht, der sich viele Jahre in den Tropen aufgehalten hat und sich nun freut, wieder frieren zu können: »Ich friere!!! Friere!!! [...] Seit 14 Jahren zum erstenmal, daß ich wieder friere. Das ist der erste Gruß von *Europa!*«[106] Aber verwandt – wesensverwandt – sind die beiden Forschungsreisenden auch sonst. Auch der Verfasser des in Frage stehenden Buches, der im Auftrag der Deutschen Reichsregierung sich auf den Weg gemacht hatte, um zu beobachten und zu berichten, lehnt das Strafsystem der Deportation ab, das er vorfindet, nur eben vorwiegend aus Gründen der Praktikabilität und der Rentabilität. Seine menschenrechtliche Betroffenheit, wie ein bestimmtes Verhalten behelfsweise beschrieben werden soll, das man erwarten kann, ist wenig ausgeprägt. In solchen Einstellungen ist Robert Heindl von Kafkas akademischem Lehrer als einem eifrigen Verfechter des Strafsystems der Deportation nicht im Grundsätzlichen getrennt. Die im Text weithin kritische Sicht, die nicht aus der Sehweise einer Figur zu gewinnen ist, sondern durch den Text in allen seinen Sehweisen, wird durch die für den Schluß erwogenen Varianten bestätigt, obwohl man sich hüten sollte, ihnen hinsichtlich der abgeschlossenen Erzählung ein allzu großes Gewicht beizumessen. Schließlich sind es ausgeschiedene oder doch verworfene »Lesarten« und nicht der authentische Schluß.

Im Grunde bestätigt jede dieser Varianten die betont kritische Sicht, die sich dem Leser aufdrängt und aufdrängen soll; sie wird hier nur noch schärfer und schroffer zum Ausdruck gebracht. So in dem Passus, der von dem Versuch des Verurteilten und des Soldaten erzählt, in das Boot des Forschungsreisenden aufgenommen zu werden. Der Letztere schickt sie auch hier mit einer Handbewegung fort, nur eben in einer sehr viel rabiateren Art als im abgeschlossenen Text: »sie zögerten, er warf einen Stein nach ihnen, noch immer berieten sie, da lief er zu ihnen und stieß sie mit den Fäusten« (T/525). Die aufschlußreichste der im Tagebuch überlieferten Varianten ist diejenige, in der das Wort »Hundsfott« gebraucht wird. Hier heißt es: »Der Reisende fühlte sich zu müde, um hier noch etwas zu befehlen oder gar zu tun. Nur ein Tuch zog er aus der Tasche, machte eine Bewegung, als tauche er es in einen fernen Kübel, drückte es an die Stirn und legte sich neben die Grube. So fanden ihn zwei Herren, die der Kommandant ausgeschickt hatte, ihn zu holen. Wie erfrischt sprang er auf, als sie ihn ansprachen. Die Hand auf dem Herzen, sagte er: ›Ich will ein Hundsfott sein, wenn ich das zulasse‹. Aber dann nahm er das wörtlich und begann, auf allen Vieren herumzulaufen. Nur manchmal sprang er auf, riß sich förmlich los, hängte sich einem der Herren an den Hals und rief in Tränen aus: ›Warum mir das alles!‹ und eilte wieder auf seinen Posten« (T/525). Dieser Textstelle ist zu entnehmen, daß im Falle eines anderen Schlusses an eine Zusammenkunft mit dem Kommandanten und seinem Gefolge gedacht war; und zu entnehmen ist ihr auch, daß er sich dieser Untersuchung zu entziehen gesucht hätte. Mit der Bemerkung: »Ich will ein Hundsfott sein, wenn ich das zulasse«, erhalten wir Einblick in sein schlechtes Gewissen. In jedem Fall sehen wir als Leser besser, was in ihm vorgeht, was er gern verdrängen möchte oder verdrängt hat; seine Verhaltensgestörtheit wird nun vollends offenkundig. Und abermals geht es bei Kafka um die Verfahrensweise des Wörtlichnehmens; abermals handelt es sich um eine Redensartlichkeit mit Beziehung auf die Tierwelt. Mir scheint, es läuft auf eine Verharmlosung dessen hinaus, was mit dieser Verfahrensart gemeint ist, wenn man darin nur einen Hang zum Animalischen erkennen will, der sich aus dem Phänomen des Sadomasochismus erklärt.[107] Mit diesem Zug zum Hündischen wird eine Verbindung zwischen dem Reisenden und dem Verurteilten hergestellt, die es im erzählten Text nicht gibt. Das liest sich, als walte hier eine Ironie der Dinge wie ähnlich im Fall der zusammenbrechenden Maschine. Aber die Degradierung des Menschen zum Tier im Text selbst hat nichts mit Sadomasochismus zu tun. Sie ist bezeichnend für eine bestimmte »Denkungsart«, die sich im erzählten Text findet, weil sie in der zeitgeschichtlichen Wirklichkeit verbreitet ist. Denn nicht der Verurteilte sieht sich sadomasochistisch als einen Hund, sondern er wird so gesehen; und wenn er sich wie ein solcher verhält, dann eben deshalb, weil man ihn hierzu abgerichtet hat.

Es ist aber gar nicht nötig, die betont kritische Sicht, die im Text die bestimmende wird, nur von den Varianten her zu belegen und zu begründen. Auch der Schlußteil – und er ist so schlecht nicht, wie ihn Kafka gelegentlich gemacht hat – liefert den erwünschten Beleg. [108] Es ist derjenige, der dem Selbstgericht des Offiziers noch folgt; und zumal in diesem Teil gibt es Motivbereiche, die Beachtung verdienen, aber das Interesse der Interpreten nicht gleichermaßen finden konnten, weil ihre Deutungen einseitig aus der Perspektive der leitenden Persönlichkeiten heraus gewonnen wurden. [109] Erstmals hier gibt es Menschen und Menschengruppen anderer Art. Gegen Ende der Erzählung, auf dem Weg zum Grab des Kommandanten, trifft man auf Gäste, die an einigen zum Teehaus gehörenden Tischen sitzen: »Es waren wahrscheinlich Hafenarbeiter, starke Männer mit kurzen, glänzend schwarzen Vollbärten. Alle waren ohne Rock, ihre Hemden waren zerrissen, es war armes gedemütigtes Volk« (E/235). Das ist zum ersten alles andere als eine wertneutrale Feststellung, wie man sie dem einsinnigen Erzähler nachgesagt hat. Hier ist Sympathie erkennbar, die Art der Personenbeschreibung bezeugt es. Zweitens können diese Äußerungen aus der Sicht des Forschungsreisenden nicht gesagt sein. Dagegen spricht der wertende Akzent, die Sympathie des Sprechers, wer immer es sei. Mit dem sozialen Desinteresse des hohen Herrn, falls man das Verhalten des Forschungsreisenden nicht als asozial bezeichnen will, verträgt sich diese Aussage nicht. Wie er den Angehörigen des »gedemütigten Volkes« ein paar Münzen hinwirft, wie er sich auch sonst gegenüber den Erniedrigten verhält – was immer die Gründe dieser Erniedrigung sein mögen –, ist bezeichnend für sein mangelndes Interesse in sozialer Hinsicht. Diese Ärmsten des Volkes gehen ihn am wenigsten etwas an. Was aber, müssen wir fragen, bedeutet es, wenn wir als Leser am Ende der Erzählung mit diesem gedemütigten Volk bekannt gemacht werden? Und was bedeutet es im Aufbau des Ganzen? Diese letzte Begegnung des Forschungsreisenden auf der Strafinsel im Fernen Osten, ehe er das Schiff erreicht, das ihn nach Europa zurückbringt, ist alles andere als ein angehängter Schluß. Sie ist für das Verständnis der Erzählung mit einer Strafinsel als Schauplatz der Handlung von maßgeblicher Bedeutung.

Innerhalb des Systems ›Überwachen und Strafen‹ treffen wir zum erstenmal auf Menschen, die nicht zum Personal der Administration gehören und alles deutet darauf hin, daß sie es sind, die man überwacht und bestraft. Sie in erster Linie, diese Ärmsten der Armen, sind doch wohl die

Deportierten dieser Strafkolonie im engeren Sinn. Daß sie zu Hafenarbeiten herangezogen werden, wird an anderer Stelle der Erzählung gesagt – dort nämlich, wo der Offizier von dem bevorstehenden Besuch des Forschungsreisenden beim Kommandanten so spricht, wie er sich diesen Besuch vorstellt: »Nun sitzen Sie also morgen mit den Damen in der Loge des Kommandanten. Er versichert sich öfters durch Blicke nach oben, daß Sie da sind. Nach verschiedenen gleichgültigen, lächerlichen, nur für die Zuhörer berechneten Verhandlungsgegenständen – meistens sind es Hafenbauten, immer wieder Hafenbauten! – kommt auch das Gerichtsverfahren zur Sprache« (E/224). Aber um frei erfundene »Verhandlungsgegenstände« irgendeiner phantastischen Literatur handelt es sich keineswegs. Von Hafenarbeitern ist in den Schriften, die sich für die Einführung der Deportationsstrafe verwenden, wiederholt die Rede. In der Schrift von Oscar Priester wird ausgeführt, daß man es an Hafenarbeiten in den Kolonien lange Zeit habe fehlen lassen und daß die deportierten Sträflinge hierzu vor allem heranzuziehen seien[110] Daß dieses arme gedemütigte Volk so spät und nur am Rande der Erzählung erwähnt wird, macht deutlich, daß es den Verantwortlichen dieses Strafsystems um Menschen nicht in erster Linie geht, sondern um eine sich verselbständigende Bürokratie weit mehr, die Menschenmaterial verwaltet und mit Tötungsmaschinen über den Menschen triumphiert. Von dem gedemütigten Volk wird in diesem Zusammenhang gesagt, daß sie über die Grabschrift, die eine Auferstehung des alten Kommandanten verheißt, lächeln: »als hätten sie mit ihm die Aufschrift gelesen, sie lächerlich gefunden und forderten ihn auf, sich ihrer Meinung anzuschließen« (E/236). Daß diese Menschengruppe Anhänger des alten Kommandanten sei, wie behauptet worden ist, steht nicht im Text.[111] Ihre Vertreter vor anderen sind die eigentlich Betroffenen des Systems, und die in der Erzählung erkennbare Sympathielenkung gilt ihnen. Weil man sich im Verständnis der Erzählung viel zu einseitig die Perspektive und Denkweise des Forschungsreisenden zu eigen gemacht hat, konnte es geschehen, daß man die Niederen und Erniedrigten nicht beachtet hat – daß man sie so wenig gelten ließ wie dieser Reisende auch. Aber erst mit dem Blick über die hochgestellten Persönlichkeiten dieser Strafkolonie hinaus gewinnt diese Erzählung ihre sozusagen menschenrechtliche Strahlungskraft. Über die Rechts- und Glaubensordnung des alten Kommandanten ist das Urteil gesprochen. In ihm eine christusähnliche Gestalt zu sehen, weil das Wort »Auferstehung« vorkommt, ist – mit Verlaub gesagt – absurd. Wie wohl sollte sich eine christliche Erlösergestalt mit dem Machtwillen vertragen, der hier gilt? Er werde seine Anhänger »zur Wiedereroberung der Kolonie finden«, wird in der Grabschrift verheißen. Das ist nicht christlicher Glaube sondern allenfalls die Parodie eines solchen. Doch bleibt das Verhältnis des Alten zum Neuen noch zu klären, es handele sich dabei um Fragen des Glaubens – oder der Rechtsordnung.

Der am Ende sich abzeichnende Gegensatz ist der Gegensatz zwischen der Ordnung, wie sie unter dem alten Kommandanten bestand und derjenigen des neuen Kommandanten. Vom Text her ist es berechtigt, hinsichtlich des ersteren auch an eine Glaubensordnung zu denken, an eine Ordnung im religiösen und theologischen Sinn. Einer solchen Deutung hat unter anderen Wolfdietrich Schnurre in seinem Tagebuch *Der Schattenfotograf* das Wort geredet: »Trotz Walter Benjamins zum Teil berechtigter Einwände: Neige zu einer theologischen Interpretation. ›Ehre deinen Vorgesetzten‹ –: Dieses Strafmotto, das dem Deliquenten mit dem Apparat auf den Rücken geschrieben wird, wäre zu banal, wollte man es realistischer fassen. Es meint Gott. Gott ist der ›alte Kommandant‹, dessen Grab sich unter den (besetzten) Wirtshaustischen befindet.« [112] Sieht man von der zu eindeutig formulierten Aussage – »Gott ist der ›alte Kommandant‹« – einmal ab, so spricht noch anderes für eine solche »Lesart«: die Art nämlich, wie der Verurteilte über den Offizier und seinen Umschwung denkt: »Wahrscheinlich hatte der fremde Reisende den Befehl dazu gegeben. Das war also Rache. Ohne selbst gelitten zu haben, wurde er doch bis zum Ende gerächt« (E/231). Das ist, beiläufig gesagt, erlebte Rede; sie aus der Perspektive einer anderen Figur aufzufassen, etwa des Reisenden, ist abwegig. Aber darum geht es hier nicht; ausschließlich um der religiösen Motive willen wurde der Passus zitiert. Er läßt an die Glaubenswelt des Alten Testaments denken; dafür könnte auch die Strenge der Strafen sprechen, die man in dieser Strafkolonie anwendet. In den Aufzeichnungen aus dem Nachlaß ist eine hier anzuführende Bemerkung erhellend: »Aus der alten Geschichte unseres Volkes werden schreckliche Strafen berichtet. Damit ist allerdings nichts zur Verteidigung des gegenwärtigen Strafsystems gesagt« (H/325). Die Zeitkritik ist unüberhörbar, und wer meinen sollte, damit habe Kafka nichts zu tun, müßte sich wenigstens hinsichtlich einer solchen Niederschrift eines besseren belehrt sehen. Die Kritik gilt nicht allein dem gegenwärtigen Strafsystem, sondern dem alten System nicht minder; und sie gilt gleichermaßen der hier sich abzeichnenden Glaubenswelt. Die Theologie, wenn man das so nennen will, ist eine negative Theologie: es ist alles andere als positiver, »echter« und »wirklicher« Glaube. Die sinnlos gewordenen Glaubenssätze »Ehre deinen Vorgesetzten!« zeigen es an. Eine derart religionskritische Deutung ist auch Wolfdietrich Schnurre nicht entgangen: »Sein Tod (derjenige des Offiziers) ist der sinnlose Tod der Orthodoxie. Sie opfert sich für ein längst gestorbenes Prinzip [...] Der neue Kommandant hat gesiegt.«[113]

Nur darf dieser Sieg, falls es sich um einen solchen überhaupt handelt, nicht mißverstanden werden. Mit ihm ist weder Gerechtigkeit noch eine neue, humane Rechtsordnung verbürgt. Die Erzählung findet keineswegs darin ihren Sinn, daß die alte Ordnung abgelöst und durch eine neue ersetzt wird, die eine ganz andere ist; denn mit der neuen, der vermeintlich milderen Rechtssprechung ist keine grundsätzlich neue Ordnung gegeben. Der neue Kommandant und sein Gefolge einschließlich der Karikaturen seiner Damen ist alles andere als der Garant neuer Humanität. Ebenso wenig ist es der Forschungsreisende, der sich der Verantwortung durch Flucht entzieht. Was geschehen ist, kann jederzeit wieder geschehen, allenfalls in etwas »milderen« Formen. »Die alte Ordnung hat für die Erlösung den Menschen geopfert. Die neue Ordnung hat für den Menschen die Erlösung geopfert. Beide Ordnungen sind barbarisch. Keine kann gegen die andere ausgespielt werden. Denn beide sind nicht zu leben.« So formuliert Wilhelm Emrich.[114] *Der alte und der neue Glaube* ist der Titel der Schrift von David Friedrich Strauß, die sich Nietzsche in der ersten seiner *Unzeitgemäßen Betrachtung* vorgenommen hatte. Hier wird nun deutlich und eindeutig der neue Glaube – der Fortschrittsglaube des späten neunzehnten Jahrhunderts – gegen den alten Glauben ausgespielt. Der eine wird von dem anderen abgelöst. Wir haben es mit Lösungen zu tun. Kafka gestattet sich solche Lösungen nicht, und erweist sich eben darin als ein Schriftsteller der modernen Literatur. Mag er selbst sich über Arthur Schnitzler gelegentlich abfällig geäußert haben, so haben doch beide den Verzicht auf Lösungen wie diese gemeinsam.[115] Bei Schnitzler wird dies wiederholt in der Weise gezeigt, daß zwei Arztfiguren gegeneinander stehen und daß die Synthese ihrer Auffassungen die Lösung bringen könnte, die nicht zustande kommt. Im Roman *Der Weg ins Freie* gibt es ein solches Beispiel; hier auch findet sich das Wort von den nicht mehr möglichen Lösungen im bisherigen Sinn: »Für unsere Zeit gibt es keine Lösung, das steht einmal fest. Keine allgemeine wenigstens. Eher gibt es hunderttausend verschiedene Lösungen.«[116] Was Schnitzler den Schriftsteller Heinrich Bermann sagen läßt, ist ganz im Sinne der literarischen Moderne gesagt. Aber weil es den positiven Helden nicht gibt, zu dem sich weder der Offizier noch der Reisende eignen, und weil es das Positive solcher Lösungen wie bei David Friedrich Strauß nicht mehr gibt, ist Kafkas Erzählung natürlich nicht nihilistisch zu nennen, noch bleibt sie uns jeden Sinn schuldig. In der Kritik an beiden Rechts- und Glaubensordnungen wird ein Wissen erkennbar, das demjenigen der Figuren überlegen ist; und mehr noch als auf solche Ordnungen zielt die Kritik auf bestimmte Denkarten, die ihnen zugrunde liegen. Ich bezeichne sie in Übereinstimmung mit anderen als Formen pervertierten Denkens. Aber zu besserem Verständnis solcher Denkformen ist es angebracht, eine bisher nicht genannte «Quelle» an dieser Stelle heranzuziehen.

Formen pervertierten Denkens

Zu den »Quellen« Kafkas, als die Alfred Webers Essays und das Buch des Kriminologen Robert Heindl zu vermuten sind, tritt ein weiterer Text, bei dem mit Gewißheit angenommen werden darf, daß er zur »Strafkolonie« Kafkas eine Art »Vorlage« bildet, wie immer man das Verhältnis von eigenem Text und »Vorlage« einschätzen mag.[117] Es handelt sich um ein merkwürdiges Romanwerk der Jahrhundertwende von nur geringem Umfang: Octave Mirbeaus *Le Jardin des Supplices* (1899), von dem wir wissen, daß es in Kafkas Bibliothek vorhanden war.[118] Die Entdeckung – und eine solche ist es wohl – wurde zuerst 1957 in einem in englischer Sprache verfaßten Aufsatz (von W. Burns) mitgeteilt.[119] Er gilt seitdem in seiner Bedeutung für Kafkas Erzählung als durchaus umstritten; und das betrifft nicht zuletzt die literarische Qualität dieser »Vorlage«. Von einem pornographischen, anarchistisch-sadistischen Machwerk, das Kafka wegen der hier typischen Verbindung von Geschlechtlichkeit und Tod faszinieren mußte, spricht Hartmut Binder im Kommentar zu den Erzählungen.[120] An anderer Stelle bezeichnet er Mirbeaus Text als die Hauptquelle der *Strafkolonie*.[121] Schon an dieser Differenz – ein Machwerk einerseits, die Hauptquelle zum anderen – könnte mit Bewunderung gefolgert werden, wie Kafka aus einem Nichts etwas zu machen versteht. Aber auch zu ganz gegenteiligen Folgerungen hat die Herabstufung zu einem literarischen Nichts geführt: diese Differenz zwischen beiden Texten sei so groß, hat man gesagt, »daß man fast von einem Nichtverhältnis sprechen könnte.«[122] Aber Mirbeaus schmaler Roman ist dieses Nichts keineswegs. Er steht in einer vornehmlich französischen, aber eigentlich gesamteuropäischen Tradition: derjenigen des Sadismus und des Sadomasochismus.[123] Doch ist die Verwendung dieser Begriffe zur Bezeichnung bestimmter Phänomene im Gebiete der sexuellen oder mentalen Perversion verführerisch. Es kann leicht geschehen, daß man das Beschriebene auf den überträgt, der es beschreibt, daß also Sadisten und Sadomasochisten diejenigen genannt werden, die sich auf die Beschreibung solcher Phänomene eingelassen haben, Dostoevskij und Čechov womöglich eingeschlossen.[124] Denn was sie darstellen, indem sie Selbsterlebtes oder Erfahrenes darstellen, entspricht durchaus den hier in Frage stehenden Phänomenen. Das Verführerische – und Verfehlte – beruht darin, daß man womöglich Foltern und Menschenquälereien um ihrer selbst willen dargestellt sieht und die Kritik an der so dargestellten Wirklichkeit übersieht. Der französische Schriftsteller Octave Mirbeau ist aber nicht einfach Sadist oder Sadomasochist, für den ihn viele halten mögen, sondern ein unerbittlicher Sozial- und Gesellschaftskritiker seiner Zeit. Eine Bemerkung Henry van de Veldes in seiner Autobiographie bestätigt diesen ihm eigentümlichen Zug seines schriftstellerischen Schaffens: »Zu den ersten Gästen zählte der französische Schriftsteller Léon Werth, ein scharfer Kritiker aus Mirbeaus Schule«, heißt es hier.[125] Es sind solche Zeitbezüge, die der französische Autor und Kafka gemeinsam haben, und die man bei Kafka dort nicht wahrhaben will, wo man seine in ihrer Weise unerbittliche Erzählung als eine Art Märchen mit theologischem Hintersinn auffaßt.[126]

Die zahlreichen Übernahmen und Entsprechungen im Einzelnen sind im Kommentar zu Kafkas *Strafkolonie* aufgeführt. Hier geht es um Gemeinsames allgemeiner Art. Dasein als Gefangenschaft ist auch in Mirbeaus Erzählwerk, wie bei Kafka, ein zentrales Motiv. Das Zuchthaus wird eingehend beschrieben: »Die rechteckigen Mauern des am Flußufer gelegenen Zuchthauses umschlossen eine Fläche von mehr als zehntausend Quadratmetern. Da gab es nicht ein einziges Fenster, keinen anderen Zugang als das gewaltige, von hohen Drachen gekrönte und mit schweren Eisenstangen bewehrte Tor [...] Zwei Gardisten hielten mit Lanzen in den Fäusten die Torwacht. Rechts des Pfahlwerkes lag bewegungslos ein kleines Panzerschiff, das seine drei Kanonen auf das Zuchthaus gerichtet hielt.«[127] Auch bei Mirbeau wie bei Kafka ist die Lust am Töten ausgeprägt. Von Mordlust und von der Gier zu töten, wird gesprochen[128]; und ausgeprägt bis zum Exzess ist die Lust am Foltern, wofür entsprechende Instrumente und Apparate zur Verfügung stehen. Die von solchen Foltern hingerissene Frauengestalt – sie heißt Clara – steht in solchen Exzessen dem Offizier in Kafkas Strafkolonie in nichts nach. Sie berichtet von einem Mann, der von einem Richter zum Tode verurteilt wurde, weil er einen Fisch gestohlen hatte: »Der Richter hatte einfach erklärt: ›Man muß nicht von jedem Mann, der in seiner Hand einen Fisch hält, glauben, daß er ein Fischer ist!‹ Und dann verurteilt er ihn zum Tod durch die eiserne Rute. Wegen eines Fisches, Liebster! Das geschah dann im Garten der Foltern. Der Mann kniete auf der Erde, du mußt dir das vorstellen, und sein Kopf ruhte auf einem Klotz, der schwarz von altem Blut war. Rücken und Lenden des Mannes waren nackt« – und so fort.[129] Wie sehr es in dieser abnormen Frau die sexuelle Gier ist, die sie solches erleben läßt, verschweigt der Text keineswegs; vielmehr sagt sie selbst, was sie dabei empfand: »Das war grausam und sehr süß. Und wenn du wüßtest, wie schön er war, dieser Mann. Wie stark er war! Muskeln, wie man sie an Statuen sieht. Umarme mich, mein Liebster, umarme mich doch!«[130] Eine Lust am Töten wird aufgedeckt, an der sich die Wissenschaften beteiligen. »Schließlich ist das Töten die Grundlage, auf der die Institutionen unserer Gesellschaft fußen«, sagt einer dieser Gelehrten mit unverhohlenem Zynismus. Aber es ist nicht irgendein Gelehrter, den wir hier im Salon einer Gesellschaft kennenlernen, sondern ein solcher, der dem Darwinismus – man sollte sagen: dem Sozialdarwinismus – anhing.[131] Dieser Gelehrte fährt fort: »Wenn das Töten ausstürbe, hätte auch jede Art von Regierung ihren Sinn verloren. Denn das Verbrechen im Allgemeinen und das Töten im Besonderen sind nicht nur die Entschuldigung für ihre Existenz, sondern auch ihre einzige Grundlage. Wir würden doch sonst in hoffnungsloser Anarchie leben [...] Das Töten resultiert sich übrigens hinreichend aus sich selbst. Richtiger gesagt, es ist nicht das Ergebnis dieser oder jener Leidenschaft, und auch keine pathologische Form der Entartung. Es ist ein vitaler Trieb, der in uns steckt.«[132]

Über weitere Zeitbezüge ist zu sprechen, und das am Ende des Jahrhunderts geschriebene Erzählwerk ist nicht nur im Stil der Zeit geschrieben, es nimmt auch aktuelle Zeitereignisse auf. Über Mirbeaus vermeintliches Machwerk ist ohne Beziehung auf ein bestimmtes Ereignis des ausgehenden neunzehnten Jahrhunderts nicht zu urteilen, das die Zeitgenossen aufs äußerste erregte: keine anderes als die Dreyfus-Affäre und die Verurteilung des jüdischen Hauptmannes zur Strafe der Deportation nach Französisch-Guyana; und zeitkritisch zu verstehen ist auch, wie Menschen verfolgt werden, dem Geist oder dem Ungeist des Antisemitismus entsprechend. Der Vergleich mit der Jagd auf Wild wird als Kompensierung solcher Triebe aufgefaßt: »Möge niemals in unseren Wäldern und Ebenen das Wild aussterben! Das Wild ist unsere Schutzgarde und – in gewissem Sinne – unsere Geisel. An dem Tag, an dem es tatsächlich verschwände, müßten wir uns unverzüglich Ersatz beschaffen – zum delikaten Pläsier der ›kultivierten Geister‹! Die Affäre Dreyfus soll uns ein warnendes Beispiel sein; niemals vorher haben sich, so glaube ich, die Lust am Töten und die Freude an der Menschenjagd so vollkommen und so zynisch offenbart...«.[133] Der Philosoph, der hier davon spricht, daß sich die Lust am Töten und die Freude an der Menschenjagd »zynisch offenbarten«, gehört zu denjenigen, die den Zynismus durchschauen und beim Namen nennen. Er spricht sarkastisch, aber direkt und ohne Ironie. Aus einer solchen Sprechlage heraus äußert er sich kritisch und in einer geschichtspessimistisch kaum mehr zu überbietenden Weise über den Geist des Tötens, den man den Menschen beizubringen versteht: »Sobald der Mensch zum Bewußtsein erwacht, flößt man ihm den Geist des Tötens ein. Mord, monumentalisiert bis zur Pflicht, popularisiert bis zum Heldentum, begleitet ihn auf allen Stufen seines Lebensweges [...] Man zwingt ihn [...] die Menschen niederzumähen wie das Korn [...] Er findet im Krieg die höchste Synthese des ewigen und alles umfassenden Wahnsinns des Tötens, [...] das zur nationalen Funktion geworden ist ...«. [134] Dagegen versteht sich der Zynismus anderer Figuren im Gegensinne dessen, was sie sagen, denken und tun. Hier bestimmen Ironie und Satire in der Sicht des Erzählers oder der Erzählung den Ton. Aus solcher Optik erscheint das Denken dieser Menschen pervertiert. Innerhalb der Erzählung nimmt man Formen pervertierten Denkens vor allem an der Frauengestalt wahr. Für sie sind die anderen, die Normalen, pervertiert. Von der Liebeskultur der Chinesen, denen man Barbarei vorwerfe, schwärmt sie auf ihre Art. Ihrem europäischen Freund, dem Icherzähler, wirft sie vor: »Aber du, du bist ja nur ein europäischer Liebhaber, eine armselige, kleine, furchtsam fröstelnde Seele, der die katholische Religion albernerweise die Angst vor der Natur und den Haß auf die Liebe eingeflößt hat; sie hat in dir den Sinn des Lebens verfälscht und pervertiert ...« – »Elle a faussé perverti en toi le sens de la vie«. [135] Pervertierung des Denkens äußert sich in der Weise, daß Normales als pervertiert bezeichnet wird, und was beide Texte vor allem verbindet, sind Formen solchen Denkens, wenn Denken im eigentlichen Sinn des Wortes Denken an den Menschen und für den Menschen bedeutet oder bedeuten sollte.

Von Pervertierung des Denkens ist im Verhältnis der *Strafkolonie* wiederholt gesprochen worden. Der Philosoph Walter Biemel, dem wir eine vorzügliche Analyse der Erzählung verdanken, deutet die Selbstauflösung des Apparates als notwendige Selbstauflösung »einer pervertierten Rechtsauffassung.« [136] Hier werde die kritisierte Rechtsauffassung auf den Kopf gestellt; wörtlich führt er aus: »Das ist eine so radikale Pervertierung der Idee der Gerechtigkeit, daß eine radikalere kaum ausdenkbar ist.« [137] Er sieht die äußerste Perversion darin, daß schon die geringste Strafe Todesstrafe bedeutet und spricht von einer bestimmten Verkehrung des Sinnes ins Gegenteil. [138] Die Erscheinungsformen des Grotesken und die Denkfigur des Paradoxen bezeichnen nichts wesentlich anderes. Nirgendwo zeigt sich solche Pervertierung des Denkens unheimlicher als in der Verkehrung einer Kunst, die nicht mehr im Dienste des Humanen steht sondern des Tötens. Solcher Widersinn findet sich nicht nur in den Texten Mirbeaus und Kafkas; es gibt ihn auch in dem Buch des Juristen Robert Heindl. Aber was damit zum Ausdruck gebracht wird, bedeutet doch weit mehr als nur die »poetische Verfahrensweise« eines Schriftstellers, es sei dies Kafka oder der Autor der Erzählung *Le jardin des supplices*.[139] Nietzsche spricht noch mit gebotener Vorsicht von dem, was da in Frage steht – mit der Bitte um Nachsicht nämlich, wenn er in der späten Schrift *Zur Genealogie der Moral* mit Beziehung auf Wagner ausführt: »Dem Dichter und Ausgestalter des Parsifal blieb ein tiefes, gründliches, selbst schreckliches Hineinleben und Hinabsteigen in mittelalterliche Seelen-Contraste, ein feindseliges Abseits von aller Höhe, Strenge und Zucht des Geistes, eine Art intellektueller *Perversität* (wenn man mir das Wort nachsehen will) ebensowenig erspart als einem schwangeren Weibe die Widerlichkeiten und Wunderlichkeiten der Schwangerschaft: als welche man, wie gesagt, *vergessen* muß, um sich des Kindes zu erfreuen«.[140] Formen pervertierten Denkens sind in der Folgezeit aus den ideologischen Konflikten und weltanschaulichen Kämpfen des frühen zwanzigsten Jahrhunderts kaum wegzudenken. Die Entwürdigung des Menschen zum Menschenmaterial und seine Degradierung zum Tier zeigen es neben anderen schrecklichen Symptomen an; und es sind Denkarten wie diese, die zwischen der vor dem Ersten Weltkrieg praktizierten, aber ganz andersartigen Deportation einen zwar nicht monokausalen, aber doch einen inneren Zusammenhang ergeben.

VORAUSWEISENDE ZUSAMMENHÄNGE

Zur Geschichte der Deportation.
Zweiter Teil

Von vorausweisenden Zusammenhängen im Anschluß an Kafkas *Strafkolonie* ist zu sprechen, weil solche Zusammenhänge wiederholt erstellt oder hergestellt wurden. An zahlreiche Degradierungen von Menschen und Menschengruppen in Gefängnissen, Zuchthäusern und Konzentrationslagern im Staat der Nationalsozialisten hat man dabei in erster Linie gedacht. Derart prophetisch antizipierende Zeichen haben Walter Benjamin und Theodor W. Adorno wahrgenommen.[1] Deutlich und fast eindeutig formuliert werden sie von Hans Egon Holthusen in seinem 1951 erschienenen Buch *Der unbehauste Mensch*. Er beschreibt die geistige Situation der Zeit um 1910 und bemerkt: »Franz Kafka, der fast unbekannt war, schrieb die Novelle ›In der Strafkolonie‹, in der, grob gesagt, die höllische Verbindung von Bürokratismus und Grausamkeit vorweggenommen wurde, die dreißig Jahre später in Europa politische Wirklichkeit werden sollte.«[2] Walter H. Sokel sieht in den Elementen Kult der totalen Macht und existentieller Erkenntnis die Weltanschauung des Strafsystems in einem geistesgeschichtlichen Zusammenhang fest verankert: »Es ist der des modernen Irrationalismus, dessen vulgärste Form nach Kafkas Tod grausige Strafkolonien und Vernichtungsstätten erfand.« Aber Kafkas Erzählung möchte er damit nicht in direkten Zusammenhang gebracht sehen: »Selbstverständlich ist die STRAFKOLONIE kein Vorläufer der Konzentrationslager. Denn während die Konzentrationslager auf Unterdrückung und Vernichtung des Individuums ausgingen, ist es der Strafkolonie um Verklärung des Individuums zu tun.«[3] Auch Wolfdietrich Schnurre hat in den Notizen seines Buches *Der Schattenfotograf* solche Verbindungslinien ausgeschlossen: »Es gibt die Auffassung, in dieser Erzählung habe Kafka die hitlerschen Konzentrationslager vorausgeahnt. Nichts nachweislich falscher. In Kafkas Geschichte ist ein scheinbar sinnentleerter Strafvollzug in totaler Auflösung begriffen. Die Konzentrationslager dagegen haben, was ihre Installateure sich vorgenommen haben, bis zur letzten grausigsten Zahl ›erfüllt‹. Zu schweigen davon, daß, gegen die perfekte Todeslogik und die bestialische Simplizität der in KZs üblich gewesenen ›Prügelböcke‹ oder gar die teuflische Banalität einer Bogner-Schaukel gestellt, sich Kafkas ›Apparat‹, trotz seiner umständlichen Kompliziertheit, wie ein altmodischer, liebevoll verschnörkelter Stickrahmen ausnimmt.«[4]. Diese Ausführungen fordern in mehreren Punkten zum Widerspruch heraus. Der Apparat bei Kafka und das Denken, das ihn ersonnen hat – nicht Kafkas Denken! – werden hier zweifellos unterschätzt. Teuflisches gibt es auch hier, weniger als Banalität sondern als Perfektion technischen Machens; und der Deutung, daß da lediglich ein in Auflösung begriffener Strafvollzug gezeigt würde, wurde schon an anderer Stelle nicht zugestimmt. Dennoch bleibt kontrovers, ob wir befugt sind, in diesem noch immer aufregenden Erzähltext Zeichen dessen auszumachen, was kaum zwei Jahrzehnte später in Deutschland auf schreckliche Weise Wirklichkeit wurde.

Aber gerade über die Verwendung desselben Wortes Deportation hier und dort könnte ein Zusammenhang des vermeintlich Zusammenhanglosen herzustellen sein; über der Tatsache, mit anderen Worten, daß sowohl in Strafkolonien wie in Konzentrationslager und eigens hergerichtete Vernichtungslager Menschen deportiert worden sind. Daß das gleiche Wort, aus denselben Lauten zusammengesetzt, ganz Verschiedenes bedeutet, wird nicht bestritten, und vor voreiliger Identität sehe man sich gewarnt. In seiner Studie über die Deportationsstrafe im römischen Altertum hat ihr Verfasser (Franz von Holtgendorff) eine solche Warnung ausgesprochen. Zwischen dem, was man besser als Evakuierung oder Aussiedlung bezeichnen kann, und der deportatio in insulam wird ausdrücklich unterschieden. Gleich eingangs heißt es: »Aus diesem Grund kann in der gegenwärtigen Darstellung dasjenige unberücksichtigt bleiben, was etwa bei den Ägyptern, Arabern und Griechen über einzelne Fälle berichtet wird, die einer Deportation ähnlich sehen. Die massenhaften, zwangsweise durchgeführten Fortschaffungen ganzer Völker des Orients, die den Zweck verfolgten, Nationalitäten durch Trennung von ihrem heimatlichen Boden und durch die Assimilation an andre Bedingungen der physischen Existenz zu vernichten, haben selbstverständlich mit dem Strafrecht nichts zu thun.« Der Fall, daß einmal Geisteskranke in »die massenhaften, zwangsweise durchgeführten Fortschaffungen« einbezogen werden könnten, ist noch nicht vorgesehen. Er hätte aus dieser durchaus begründeten Argumentation heraus mit dem Strafrecht gleichfalls nichts zu tun. Aber wie wenn eine anders beschaffene Fortschaffung doch in einen solchen Zusammenhang gehören könnte, liest sich aus unserer Sicht und mit unseren Erfahrungen die zusätzliche Erläuterung in derselben Schrift: »Ebenso kann es nur den Theologen interessieren, den unweisen Widerspruch gegen das Zeugnis des alten Testaments zu untersuchen, nach welchem die Israeliten keineswegs freiwillig das Nilthal geräumt haben, sondern im Wege gewaltsamer Exekution aus demselben entfernt wurden.«[5] Auch sonst fehlt es an Argumenten keineswegs, wenn es darum geht, Zusammenhänge zwischen beiden Deportationsarten zu bestreiten und dabei kann man sich auf den offiziellen Sprachgebrauch im nationalsozialistischen Deutschland berufen, natürlich mit zweifelhafter Berechtigung. Offiziell sprach man im Staat Hitlers – lügnerisch und verschleiernd – von Aussiedlung, Umsiedlung oder Evakuierung der Juden. Eine Anweisung Görings an den Chef der Sicherheitspolizei Heydrich kann stellvertretend für anderes angeführt werden, das solche Sprachregelungen belegt. Eine Anordnung lautet wie folgt: »In Ergänzung der Ihnen bereits mit Erlaß vom 24. Januar 1934 übertragenen Aufgabe, die Judenfrage in Form der Auswanderung oder Evakuierung einer den Zeitverhältnissen möglichst günstigen Lösung zuzuführen, beauftrage ich Sie hiermit, alle erforderlichen Vorbereitungen in organisatorischer, sachlicher und materieller Hinsicht zu treffen für eine Gesamtlösung der Judenfrage im deutschen Einflußgebiet in Europa.«[6] In Holland gab es um diese Zeit eine Deportationszentrale. Aber sie hieß nicht so, sondern »Zentralstelle für jüdische Auswanderung.«[7] Nur im Ausland wurde es üblich, von Deportation zu sprechen, um damit etwas Schreckliches zu bezeichnen, wie etwa in Klaus Manns Autobiographie, die unter dem Titel *The Turning Point* zuerst 1943 in englischer Sprache erschien.[8] Diese betont pejorative Bedeutung der Deportation als die zwangsweise verfügte Fortschaffung von Juden und Geisteskranken versteht sich in der Erörterung solcher Fragen längst von selbst. Das betrifft die wissenschaftliche wie die schöne Literatur gleichermaßen. Unter den literarischen Texten der Nachkriegszeit, die solche behandeln, ist Rolf Hochhuths Drama *Der Stellvertreter* vor anderen anzuführen. Im Nachwort, in den »historischen Streiflichtern«, die dem Text beigegeben sind, wird ausdrücklich bestätigt, daß man sich hütete, offiziell von Deportation zu sprechen. Von der Deportation ungarischer Juden nach Auschwitz in der Zeit vom 15. Mai bis 30. Juni 1944 wird gesprochen. In diesem Zusammenhang heißt es: »Erst am 25. Juni übergab Rotta *Horthy* eine Botschaft des Papstes, die auf den Reichsverweser wesentlich mehr Eindruck machte als die Vorstellungen der ungarischen Bischöfe [...] So war der Hirtenbrief des Fürsterzbischofs Seredi eine recht langatmige Angelegenheit, die sich hütete, die Deportationen beim richtigen Namen zu nennen«.[9] Eine solcherart pejorative Bedeutung wird längst auch der Deportation im Sinne des römischen Strafrechts zuerkannt. Dennoch sind Unterschiede zwischen beiden Deportationsarten nicht zu übersehen, kann man einwenden. Gegenüber der

Verwendung des Wortes vor dem Ersten Weltkrieg, als es darum ging, die Deportationsstrafe auch im deutschen und österreichischen Strafrecht einzuführen, geht es nunmehr um etwas sehr anderes: um die Verschikkung nämlich von Juden einerseits und von Geisteskranken zum anderen. Anders als zuvor ist auch die Zahl derer, die man deportiert. Aus der Deportation einzelner, an die man in Deutschland und Österreich vor dem Ersten Weltkrieg dachte, ist vor dem Zweiten Weltkrieg und während dieses Krieges eine Massendeportation unheimlichen Ausmaßes geworden. Die Unterschiede sind evident, aber gewisse Zusammenhänge nicht minder.

Solche Zusammenhänge zeichnen sich dort bereits ab, wo man feststellt, die massenhaft und zwangsweise durchgeführten »Fortschaffungen« hätten mit dem Strafrecht nichts zu tun. In der Geschichte des neunzehnten und zwanzigsten Jahrhunderts und besonders dort, wo das Strafmittel der Deportation im Zusammenhang der aus dem Biologismus abgeleiteten Degenerationsfragen erörtert wurde, hat man es mit dem Strafrecht sehr wohl zu tun; – und eben in dem Maße, als man sich vom geltenden Strafrecht entfernt. Das ist in dem Artikel über *Die Deportation und das Strafrecht*, den Kafkas akademischer Lehrer Hans Groß im Jahre 1904 veröffentlicht hat, deutlich ausgesprochen. In fast allen Kapiteln des Strafrechts, hatte er dort ausgeführt, gebe es Vorgänge, »die nicht direkt auf verbrecherischer Tendenz, sondern einzig und allein auf degeneriertem Wesen beruhen und aus diesem zu erklären sind«.[10] Bestimmte Menschengruppen erfahren eine besondere Behandlung, wie aus dem Schluß dieses über die Maßen fragwürdigen Beitrags hervorgeht: »Mit anderen Worten, wir hätten diese Leute von der ›negativen Zuchtwahl‹ der Kultur, durch die sie geschaffen wurden, zu befreien, sie in einfache, natürliche Verhältnisse zu bringen und sie sich selbst zu überlassen, das heißt für die einfach Degenerierten ist Deportation das einzige Heilmittel, sie ist für die Gesellschaft der einzig denkbare Schutz«.[11] Was an anderer Stelle als Form pervertierten Denkens bezeichnet wurde, ist hier sozusagen mit Händen zu greifen. Der Zynismus ist ungeheuerlich: was seit altersher Strafmittel war, wird zum Heilmittel erklärt. Etwas wird nicht mehr den Strafen zugerechnet, das praktisch Strafe ist wie eh und je. Die Parallelen zu dem, was während des Zweiten Weltkrieges geschieht, sind offenkundig. Auch jetzt, und nun um vieles deutlicher, sind nachweisbare Straftatbestände entfallen, und wenn die nunmehr Betroffenen – Juden und Geisteskranke – wie Verbrecher behandelt werden, so handelt es sich dabei zumeist auch um jene Akte der Kriminalisierung, die sich dort bereits vorbereiten, wo man Degenerierte aufgrund ihres Degeneriertseins zu deportieren vorschlug. Wie weit hier Gemeinsamkeiten in der Denkart in Frage stehen, bleibt zu erörtern. Näherhin geht es um Gemeinsamkeiten von der Art, daß man bestimmte Menschen als Menschen nicht gelten läßt und sie dementsprechend unschädlich zu machen sucht, gleichviel, was man unter Unschädlichmachung jeweils versteht. Strafkolonien, Konzentrationslager und Vernichtungslager haben gemeinsam, daß man den tödlichen Ausgang solcher Unschädlichmachungen in Kauf nimmt, in Rechnung stellt oder Derartiges als erwünscht ansieht.

Denn die Vorschläge zur Unschädlichmachung Degenerierter, wie sie Kafkas akademischer Lehrer und andere durchzusetzen suchten, haben mit einer Schrift nicht wenig gemeinsam, die schon ein Jahr nach Erscheinen der *Strafkolonie* erschien. Sie ist von zwei namhaften deutschen Gelehrten verfaßt. Über die Schrift *Die Vernichtung lebensunwerten Lebens* ist zu sprechen. Ihre Verfasser sind der Leipziger Strafrechtslehrer Karl Binding und der Freiburger Psychiater Alfred Erich Hoche.[12] Wenigstens am Rande berührt sie der Söhne wegen auch die Literaturgeschichte der Zeit: Karl Binding ist der leibliche Vater des Dichters Rudolf G. Binding, und Hoche ist der »Doktorvater« Alfred Döblins; womit natürlich nicht das geringste gegen die Söhne gesagt ist. Die Schriften zur Deportationsfrage und diese 1920 veröffentlichte Schrift hängen auch insofern mit dem Strafrecht zusammen, als man sich hier wie dort vom geltenden Strafrecht zu entfernen genötigt sieht; und abermals kann uns nicht nebensächlich sein zu erfahren, welcher Sprache man sich hierzu bedient. Die Sprache des Strafrechtlers Karl Binding weiß sich nicht gerade dem »sanften Gesetz« verpflichtet. Sie ist vielfach hart und herrisch, an rüden Tönen im Schrifttum dieses Rechtsdenkers fehlt es nicht. Modernen Bestrebungen, im Verbrechen gegebenenfalls Krankhaftes in Rechnung zu stellen, begegnet er schroff. Es sei nicht Aufgabe des Strafrechts, Kranke zu heilen, erwidert er; »Unschädlichmachung dieser Sippschaft« ist ganz in seinem Sinn.[13] Verglichen mit solchen und verwandten Ausdrücken wirkt die am Ende seines Lebens veröffentlichte Schrift über die Freigabe lebensunwerten Lebens vergleichsweise moderat. Über das Recht auf Selbstmord oder über Euthanasie als Sterbehilfe wird differenziert gehandelt; und für diejenigen, die als unrettbar angesehen werden, hat er noch immerhin Mitleid bereit. Dennoch vergreift er sich in der Sprache, wenn er Tötungshandlungen als Heilhandlungen zu rechtfertigen sucht. Einen sicheren und qualvollen Tod abzukürzen, dürfe nicht verboten sein, führt er aus: »*Das ist keine ›Tötungshandlung im Rechtssinne‹* [...] *es ist in Wahrheit eine reine Heilhandlung* [...] *es* handelt sich hier gar nicht um eine statuirte Ausnahme von der Tötungsnorm, um eine rechtswidrige Tötung, falls von dieser nicht eine Ausnahme ausdrücklich anerkannt worden wäre, sondern um *unverbotenes Heilwerk* von segensreichster Wirkung für schwer gequälte Kranke…«.[14] Tötung als ein Heilwerk. Man ist versucht, von einer Umkehr des sonst üblichen Denkens zu sprechen, von Formen pervertierten Denkens auch hier.

Die der Schrift beigegebenen Ausführungen des Arztes und Psychiaters Hoche sind der schlimmere Teil. In Fällen schwerer Geisteskrankheit spricht er von geistig Toten, und da es sich um solche handelt, da man sie aufgrund eines sprachlichen Vorgehens entsprechend einordnet, kann ihre »Beseitigung« hinfort nicht als Verbrechen angesehen werden. Auch Mitleid ist ihnen gegenüber nicht geltend zu machen; man denkt an Kafkas Forschungsreisenden, der den Verurteilten als einen in seiner Sicht nicht zum Mitleid auffordernden Menschen betrachtet. Die volkswirtschaftliche Belastung dieser geistig Verödeten und Vollidioten, wie gesagt wird, nimmt breiten Raum ein; und daß ein ganzer Berufsstand seine Lebensaufgabe darin zu erblicken habe, für leere Menschenhülsen tätig zu sein, wird mit Entrüstung vermerkt.[15] Aufgrund eines bestimmten Menschenbildes wird ihnen anthropologisch der Charakter ihres Menschseins sozusagen aberkannt: »Die geistig Toten stehen auf einem *intellektuellen* Niveau, das wir erst tief unten in der Tierreihe wieder finden, und auch die Gefühlsregungen erheben sich nicht über die Linie elementarster, an das animalische Leben gebundener Vorgänge.«[16] Die Degradierung zum Tier also auch hier! Das erfüllt zwar noch nicht den »Tatbestand« der Kriminalisierung ganzer Menschengruppen, wie z. T. in den Diskussionen über die Einführung der Deportationsstrafe. Aber sehr weit entfernt von solchen Arten der Kriminalisierung befindet man sich nicht, wenn in demselben Jahr (1920) in einem Vortrag vor einer forensisch-medizinischen Vereinigung ein Berliner Kammergerichtsrat (Karl Klee) ganz aus dem Geist der angezeigten Schrift heraus zwischen aktiven Schädlingen – das sind die Verbrecher – und passiven Schädlingen – das sind die Geisteskranken – unterscheidet, um schließlich nur unbeträchtliche Unterschiede zwischen beiden Schädlingen gelten zu lassen.[17] Das sind die in der Rechtswissenschaft, in der Biologie, der Rassenhygiene und in anderen Disziplinen eingebürgerten Begriffe aus dem Wortfeld des Unschädlichmachens.

Eine neuere Arbeit über Euthanasie und ihre Vorgeschichte (von Ernst Klee), die solche vorausweisenden Zusammenhänge in den Auseinandersetzungen der zwanziger Jahre untersucht und viel unbekanntes Material zu Tage fördert, läßt keinen Zweifel, von woher der Wind weht. »Vom Sozialdarwinismus zum Nationalsozialismus« ist das einleitende Kapitel dieses Buches überschrieben, das die Vorgeschichte der »Euthanasie« behandelt.[18]

Es ist gewiß kein Zufall, daß beide Hochschullehrer als Verfasser der in diese Betrachtung einbezogenen Schrift unentwegte Vertreter der Todesstrafe waren und bis an ihr Lebensende geblieben sind. Karl Binding, der Strafrechtslehrer, pflegte sich da kein Blatt vor den Mund zu nehmen, wenn er über eine Frage wie diese zu befinden hatte. Im Vorwort zu seinem *Grundriß des deutschen Strafrechts*, das 1913 in achter Auflage erschien, hatte er keine Zweifel gelassen, was er von einer etwaigen Abschaffung der Todesstrafe hielt, nämlich nichts: »Ich bedenke mich nicht einen Augenblick, für schwere Angriffe der Gefangenen auf das innerhalb seiner Pflicht handelnde Gefängnispersonal, für schwere Verbrechen Ausgebrochener, für Totschläge, um sich der Ergreifung auf frischer Tat zu entziehen, die Todesstrafe zu fordern. Wo alle Repressionsmittel gegen den Lebenden versagen, muß die Todesstrafe Platz greifen: die Macht des Rechts darf nicht darauf verzichten, sich in allen Lagen als die Überlegene zu beweisen.«[19] Zwei Jahre vor Erscheinen der achten Auflage des *Grundrisses* (1911) veröffentlichte die *Deutsche Juristen-Zeitung* die Antworten namhafter Gelehrter zu eben diesem Problem, und es wäre ja denkbar, daß Kafka als »gelernter« Jurist von solchen Verlautbarungen Kenntnis erhielt. Ernst Haeckel, Arzt und engagierter Sozialdarwinist, hält die Abschaffung des Zuchthauses für wichtiger als die Abschaffung der Todesstrafe, da bei der letzteren die Fortschritte der Technik ganz anders in Anwendung kommen können als im Falle der Zuchthausstrafe: »Die Hinrichtung erfolgt am einfachsten durch den Schlag einer *elektrischen* Batterie oder durch *Gift* (Zyankalium)«, und obwohl von Hause aus Arzt, macht er mit Geisteskranken, sollte es sich gar um Verbrecher handeln, kurzen Prozeß: »Gemeingefährliche *geisteskranke* Verbrecher, bei denen an keine Besserung zu denken ist – z.B. Mörder, die rein aus krankhafter Mordlust unschuldige Menschen umgebracht haben –, sind ebenfalls aus leicht ersichtlichen Gründen möglichst bald aus der Welt zu schaffen.«[20] Unter denjenigen, die sich für die Beibehaltung dieser Strafe aussprechen, durften die Humanisten nicht fehlen – Erich Schmidt zum Beispiel, bedeutender Germanist und Geheimrat auch er. Er bekennt sich zur Todesstrafe als einer ihrer entschiedenen Anhänger und verweist auf die ernste und umfassende Argumentation, »die unter den Laien D. F. Strauß aufgeboten hat« – derselbe, der in seiner bekannten Schrift dem ungebrochenen Fortschrittsglauben noch einmal gehuldigt hatte. Daß aber Fortschrittsglaube und Todesstrafe sich aufs beste vertragen können, kann man dieser Veröffentlichung auch sonst entnehmen, die drei Jahre vor der Niederschrift der *Strafkolonie* erschien.[21] Auch der Humanist und Altphilologe Ulrich von Wilamowitz-Moellendorff hat sich an dieser Diskussion beteiligt: »In Wahrheit ist der Kampf wider die Todesstrafe nur ein Akt aus dem Ansturm anarchischer Gelüste gegen die staatliche Ordnung, das heißt gegen die menschliche Gattung«[22], und in diesen Chor reiht sich schließlich auch der Strafrechtslehrer Karl Binding ein, indem er sich selbst zitiert – mit dem Passus aus dem Vorwort seines Standardwerkes, aus dem schon zitiert wurde.

Aber sein Mitstreiter, der Arzt Alfred Erich Hoche, steht ihm in dieser Frage um nichts nach, und das kann in Hinsicht auf sein Plädoyer für die Tötung Geisteskranker oder »geistig Toter« kaum überraschen. Im Jahre 1932, am Ende der Weimarer Republik und kurz vor der sogenannten Machtübernahme, meldet er sich in dieser Frage in einer sehr dezidierten Weise noch einmal zu Wort. Die Rede ist von dem Aufsatz mit dem bemerkenswerten Titel *Die Todesstrafe ist keine Strafe*, veröffentlicht in der angesehenen *Monatsschrift für Kriminalpsychologie und Strafrechtsreform*. Das Votum für Beibehaltung dieser Strafe fällt eindeutig aus. Ihre Abschaffung hält Hoche für sentimental, und die für ihn wichtigen Erfahrungen des Krieges beeinflussen sichtlich seine Argumentation: »Dem Staate, der eben erst im Interesse des Volksganzen zwei Millionen der Besten in den Tod schicken mußte, steht es schlecht an, bei Verhängung des notwendigen Todes über Mörder in gerührtes Zittern zu verfallen.« Aber derselbe Arzt und Psychiater ist nicht etwa für Abschaffung der Todesstrafe, wenn er dafür eintritt, sie aus dem System der Strafen herauszunehmen. Sein Ziel ist eine Verfügungsart, die nicht mehr Strafe sondern Ausschaltung ist; Ausgrenzung könnten wir mit gutem Grund auch sagen: »Ausschaltung in diesem Sinne ohne Tötung erstrebt die Psychiatrie seit längerer Zeit für einen bestimmten Typus habitueller Rechtsbrecher«. Aber Ausschaltung wird hier noch in einem etwas anderem Sinn verstanden; in seinen Worten: »In diese Kategorie der Ausschaltung gehört das staatliche Töten; wer den obersten Grundsatz der menschlichen Gemeinschaft, den Respekt vor dem Leben des anderen in kalter Überlegung verneint, wird ausgeschifft in einer endgültigen unwiderruflichen Form.«[23] Ausschaltung, die keine Strafe mehr ist; das ist hier das Aufregende und Unheimliche. Das Ziel heißt staatliches Töten. Um dieselbe Zeit wird das Töten im Krieg als eine Form des staatlichen Tötens nicht selten in einer Weise verklärt, die noch heute betroffen macht. Die Leichtfertigkeit im Umgang mit Strafen als Todesstrafen zeigt sich 1922 bestürzend im Parteiprogramm Hitlers, wenn es in § 18 dieses Programms heißt: »Gemeine Volksverbrecher, Wucherer, Schieber, usw. sind mit dem Tode zu bestrafen.«[24] Die undeutliche Kriminalisierung und die staatliche Tötung, die nicht mehr Todesstrafe ist: das sind hier Formen pervertierten Denkens, deren vorausweisender Zusammenhang kaum bestreitbar sein sollte.

Aber Kriminalisierung ganzer Menschengruppen gibt es noch in anderer Weise. Es gibt sie in Hinsicht auf die Juden, und hier um vieles deutlicher mündet die Geschichte des Antisemitismus im deutschen Sprachgebiet in die Vorgeschichte jener Deportation ein, die mit der Deportation als Strafmittel im Sinne des römischen Rechts zusammenhängt und sich dennoch von ihm entfernt. Zwei richterliche Urteile statt anderer seien angeführt. Zum ersten das von dem Wernigeroder Amtsrichter Dr. Beinert am 6. März 1924 gefällte Urteil, in dem ein völkischer Agitator freigesprochen wurde, der wegen schlimmer Beschimpfungen des jüdischen Bevölkerungsanteils angeklagt worden war. In der Urteilsbegründung lesen wir Sätze wie diese: »Das deutsche Volk erkennt mehr und mehr, daß das Judentum schwere Schuld an unserem Unglück trage, und das erfassen immer weitere Kreise. An einen Aufstieg unseres Volkes ist nicht zu denken, wenn wir nicht die Macht des Judentums brechen.«[25] Der Kläger wird zum Angeklagten, aber nicht aufgrund nachweisbarer Vorgehen oder individueller Schuld sondern aufgrund eines Soseins all derjenigen, die Juden *sind*: »daß das Judentum schwere Schuld an unserem Unglück trage…«. Der zweite Fall betrifft einen jüdischen Hauswirt in Berlin, der eine Räumungsklage gegen seinen Mieter, einen Ausländer, einbrachte, weil dieser ihn als »deutsches Schwein« beschimpft hatte. Ein Berliner Amtsgericht wies die Klage ab und erklärte: »Der Kläger ist unbeschadet seiner deutschen Staatsangehörigkeit nicht eine Persönlichkeit, die der Sprachgebrauch des Volkes zu den Deutschen zählt.« Und was den Hauswirt angeht: »Er konnte sich also durch die Bezeichnung ›deutsches Schwein‹ nicht getroffen fühlen«, so hat Gustav Radbruch diesen Fall kommentiert.[26] Die Kriminalisierung als Versuch einer Schuldzuweisung, für die strafbare Handlungen nicht mehr vorliegen müssen, zeigt Ferdinand Bruckner in seinem Schauspiel *Die Rassen*. Die Uraufführung fand am 30. November 1933 am Schauspielhaus in Zürich statt. Thomas Mann, Franz Werfel und andere aus Deutschland vertriebene Schriftsteller waren anwesend. Im Mittelpunkt steht ein mit einer Jüdin verlobter Medizinstudent, der sich auf Verlangen seiner mit dem neuen Regime sympathisierenden Freunde von ihr trennt.

Der vorübergehend schwankend Gewordene findet zur Klarheit zurück, warnt seine Verlobte, deren Verhaftung bevorsteht, und wird selbst kaltblütig liquidiert. Aber eindrucksvoll ist der innere Vorgang dargestellt, die Art, wie man die Rassenfrage in das Gebiet des Strafrechts »transformiert«. Das geschieht in der Weise, daß ein konkretes Vergehen oder Verbrechen nicht mehr vorliegen muß, wenn »bestraft« werden soll. Schon das Sosein – des Jüdischen oder des Kranken – kann ganz in dem Sinn bestraft werden, wie sich ein in diesem Stück auftretender Staatsanwalt äußert: »Wir werden aber nunmehr einen neuen Begriff zu schaffen haben: den des öffentlichen Angeklagten. Das ist der Marxismus in allen Abstufungen, der Demokratismus, der Materialismus, der Liberalismus, der Republikanismus, der Pazifismus, kurz: der Jude...«.[27] Es sollte deutlich geworden sein, wie sehr ein solches Rechtsdenken bereits im geistigen »Haushalt« der Jahrhundertwende angelegt ist. Aber das betrifft bereits die literarischen Antworten, die von Schriftstellern der Weimarer Republik auf solche Entwicklungen gegeben werden; und ein Schriftsteller der Weimarer Republik oder dieser Zeit ist auch Kafka vom Kriegsende bis zu seinem Tod im Jahre 1924 gewesen.

Der literarische Kontext der Weimarer Repbulik

Allein um der Zusammenhänge willen, aber natürlich auch sonst, war Kafkas Erzählung *In der Strafkolonie* von der Sache her in keiner Weise überholt, als sie 1919 endlich erscheinen konnte, obgleich die neue Republik bei ihrem Erscheinen keinerlei Kolonien mehr besaß und es daher Deportationsstrafen nicht geben konnte. Kurt Tucholsky hat als einer der ersten die Aktualität der *Strafkolonie* erfaßt; und da ihm der Kriminalist Robert Heindl und sein Buch über die Strafkolonien bekannt war, dürfte er auch über den Hintergrund Bescheid gewußt haben. Am künstlerischen Rang der Novelle Kafkas läßt er keine Zweifel: »Seit dem ›Michael Kohlhaas‹ ist keine deutsche Novelle geschrieben worden, die mit so bewußter Kraft jede innere Anteilnahme anscheinend unterdrückt, und die doch so durchblutet ist von ihrem Autor.« Auf diesem Rang im Vergleich mit Kleist insistiert Tucholsky mit der ironisch zu verstehenden Schlußpointe seiner Rezension, wenn es heißt: »Ihr müßt nicht fragen, was das soll. Das soll gar nichts. Das bedeutet gar nichts. Vielleicht gehört das Buch auch gar nicht in diese Zeit, und es bringt uns sicherlich nicht weiter. Es hat keine Probleme und weiß von keinen Zweifeln und Fragen. Es ist ganz unbedenklich. Unbedenklich wie Kleist.« Aber ganz ernst ist gewiß nicht zu nehmen, was in diesen abschließenden Sätzen gesagt wird; und welche Probleme es aufwirft, ist an anderer Stelle dieser Besprechung unmißverständlich ausgesprochen. Alle Allegorien aus dem Weg räumend, erkennt der in Fragen des Rechts, der Politik und der Machtpolitik erfahrene Schriftsteller, worauf hier vor anderem zu sehen ist. Die grenzenlose und sklavische Verneigung vor der Maschine sei in Wirklichkeit eine Verneigung vor der Macht: »Und diese Macht hat hier keine Schranken.« Auch Tucholsky erinnert an Kafkas Texte als Darstellungen einer Traumwelt. Gleich die ersten Sätze belegen es: »Das ist nicht wahr, wenn die Leute behaupten, Träume seien verschwommen [...] So unerbittlich hart, so grausam objektiv und kristallklar ist dieser Traum...«[28] Aber Tucholsky beläßt es nicht bei der Innerweltlichkeit solcher Träume. Er versteht das Wort im futurischen Sinn: auf eine Wirklichkeit in der Zukunft hin, die einmal eintreten könnte; und um solche Träume – Alpträume sind es – erzählend wiederzugeben, bedarf es keiner Prophetie, nur wacher Sinne für das, was in der Zeit und in der Welt vor sich geht, von der man sich umgeben sieht. Vom Dichter als Seher muß im Hinblick auf Kafka keine Rede sein. Nichts lag diesem Schriftsteller ferner als solche Posen.

Aber noch in anderer Weise hängt Kafkas Text mit dem literarischen Kontext der Zeit zusammen, in der seine »Strafkolonie« erschien. Das betrifft die Todesstrafe, die Versuche ihrer Abschaffung wie die Denkarten derjenigen, die sie auf keinen Fall abgeschafft sehen möchten. Die Literatur der Zeit nimmt regen Anteil an diesen Fragen. Noch im zweiten Kriegsjahr, im Jahr 1915, war Leonhard Franks Novelle *Die Ursache* erschienen, eine leidenschaftliche Anklage gegen dieses äußerste Strafmittel in erzählerischer Form. In Berlin wurde am 23. Oktober 1928 Ferdinand Bruckners Drama *Die Verbrecher* aufgeführt, in dem sich ein vollstrecktes Todesurteil als Justizmord erweist. Ein Jahr später (1929) gelangt Alfred Wolfensteins Stück *Die Nacht vor dem Beil* auf die Bühne eines Berliner Theaters, und wie Kafka, Tucholsky, Hiller und andere war Wolfenstein promovierter Jurist.[29] Den Fall des Landarbeiters Jakobowsky – von einem Justizmord spricht man auch hier – hat die deutsch-polnische Autorin Eleonore Kalkowska 1929 behandelt.[30] Um dieselbe Zeit erregte der Fall der vermeintlichen Raubmörder Sacco und Vanzetti, die in Amerika sieben Jahre auf ihre Hinrichtung warten mußten, die Gemüter. Der spätere Literaturhistoriker Bernhard Blume nahm sich als Dramatiker des Stoffes an: mit dem 1927 in Stuttgart aufgeführten Drama *Im Namen des Volkes*.[31] Die vielleicht eindrucksvollste Behandlung dieser wenigstens seit Cesare Beccaria umstrittenen Probleme der Strafgerichtsbarkeit findet sich in Heinrich Manns Roman *Der*

Kopf (1925). Er hätte ursprünglich »Die Blutspur« heißen sollen. Der Zusammenhang mit allen Formen des staatlichen Tötens, zu denen auch der Krieg gehört, ist eindrucksvoll erfaßt, trotz des Mißlingens, das man ihm hier und da »bescheinigt«.[32] Auch Kafkas Erzählung ist dieser Literatur zuzuordnen, und wenn man in ihr eine literarische Reihe erkennen will, so wird sie mit dem genannten Text Leonhard Franks und mit demjenigen Kafkas eröffnet. Auch die *Strafkolonie* nimmt erzählend Stellung gegen Todesstrafe, Hinrichtung und staatliches Töten.

Näher an die hier behandelte Deportationsmotivik führen einige nach Kafkas Tod veröffentlichte Erzählwerke heran, die Späteres auf frappierende Art antizipieren; und gewiß nicht zufällig erscheinen sie am Ende der Weimarer Republik als Texte jener Literatur, die man als Warnliteratur bezeichnen könnte. Zugleich bestätigen sie den inneren Zusammenhang zwischen der Deportation als Strafmittel und der massenhaften Fortschaffung von Menschengruppen. Das ist der Fall in dem Roman *Georg Letham, Arzt und Mörder* des Arztes und Schriftstellers Ernst Weiß, der mit Walter Benjamin und Walter Hasenclever zu denjenigen gehört, die 1940 vor dem Einmarsch deutscher Truppen in Paris freiwillig aus dem Leben gingen. In seinem ersten Roman *Die Galeere* (1913) hatte dieser zeitweilig mit Kafka befreundete Autor Gefahren heutiger Wissenschaft aufgezeigt, und Kafka hatte sich sehr anerkennend über diesen Erstling geäußert.[33] Um Physik und Psychiatrie geht es in dieser Erzählung gleichermaßen. Aber daß sich beide Wissensgebiete nicht die Waage halten: daß die eine, die Physik der Strahlenforschung, Triumphe feiert, während die andere, die Wissenschaft von der Seele – oder die Seele selbst – verkümmert, darauf läuft es hinaus. Von Molekularströmungen, Kathodenstrahlen, Anti-Kathoden oder Radiobromid wird hier gesprochen wie in einem Handbuch der modernen Physik; und immer wieder ist die Rede von Experimenten und Laboratorien, der im Grunde einzigen Leidenschaft der Hauptgestalt, des jungen Physikprofessors Erik Gyldendal. Mit einem Gehetzten und Gejagten, einem von der eigenen Wissenschaft gehetzten Menschen haben wir es zu tun, worauf auch der Titel verweist. »Gehetzt wie ein Galeerensträfling, der unter der Peitsche steht und mit allen, tausendfach angespannten Kräften seine Ruder in die toten Wasser gräbt«, heißt es im Text.[34] Im Menschlichen, in den Beziehungen zu Frauen, vermag der von seinen Trieben gejagte Physikprofessor einen Sinn nicht zu entdecken: sie werden allesamt seine Opfer. Die Erzählung endet mit dem Tode des Physikers. Er stirbt an den Geschwüren, die ihm die Strahlenforschung eingetragen hat – nicht als Heros der Wissenschaft, der sich opfert, sondern als einer, der geopfert wird, den der rasante

Fortschritt der Wissenschaft auf der Strecke läßt. Berthold Viertel hat diese wenig bekannte Erzählung vorzüglich charakterisiert: »Ein begabtes und geschultes Gehirn, das alle Leidenschaft und Wärme des Menschen für seinen kalten Zweck aufbraucht [...] Ethisch ein sehr bemerkenswerter Typus: Der Spezialist.« Über diese Erzählung war zu sprechen, weil der Roman *Georg Letham, Arzt und Mörder* zahlreiche Motive dieser Erzählung aufnimmt, vor allem dasjenige der Experimente. In dem 1931 bei Paul Zsolnay erschienenen Roman gleitet der Arzt Georg Letham in einen Gattenmord hinein und nimmt die Strafe der Deportation auf eine tropische Insel auf sich. Er erkennt sie als Sühne an, die sich ganz so versteht, wie sie sich bei Dostoevskij versteht. Auf der vom Gelbfieber verseuchten Insel gelingt ihm mit anderen und unter erschwerten Lebensbedingungen die Entdeckung des Erregers. Die Deportation hat hier ohne Frage eine andere Funktion. Aber sie steht in einem vorausweisenden Zusammenhang. Der im Mittelpunkt stehende Arzt ist von Experimenten besessen, am Tier zunächst, aber die Experimente am Menschen lassen nicht lange auf sich warten: »Die Tierexperimente wurden mir zur Hauptsache [...] Ich sollte auch Menschen in meiner Klinik qualvoller Experimente [...] haben«, heißt es im rückblickenden Bericht des Ich-Erzählers; von seinem krankhaften Wunsch nach Experimenten ist die Rede.[35] Experimente am Menschen und Deportation ergeben hier einen unheimlichen, so gewiß nicht voraussehbaren Zusammenhang.

Der zweite hier zu nennende Text hat abermals einen Prager Schriftsteller jüdischer Herkunft zum Verfasser, der für Kafka alles andere als ein Unbekannter war. Es ist Franz Werfel. Sein spannend erzählter Roman *Die vierzig Tage des Musa Dagh* schildert in der Vertreibung der Armenier durch die Türken während der Kriegsjahre 1915/16 die vorausgeahnte Vertreibung der deutschen Juden. Der Begriff Deportation wird hier expressis verbis gebraucht. Ein deutscher Pfarrer, der Pfarrer Lepsius, ist es, der das Wort verwendet, indem er den Verantwortlichen Vorhaltungen macht: »Wir haben heute in Erfahrung gebracht, daß [...] nun auch die Deportation über die ostanatolischen Vilajets verhängt ist [...] Sie wissen besser als jeder andere, daß die Deportation ein verschärfter und in die Länge gezogener Foltertod ist...[36]. Aber auch Begriffe wie Ausrottung und Vertilgung kommen in diesem Text vor. Einen für solche Deportationen Verantwortlichen läßt Werfel sagen: »Wissen Sie, daß ich Sie vertilgen kann wie ein Ungeziefer[«[37] Was alles an Entwürdigung und Rechtlosigkeit mit solchen Akten der Deportation einhergeht, ist im Erzählerkommentar ausgesprochen: »Selbst der Gewohnheitsverbrecher legt den Weg in die Gefangenschaft, ins Gefängnis schwer zurück. Aber rechtloser als ein Verbrecher zu sein, der doch noch den Schutz des Gesetzes genießt! Ausgetrieben werden von einem Tag zum andern, aus der Wohnstätte, von der Arbeit, aus dem im jahrelangen Fleiß Geschaffenen! Dem Haß überliefert! [...] Unfreier als ein Sträfling! Zu den Verfemten, den Vogelfreien, die jeder ungestraft töten kann. Eingepfercht in ein schleichendes Rudel von Elenden, in das wandernde Konzentrationslager...[38] Auch dieses Wort nennt Werfels Text. Über das, was in ihm dargestellt wird, hat er sich in einer im Frühjahr 1933 verfaßten Nachbemerkung geäußert. Hier heißt es: »Dieses Werk wurde 1929 bei einem Aufenthalt in Damaskus entworfen. Das Jammerbild verstümmelter und verhungerter Flüchtlingskinder [...] gab den entscheidenden Anstoß, das unfaßbare Schicksal des armenischen Volkes dem Totenreich zu entreißen. Die Niederschrift erfolgte in der Zeit vom Juli 1932 bis März 1933«.[39] Aber als der Roman erschien, war das, was hier erzählt wird, von der Wirklichkeit bereits eingeholt. Werfel selbst befand sich außerhalb des Landes seiner Sprache; sein Buch wurde unverzüglich verboten. Drei Prager Schriftsteller im engeren oder weiteren Sinn! Und zugleich drei jüdische Schriftsteller mit auffallend verwandter Thematik in so manchem ihrer Werke! Die Konstellation, der sie ihre Entstehung verdanken, ist weit entfernt, eine zufällige zu sein. Was sie vereint, ist der geschärfte Blick derjenigen, die von außen her sehen, weil sie selbst nicht unbedingt hinzugehören. Entwürdigungen des Menschen werden aufgrund solcher Konstellationen mit erhöhter Sensibilität wahrgenommen; und wo es geschieht, werden Begriffe von Menschenwürde und Humanität vorausgesetzt, die man beschädigt sieht. Beschädigungen dieser Art gibt es dort, wo das, was im allgemeinen Geltung beansprucht, nicht mehr gilt – wo man auszusondern, auszugrenzen, auszuschalten beginnt. Die deutsche Klassik hat ihr Bild vom Menschen, ihre Humanitätsidee, in welthaltigen und zeitüberdauernden Kunstwerken zum Ausdruck gebracht. Aber der Pöbel, wer immer damit gemeint war, gehört nicht zu diesem Bild. Im neunzehnten Jahrhundert waren nicht wenige Bürger ihres Landes geneigt, dem Proletariat die Zugehörigkeit zum Ganzen der Nation zu verweigern. Gegen Ende und bis weit in unser Jahrhundert hinein sind in der Sprache derjenigen, die solche Ausgrenzungen vornehmen, Degenerierte, rassisch Minderwertige oder Geisteskranke die Betroffenen; und es sind »Sprechakte« mit entsetzlichen Folgen, die den verschiedenartigen Deportationen vorausgehen. Von solchen und anderen Ausgrenzungen war zu sprechen, weil sie Kafkas Erzählung schon aufgrund ihrer rechtsgeschichtlichen Bezüge zur Sprache bringt. In der Reihe der Deportationsgeschichten innerhalb der Literatur seiner Zeit gebührt zweifellos ihr der erste Rang, obgleich ihr das alles fehlt, was man erzählerisches Behagen nennt. Seiner noch immer aufregenden Erzählung kommt auch chronologisch eine herausragende Stellung zu. In der Zeit entstanden, in der die »Ideen von 1914« die beherrschenden waren, weist sie kritisch auf verwandte Ideen um 1900 zurück; und sie weist kritisch voraus auf verwandte Ideen, die 1933 den Charakter des Offiziellen erhalten. Als ein literarischer Text, den man womöglich des Sadismus zeihen könnte, bezeugt er sich im Hinblick auf den offenen Schluß, der keine Lösung verheißt, als ein künstlerisches Dokument der Humanität, die es innerhalb dieser Erzählung noch nicht gibt, aber vielleicht geben könnte. Sein »Sinn« liegt in dem, worauf nur verwiesen werden kann, wie das in moderner Literatur auch sonst der Fall ist.

ANMERKUNGEN

Die Entstehungszeit

1 III. Folge 4. Band, hier zitiert nach der von Georg Peter *Landmann* herausgegebenen Edition: Der George-Kreis. Eine Auswahl aus seinen Schriften. Köln/
Berlin 1965. S. 27.

2 Eine Monographie. »Friedrich Mitterwurzer«, von Eugen Guglia, in: Prosa I.
Frankfurt 1956. S. 265.

3 Die wichtigste Literatur über die »Ideen von 1914« verzeichnet Ulrich
Schmidt in seinem Beitrag über Kafkas Erzählung. (Von der »Peinlichkeit«
der Zeit. Kafkas Erzählung »In der Strafkolonie«, in: Jahrbuch der Deutschen
Schillergesellschaft. 28. Jg. 1984, S. 409). Die Schrift von Hermann *Lübbe* ist
hier vor allem zu nennen: Politische Philosophie in Deutschland. Studien zu
ihrer Geschichte. Basel/Stuttgart 1963. Zum Bayreuther Kreis vgl. die Untersuchungen von Winfried *Schüler*: Der Bayreuther Kreis von seiner Entstehung
bis zum Ausgang der Wilhelminischen Ära. Wagner-Kult und Kulturreform
im Geiste völkischer Weltanschauung. Münster 1971.

4 Den Begriff »politische Gefahr« gebraucht Fritz *Stern* schon im Titel seines
Buches, das sich ideologiekritisch mit Paul de Lagarde, Julius Langbehn und
Arthur Moeller van den Bruck befaßt. Kulturpessimismus ist hier das, was
den genannten Autoren vorgeworfen wird. Aber das wäre wohl auch denjenigen vorzuwerfen, die eine wie immer beschaffene Zivilisationskritik in ihrem
dichterischen Werk üben, ohne völkische Ideologen zu sein wie jene. Die
einen wie die anderen können sich auf Nietzsche berufen und haben es auch
getan; aber auch hier kann es nicht darum gehen, sein philosophisches wie
sein dichterisches Werk als politische Gefahr zu etikettieren – ganz abgesehen
davon, daß Kulturoptimismus, wie man ihn bei Ernst Haeckel und den Seinen
antrifft, nicht weniger eine politische Gefahr sein kann. Hinsichtlich dessen,
was Stern über die völkische Ideologie der genannten Autoren ausführt, bleibt
es ein überaus verdienstvolles Buch: Kulturpessimismus als Gefahr. Eine Analyse nationaler Ideologie in Deutschland. Bern/Stuttgart/Wien 1963. Nur ist
es abwegig, sie als Kulturpessimisten zu etikettieren. Dazu fehlt ihnen auch
das intellektuelle Niveau.

5 Richard *Dehmel*: Zwischen Volk und Menschheit. Kriegstagebuch. Berlin
1919. S. 11.

6 Gesammelte Werke. Frankfurt 1960. Bd. XII. S. 153.

7 Ebd., S. 106/7.

8 Franz *Kafka*: Tagebücher 1910–1923. Hg. von Max *Brod*. Frankfurt 1948.
S. 418. (= T) Mit Geschichte, Zeitgeschichte und der Einstellung zum Krieg
befaßt sich der Beitrag von Claude *David*: Kafka und die Geschichte. In:
Franz Kafka. Themen und Probleme. Hg. von Claude *David*. Göttingen 1980.
Hier – S. 66 – der Satz: »Der Dichter, von dem man immer wieder behauptet,
daß er wie kein anderer den Geist seiner Zeit ausgedrückt hat, hat sich um
diese Zeit kaum gekümmert.« Dieser Auffassung vermag ich nicht zu folgen.

9 Briefe an Felice und andere Korrespondenz aus der Verlobungszeit. Hg. von Erich *Heller* und Jürgen *Born*. New York 1967, S. 66. (=F)

10 Rainer Maria *Rilke*. Sämtliche Werke. Besorgt durch Ernst *Zinn*. Frankfurt 1966. Bd. VI. S. 721.

11 Ernst *Jünger*: Strahlungen. Tübingen 1949. S. 8–9.

12 Hochzeitsvorbereitungen auf dem Lande und andere Prosa aus dem Nachlaß. Hg. von Max *Brod*. Frankfurt 1953. S. 204. (=H)

13 Briefe 1902–1924. Hg. von Max *Brod*. Frankfurt 1958. S. 122. (=B)

14 Hierzu das Kapitel »Materialien zur Kierkegaardrezeption um 1910« in dem Buch von Thomas *Anz*: Literatur der Existenz. Literarische Psychopathographie und ihre soziale Bedeutung im Frühexpressionismus. Stuttgart 1977. S. 4ff.

15 Theodor W. *Adorno*, in: Neue Rundschau 1953. S. 323.

16 Das hat als einer der ersten Paul *Hühnerfeld* getan, in seiner Studie »In Sachen Heidegger. Versuch über ein Genie«. Hamburg 1959. Hier heißt es S. 77: »Der Lebensbezug des deutschen Expressionismus ist bestimmt durch Angst, Tod und eine vom Nichts durchwirkte Existenz. Es gibt kaum einen Gedanken in Heideggers ›Sein und Zeit‹, der dort nicht schon poetisch vorgedacht, keine Grundstimmung, die in den Versen und Bildern jener jungen Avantgarde nicht schon ausgesprochen wurde.«

17 Diese Möglichkeit, zwischen »Existenz-Literatur« um 1910 und Existenzphilosophie um 1925 eine Verbindung herzustellen, verkennt Peter U. *Beicken* in seinem noch immer unüberholten Forschungsbericht. Er beanstandet Existenzphilosophisches, wo immer es ihm begegnet, ohne je die gewisse Berechtigung solcher Bezugnahmen zu erwägen. So heißt es S. 63: »Bei Oliass tritt neben die Vorstellung von der ›abgründigen Religiosität‹ die Auffassung von der ›Sinnlosigkeit menschlicher Existenz‹ und andere Formeln, die von der Existenzphilosophie beeinflußt sind.« Heinz Politzer habe die Positionen der Kafka-Forschung desavouiert, weil er sich den Jargon der ›Geworfenheit‹ zu eigen gemacht habe (S. 68). Auch an Fritz Martinis Deutung des »Schloß«-Romans wird solches beanstandet: »Deutlich werden hier existenzphilosophisch durchtränkte Thesen verkündet, bei denen es sich um Postulate und Setzungen handelt, die jeder Analyse vorgreifen...« (S. 89). In: Franz Kafka. Eine kritische Einführung in die Forschung. Frankfurt 1974.

18 Franz Kafka – Tragik und Ironie. Zur Struktur seiner Kunst. München 1964. S. 117.

19 Heinz *Ide*: Existenzerhellung im Werke Kafkas. In: Jahrbuch der Wittheit zu Bremen. Bd. I, 1957, S. 67; zitiert von Dietrich *Krusche* in der Schrift: Kafka und Kafka-Deutung. Die problematisierte Interaktion. München 1974. S. 137.

20 In einem Beitrag Rainer *Gruenters*, der in diesem Punkt Kafka mit Kleist vergleicht, heißt es: »Schon der gleiche komplizierte und aufreizend verbaute juristische Raum, in dem sich die tragenden Gestalten bewegen, ist auffällig« (Beitrag zur Kafka-Deutung. In: Merkur, IV. Jahrgang 1950. S. 280–281).

21 Vgl. auch Klaus *Hermsdorf*: Arbeit und Amt als Erfahrung und Gestaltung. In: Franz *Kafka*, Amtliche Schriften. Berlin 1984. S. 23.

22 Eine solche Anwendung von Wissenschaft, die in Krieg einmünden kann, bringt Gottfried *Benn* in der szenischen Prosa »Ithaka« unmittelbar vor Ausbruch des Ersten Weltkrieges zur Sprache. Den hier auftretenden Professor läßt Benn sagen: »Die hundert Jahre, die es Naturwissenschaften und aus

ihnen Technik gibt, wie hat sich alles Leben doch verändert. Wieviel Geist ist der Spekulation, dem Transzendentalen untreu geworden und richtet sich nur noch auf die Formung des Materiellen, um neuen Bedürfnissen einer sich erneuernden Seele gerecht zu werden!« Der militante Geist dieses Gelehrten kommt unmißverständlich zum Ausdruck:»Wir stehen über die Welt verteilt: ein Heer: Köpfe, die beherrschen, Hirne, die erobern« (Gesammelte Werke. Hg. von Dieter *Wellershoff*. Wiesbaden 1958. Bd. II. S. 299–301).

23 Bernhard vom *Brocke* in dem Beitrag »Wissenschaft und Militarismus«. In: Wilamowitz nach 50 Jahren. Hg. von H. *Flashar*. Darmstadt 1985. S. 649.

24 Vgl. ebda., S. 650.

25 »Eine Geschichte aus dem Jahre 1914« bezeichnet sie Klaus *Wagenbach* nicht unberechtigt in einer Ausgabe des Textes »Mit Quellen, Abbildungen, Materialien aus der Arbeiter-Unfall-Versicherungsanstalt, Chronik und Anmerkungen« (Berlin 1975). Vom Ereignis des Ersten Weltkrieges hat neuerdings Ulrich *Schmidt* Kafkas Erzählung in dem schon genannten Beitrag vornehmlich zu verstehen versucht: von der ›Peinlichkeit der Zeit‹.

26 Gustav *Janouch*: Gespräche mit Kafka. Aufzeichnungen und Erinnerungen. Frankfurt 1968. S. 48.

27 Hierzu Joachim *Unseld*: Franz Kafka. Ein Schriftstellerleben. Die Geschichte seiner Veröffentlichungen. Mit einer Bibliographie sämtlicher Drucke und Ausgaben der Dichtungen Franz Kafkas 1908–1924. München 1982. Besonders S. 129 ff.

28 Hellmuth *Kaiser*: Franz Kafkas Inferno. Eine psychologische Deutung seiner Strafphantasie. In: Imago. Zeitschrift für Anwendung der Psychoanalyse auf die Natur- und Geisteswissenschaften. XVII (1931). S. 41–103; wieder abgedruckt in: Franz Kafka. Hg. von Heinz *Politzer*. Wege der Forschung. Band CCCXXII. Darmstadt 1973. S. 69–142.

29 Peter *Cersowsky*: Phantastische Literatur im ersten Viertel des 20. Jahrhunderts. München 1983. S. 183 ff.

30 Vgl. Walter *Benjamin*: Franz Kafka. Zur zehnten Wiederkehr seines Todestages. In: Ges. Schriften II/2. Frankfurt 1977. S. 411.

31 Briefe an Milena. Erweiterte und neu geordnete Ausgabe. Hg. von Jürgen *Born* und Michael *Müller*. Frankfurt 1983. S. 290. (= M.).

32 Elias *Canetti*: Der andere Prozeß. Kafkas Briefe an Felice. München 1969. S. 7.

33 Ebda., S. 7.

34 Ebda., S. 7.

35 Ebda., S. 41.

36 Ebda., S. 53.

37 Ebda., S. 66.

38 Ebda., S. 36. Es handelt sich bezüglich der schöpferischen Selbstquälerei um ein Zitat Kafkas. Am 25. Februar 1915 notiert er sich in sein Tagebuch: »schöpferisch nur in Selbstquälerei«. Aber auf die Erzählung »In der Strafkolonie« kann sich diese Notiz unmittelbar nicht beziehen, die längst abgeschlossen ist.

39 Kafka-Handbuch. Hg. von Hartmut *Binder*. Stuttgart 1979. Bd. II. S. 267.

40 Walter H. *Sokel*: Franz Kafka. Tragik und Ironie. München/Wien 1964. S. 107.

41 Ebda., S. 109.

42 Ebda., S. 117.

43 So in einem Artikel der Zeitschrift »Politisch-Antropologische Revue«. Jg. VII

(1908/09). S. 504; und in einer anderen Zeitschrift (Blätter für Gefängniskunde. 34. Band. 1900. S. 187) ist es der Gefängnispfarrer, der das Wort in einem solchen Sinn gebraucht. Von Versuchen ist hier die Rede, »derartig gefährliches Menschenmaterial [...] nach einer Festlandskolonie zu bringen«.

Zum rechtsgeschichtlichen Kontext

1 Vgl. *Pauly-Wissowa*: Deportatio in insulam. In: Realencyclopädie der classischen Altertumswissenschaft. IX. Halbband. Stuttgart 1903. Sp. 231–232. Hier heißt es: »Ursprünglich gegen politische Verbrecher angewendet, wurde die D. mehr ein politisches Mittel zur Beseitigung von Personen, welche durch Ansehen und Reichtum verdächtig waren [...] Außerdem bildete das Anwendungsgebiet folgende Delicte: Ehebruch, *vis publica*, Tötung, Brandstiftung, Giftmischerei, Fälschung, repetundae, peculatus, Sacrileg, Menschenraub, Incest und Unzucht. Die christlichen Kaiser ersetzten die Strafe vielfach durch Todesstrafe...«

2 Franz von *Holzendorff*: Die Deportationsstrafe im römischen Altertum hinsichtlich ihrer Entstehung und rechtsgeschichtlichen Entwicklung. Leipzig 1859 (Neudruck Aalen 1975). S. 71; zugleich in der größeren um dieselbe Zeit erschienenen Darstellung: Die Deportation als Strafmittel in alter und neuer Zeit und die Verbrechercolonien der Engländer und Franzosen. Leipzig 1859. Spätere Definitionen in Schriften, die das Strafmittel auch im deutschen Strafrecht zu verankern suchen, lauten entsprechend. Felix Friedrich *Bruck* (Fort mit den Zuchthäusern! Berlin 1894) definiert sie als die »zwangsweise Fortschaffung des Verbrechers nach einem überseeischen Platze zum Zwecke der Abbüßung der Strafe mit daran sich knüpfendem Aufenthaltszwang an jenem Platze«. Ähnlich A. *Korn* als ein dezidierter Gegner dieser Strafe: »Unter Deportation versteht man die durch staatlichen Zwang bewirkte Verschikkung von Personen nach einem entfernten Orte zum Aufenthalt daselbst« (Ist die Deportation unter den heutigen Verhältnissen als Strafmittel praktisch verwendbar? Berlin 1898. S. 3.). – In neuerer Zeit hierüber Peter *Garnsey*: Social Status and Legal Privilege in the Roman Empire (1970). Vgl. auch Theodor *Mommsens* Abschnitt in seinem »Römischen Recht«. In: Handbuch der deutschen Rechtswissenschaft. Hg. von K. *Binding*. Leipzig 1899. Bd. I/4. S. 974 ff.

3 Die Deportationsstrafe im römischen Altertum. S. 62.

4 Hierzu Franz von *Holtzendorff*. Die Deportation als Strafmittel. S. 161 ff.

5 Vgl. dessen 1764 erschienenes Buch »Dei delitti e delle pene« (Von den Verbrechen und Strafen). Die Ersatzstrafen, die Beccaria erwägt und erörtert, sind ein Kapitel für sich – kein sehr lichtvolles. Vgl. über Beccaria und seine Ersatzstrafen Bernhard *Düsing*: Die Geschichte der Abschaffung der Todesstrafe in der Bundesrepublik Deutschland. Offenbach 1952, S. 14 ff.

6 F. von *Holtzendorff*, S. 507.

7 Sten *Nadolny*: Die Entdeckung der Langsamkeit. München 1983. S. 297.

8 Hierzu abermals *Holtzendorff*, S. 397 ff.; ferner: Vergleichende Darstellung des deutschen und ausländischen Strafrechts. Allgemeiner Teil. IV. Bd. 1908. S. 124 ff. (bearbeitet von Dr. *Goldschmidt*, hg. von Carl *Birkmeyer* u.a.). An neueren Darstellungen sei angeführt: A. *Laingui* et Arlette *Lebigre*: Histoire du droit pénal, 1: Le droit pénal, 2: La procédure criminelle. Paris 1979/80.

9 Französische Rechtszustände insbesondere die Resultate der Strafgerichtspflege in Frankreich und die Zwangskolonisation von Cayenne. Zwei zu Berlin im Februar 1859 gehaltene öffentliche Vorträge. Leipzig 1859. S. 87.

10 Der Passus in der Biographie lautet: »Seitdem wurde er näher mit Mareš bekannt, hört Vorträge über Malthus, die Freie Liebe usw., nimmt an einer Gedenkfeier an die Pariser Kommune, einer Versammlung gegen den Krieg und einer gegen die Hinrichtung des Pariser Arbeiterführers Liabeuf teil« (Franz Kafka. Eine Biographie seiner Jugend. 1883–1912. Bern 1958. S. 162); entsprechend in Rowohlts Monographien: F. K. 1964/1982. S. 69 f., hier mit dem Bemerken, daß manches unwichtig oder übertrieben sein möge; es folgt der gegen einige seiner Kritiker gerichtete Satz: »bedenklicher ist freilich die Tendenz mancher Kritiker, selbst die Fakten leugnen oder verharmlosen zu wollen, weil die Vorstellung des Kaution erlegenden jungen Juristen im halbstaatlichen Dienst offenbar Wunschbildern von Kafka als einsamem Mansardenschreiber widerspricht...« (S. 70).

11 Franz *Kafka*: Amtliche Schriften. Mit einem Essay von Klaus *Hermsdorf*. Berlin 1984. S. 11.

12 Statt anderer Literatur sei angeführt: Die Affäre Dreyfus. Hg. von Siegfried *Thalheimer* (mit Quellen und Bibliographie). München 1963. (= dtv)

13 Walter *Laqueur*: Der Weg zum Staat Israel. Geschichte des Zionismus. Wien 1972. S. 88. – Kafka-Handbuch Bd. I. S. 28.

14 Heinrich *Mann*: Essays: Hamburg 1960. S. 210–213.

15 Zum französischen Antisemitismus vgl. Edouard *Drumont*: La France Juive (1866). Alphonse *Toussenel*: Les Juifs, rois de l'époque Paris 1845. – Bernard *Lazare*: L'Antisemitisme, son histoire et ses causes. Paris 1894. Ferner an neuerer Literatur François Georges *Dreyfus*: Antisemitismus in der Dritten Französischen Republik. In: Die Juden als Minderheit in der Geschichte. Hg. von Bernd *Martin* und Ernst *Schulin*. München 1982. S. 231–248. (= dtv)

16 Die bei Toussenel vorgesehene Vertreibung der Juden nach Madagaskar erwähnt Eberhard *Straub* in seinem informativen Artikel: Der verdrängte Sündenfall. Die französische Kollaboration und ihre historischen Voraussetzungen. In: Frankfurter Allgemeine Zeitung vom 19. 11. 1983. – Der hier in Frage stehende Passus bei Paul de Lagarde lautet wie folgt: »Das von Rußland in Gutem wie in Bösem zu erwerbende Land muß weitläufig genug sein, um in Bessarabien und nordöstlich von ihm alle in Österreich und der Türkei lebenden Rumänen (weniger der mit den Juden Polens, Rußlands und Österreichs) nach Palästina oder noch lieber nach Madagaskar abzuschaffenden rumänischen Juden als Untertanen des Königs Karl anzusiedeln«. In: Deutsche Schriften. München 1924, S. 449.

17 Antoine-Françoise *Prévost d'Exiles*: Histoire du Chevalier des Grieux et de Manon Lescaut (1731), hier zitiert nach der Übertragung von Josef Hofmiller. Zürich 1954, S. 8 (= Manesse).

18 Die Ausgabe von Frédéric *Deloffre* und Raymond *Picard* in der Edition Garnier (Paris 1965) geht in der Einführung auf die zeitgenössische Praxis der Deportation ausdrücklich ein; zur Kritik an Deportationen (u. a. von Saint-Simon) vgl. ebda., S. 11 der Fußnoten. – Das von *Foucault* angeführte Edikt: Wahnsinn und Gesellschaft. Dt. Ausgabe. Frankfurt 1969, S. 83.

19 Ricarda *Huch*: Das Leben des Grafen Federigo Confalonieri. Hier zitiert nach der Ausgabe des Insel-Verlages, Leipzig o. J. (1910). S. 5.

20 Ebda., S. 312.

21 Hierzu den Artikel »Gefängnis Literatur« in: Das Literarische Echo. Erster Jg. (1898). Sp. 1376. »Daß Bücher im Gefängnis entstanden sind, steht in der Weltliteratur nicht vereinzelt da«, heißt es hier. Boëthius, Cervantes, Smollett, Tasso, Schubart, Fritz Reuter und andere werden genannt.

22 In einem humoristisch gehaltenen Brief an Felice Bauer aus dem Jahre 1912 zählt Kafka auf, auf wen er alles – aufgrund ihres Briefes und der dort genannten Namen – eifersüchtig sei: »ich bin eifersüchtig wegen des Werfel, des Sophokles, der Ricarda Huch, der Lagerlöf, des Jacobsen.« Das sind zweifellos Schriftsteller, die Kafka schätzt; auch Werfel macht da – um diese Zeit – keine Ausnahme (F/214).

23 Kritische Studienausgabe. Hg. von Giorgio *Colli* und Mazzino *Montinari*. Berlin/München 1983. Bd. IV. S. 172.

24 Ebda., Bd. I, S. 329.

25 Ebda., Bd. II. S. 702.

26 Ohne die Texte im Einzelnen anzuführen, sei verwiesen auf Thomas *Anz*: Literatur der Existenz, hier S. 36 ff.: Der Gefangene.

27 Ernst *Bertram*: Über den Wiener Roman I. In: Mitteilungen der Literarhistorischen Gesellschaft Bonn. 4. Jg. (1909), S. 15.

28 Sämtliche Werke, besorgt durch Ernst *Zinn*. Wiesbaden 1957. Bd. I, S. 504.

29 Das Gedicht in Bd. II, S. 34. – Wolfgang *Koeppens* Interpretation in: Frankfurter Allgemeine Zeitung vom 11. Juni 1977.

30 Hochzeitsvorbereitungen auf dem Lande und andere Prosa aus dem Nachlaß. Hg. von Max *Brod*. Frankfurt 1953, S. 421 (= H).

31 Gustav *Janouch*: Gespräche mit Kafka, S. 17–18.

32 Hugo von *Hofmannsthal*: Aufzeichnungen. Frankfurt 1959, S. 142.

33 Hugo von *Hofmannsthal*/Helene von *Nostitz*: Briefwechsel. Frankfurt 1965, S. 44–45.

34 Hans *Leuss*: Aus dem Zuchthause. Verbrechen und Strafrechtspflege. Berlin 1903.

35 Briefwechsel, S. 44.

36 Oskar Maria *Graf*: Wir sind Gefangene (1927). Ein Bekenntnis. Neuauflage dtv. München 1978.

37 Kritische Studienausgabe, Bd. VI, S. 147.

38 Hier zitiert nach der von Karl *Schlechta* herausgegebenen Ausgabe des Hanser-Verlages. München ²1960. Bd. III, S. 1254. Der Brief ist vom 7. März 1887.

39 August *Loewenstimm*, Oberlandesgerichtsrat in Charkoff, handelt über den Strafvollzug besonders auf der Insel Sachalin in seinem Beitrag »Die Deportation nach Sibirien vor und nach dem Gesetz vom 12. Juni 1900«, in: Zs. f. die gesamte Strafrechtswissenschaft. 24. Band (1904). S. 88–124; hier auch die statistischen Angaben über die Zahl der Deportierten um 1900. – Daß es im deutschen Schrifttum unverständlicherweise überaus positive Urteile über diesen Strafvollzug gibt, sei angemerkt. Der deutsche Gefängnispfarrer Dr. *Seyfarth* spricht von einem glänzenden Beispiel (Bl. f. Gefängniskunde, 34. Bd. 1900, S. 187).

40 Vergleichende Darstellung deutschen und ausländischen Strafrechts. Hg. von Carl *Birkmeyer* u.a. Allgemeiner Teil Berlin 1908. IV. Bd. S. 224, Anm. 3. – Hier auch über den Strafkodex für Deportierte, wonach sogar die Polizei das Recht gehabt habe, für geringfügige Delikte bis zu 100 Rutenhiebe oder Gefängnis bis zu einem Jahr zu verhängen.

41 F. *Freund* in dem Beitrag: Über Strafkolonisation und Einrichtung überseeischer Strafanstalten. In: Preußische Jb. 81. Bd. (1895), S. 502–587.

42 Die Insel Sachalin. Aus dem Russischen von Gerhard Dick. Hg. und mit Anmerkungen versehen von Peter *Urban.* Zürich 1971, S. 29.

43 Walter *Koschmal*: Semantisierung von Raum und Zeit. Dostoevskijs »Aufzeichnungen aus einem Toten Haus« und Čechovs »Insel Sachalin«. In: Poetica 12. Bd. (1980), S. 402.

44 Ebda., S. 417: »Die Grenzsituation ermöglicht Autor und Leser tiefe Einblicke in die Psyche des Menschen«.

45 F. M. *Dostojewski*: Erniedrigte und Beleidigte / Aufzeichnungen aus einem Totenhaus. Übertragen und Nachwort von E. V. Rahsin. München 1977, S. 149.

46 Ebda., S. 261.

47 Ebda., S. 131.

48 Ebda., S. 287–288.

49 Ebda., S. 185.

50 Ebda., S. 288.

51 Axel *Dornemann*: Im Labyrinth der Bürokratie. Tolstojs »Auferstehung« und Kafkas »Schloß«. Heidelberg 1984, S. 53. Eine Herabsetzung des vielfach herabgesetzten Buches soll damit nicht ausgesprochen sein.

52 Leo N. *Tolstoj*: Auferstehung. Aus dem Russischen von Adolf Hess. Frankfurt 1984, S. 629 (Insel-Taschenbuch).

53 Ebda., S. 9–10.

54 Ebda., S. 581.

55 Hierzu das Kapitel »Bürokratie in der Literatur« in dem oben angeführten Buch von A. *Dornemann*, dort S. 34–37.

56 Ebda., S. 259.

57 Ebda., S. 376–377.

58 Ebda., S. 445.

59 Vgl. auch Dornemanns Hinweis auf die Dissertation von L. *Hecht*: Freedom for the Individual: Tolstoj's Struggle against Authority. Col. Univ. 1974. Hier heißt es S. 70: »After the trial Nechljudov travels a Kafkaesque course attempting to find way out of the maze«.

60 Vgl. A. *Dornemann*, S. 19 und »Briefe an Ottla«, S. 238.

61 Hierzu A. *Dornemann*, S. 14–15.

62 Ebda., S. 465–466.

63 Anton *Čechov*: Die Insel Sachalin, S. 30.

64 Ebda., S. 354–355.

65 Ebda., S. 139–140.

66 Erzählungen eines Unbekannten / Krankensaal Nr. 6. Kleine Romane II. hg. von Peter Urban. Zürich 1968/69, S. 7–8.

67 Ebda., S. 14.

68 Ebda., S. 43.

69 Vgl. Hartmut *Binder*: Kafka-Kommentar zu den Romanen... München 1976, S. 223.

70 Jean *Starobinski*: Kafka et Dostojewski. In: Cahiers du Sud 37, Nr. 304 (1950), S. 466–475; Kafka-Handbuch I, S. 464f. Hierzu ferner Claus *Hebell*: Rechtstheoretische und geistesgeschichtliche Voraussetzungen für das Werk

Kafkas, analysiert an dem Roman »Der Prozeß«. Diss. München 1981, bes. S. 222 ff.

71 Vgl. E. *Canetti*: Der andere Prozeß, S. 55.

72 Briefe an Milena. Erweiterte und neu geordnete Ausgabe. Hg. von Jürgen *Born* und Michael *Müller*. Frankfurt 1983, S. 314 (= M).

73 Vgl. Vorwort des Verlages (Ernst Heimeran) zur 6. Auflage im Jahre 1949.

74 Kafka-Handbuch I, S. 78.

75 Vgl. den unter Anm. 174 angeführten Beitrag von Ludwig Rubiner!

76 Am 12. 12. 1912 schreibt Kafka an Felice: »Danke für den Aufsatz von Herzog. Ich habe schon manches von ihm gelesen...« (F/177). Es handelt sich um den im »Berliner Tageblatt« erschienenen Aufsatz: »Was ist modern?«

77 Das Forum, 1. Jg. Juni 1914, S. 129.

78 Ebda., S. 134.

79 Ebda., S. 134–135.

80 Ebda., S. 135. – Daß Hofmannsthal für Zustände und Mißstände wie diese keineswegs blind war, ist an anderer Stelle gesagt.

81 Ebda., S. 136.

82 Robert *Minder*: Kultur und Literatur in Deutschland und Frankreich. Fünf Essays. Frankfurt 1962, S. 89.

83 Brockhaus-Enzyklopädie. 17. Aufl. Wiesbaden 1968. Bd. 4, S. 427.

84 Einen Überblick über die belegten Vorlesungen gibt Klaus *Wagenbach*: F. K., S. 243–244.

85 Die Schilderung dieser Vorgänge ist nachzulesen bei Adolf *Stölzel*: Brandenburg-Preußens Rechtsverwaltung und Rechtsverfassung, dargestellt im Wirken seiner Landesfürsten und obersten Justizbeamten. Berlin 1888, Bd. II, S. 354.

86 Deportation. In: von *Rotteck-Welcker*. Staatslexikon. Altona 1846. Bd. 3, S. 45–46. Der von K. Th. Welcker verfaßte Artikel zeichnet sich durch eine Sprache und Denkweise aus, die man in solchen Fragen ein halbes Jahrhundert später vergeblich sucht: »Kaum bei irgend einer andern Strafe aber mag eine Bemühung für Verbesserung der Gefangenen so fruchtbar sein als bei den Deportationsstrafen, wenn, sowie es der Verfasser dieser Zeilen mit freudiger Bewunderung in *London* beobachtete, freie Vereine edler Menschenfreunde nicht etwa wie bei uns bloß durch Geld, sondern durch tägliche persönliche liebevolle verständige Bemühung den Verurteilten vor seinem Eintritt in die neue Lebensbahn einer besseren Lebensrichtung, der Mäßigkeit und Arbeitsamkeit gewinnen und ihn selbst die Mittel zum heilsamen Beginn seiner neuen Lebensbahn gewinnen lassen, so daß er dann in dieser mit Zutrauen aufgenommen werden kann.«

87 Über den Verfasser des auch heute noch angesehenen Werkes vgl. den Artikel von Carl *Meltz* in: Neue Deutsche Biographie. Berlin 1972. 9. Bd., S. 556–557.

88 Daß sich Holtzendorff 1874 gegenüber dem italienischen Strafrechtler Beltrani-Scalia als ein entschiedener Gegner der Deportation erklärt habe, ist dem ihm geistesverwandten Wolfgang *Mittermaier* mitzuteilen wichtig: Zs. für die ges. Strafrechtswissenschaft. 19. Bd. (1899), S. 89.

89 Über Franz von Lißt vgl. Monika *Frommel* in: Neue Deutsche Biographie. Berlin 1985. 14. Bd., S. 704–705.

90 Franz von *Lißt*: Der Zweckgedanke im Strafrecht. In: Aufsätze und Vorträge. Berlin 1905. I, S. 169. Hierzu Paul *Bockelmann*, der den Passus (»da wir

köpfen und hängen nicht wollen und deportieren nicht können«) beiläufig zitiert und hervorhebt mit dem Bemerken, daß Lißts Reformprogramm den Unverbesserlichen die geringste Aufmerksamkeit widme: Franz von Lißt und die Kriminalpolitische Konzeption des allgemeinen Teils. In: Heft für Franz Lißt (Zeitschrift für d. gesamte Strafrechtswiss. 81. Bd. Berlin 1969, S. 600.

91 Friedrich *Fabri*: Bedarf Deutschland der Colonien? Gotha 1879, S. 37. Hierzu Klaus J. *Bade*: Friedrich Fabri und der Imperialismus der Bismarckzeit (1975). Hans-Ulrich *Wehler* kommt wiederholt auf ihn zu sprechen, wie das Register seines Buches ausweist: Bismarck und der Imperialismus. Köln/Berlin 1969.

92 Ebda., S. 41.

93 Felix Friedrich *Bruck*: Fort mit den Zuchthäusern! Berlin 1894. – Eine zweite Schrift erschien 1896 in Breslau unter dem Titel: Neu-Deutschland und seine Pioniere. Ein Beitrag zur Lösung der sozialen Frage; eine dritte in Breslau 1897: Die gesetzliche Einführung der Deportation im Deutschen Reich.

94 Max *Treu*: Der Bankrott des modernen Strafvollzuges und seine Reform. Ein offener Brief an das Reichsjustizamt. Stuttgart 1904. Mit denjenigen, die sich in damaliger Zeit für das Strafmittel der Deportation verwandten, hat der Verfasser dieser bemerkenswerten Schrift nichts zu tun. Hier werden im Gegenteil sehr moderne Reformideen vorgebracht, wenn es gleich einleitend (S. 6) heißt: *Daß aber die Ausdehnung der Freiheitsstrafe um ein ganz bedeutendes eingeschränkt werden kann und muß* durch eine Reform des Strafrechts, in welcher die *Geld*strafe eine viel größere Rolle spielt, als jetzt, darüber besteht mir kein Zweifel.

95 A. *Korn*: Ist die Deportation unter den heutigen Verhältnissen als Strafmittel praktisch verwendbar? Berlin 1898. Von der Holtzendorff-Stiftung mit dem Preis gekrönte Arbeit.

96 Verhandlungen des Vierundzwanzigsten Deutschen Juristentages. 4. Bd. Berlin 1898. Zweite Sitzung der dritten Abteilung vom 13. September 1898.

97 Oscar *Priester*: Die Deportation. Ein modernes Strafmittel. Berlin 1899, S. 28.

98 W. *Mittermaier*: Deportation. In: Zs. für die ges. Strafrechtswissenschaften. 20. Jg. (1900), S. 613–622.

99 Kafka-Handbuch I, S. 292.

100 Erich *Döring* in: Neue Deutsche Biographie. Berlin 1966, Bd. VII, S. 141.

101 Unter dem angeführten Titel erschien dieses Werk zuerst 1893; eine dritte Auflage gibt es aus dem Jahre 1898; es folgen die vierte (1904), die fünfte (1907), die sechste (1913), die siebente (nach dem Tode des Verfassers), bearbeitet von Erwein *Höpler* und nunmehr unter dem Titel: Handbuch für Untersuchungsrichter als System der Kriminalistik (1922). Noch 1942 hat es eine erneute Bearbeitung gegeben. Ein Standardwerk ohne Frage!

102 NDB, VII, S. 140.

103 Hinzuweisen ist im neueren Schrifttum auf das Buch von Wolfgang *Pleister*: Persönlichkeit, Wille und Freiheit im Werke Iherings. Ebersbach 1982; hier besonders S. 359: Naturvorstellungen Darwins und Iherings.

104 Martin *Green*: Elsa und Frieda – die Richthofen-Schwestern. München 1980 (dtv), S. 58 (Deutsche Ausgabe des Buches, das zuerst 1974 in New York unter dem Titel »The von Richthofen Sisters. The Triumphant and the Tragic Modes of Love«) erschien. Zitat bei Green mit Bezug auf das Buch »In Search of Criminology« des amerikanischen Kriminologen Leon *Radzinowicz* (London, Melbourne, Toronto 1961), dort S. 19 über die Kriminologie, die sich in

Österreich früher als andernorts Ansehen erobert habe: »I refer, as may be surmissed, to Hans Gross [...] Gross is best – and most deservedly – remembered as the pioneering founder of the modern disciplines of criminal investigations.« Die kritischen Bemerkungen mit Verweis auf andere Kritiker S. 20–21.

105 Der Untersuchungsrichter, S. 51.

106 Paul *Reiwald*: Die Gesellschaft und ihre Verbrecher. Neu herausgegeben mit Beiträgen von Herbert *Jäger* und Tilmann *Moser*. Frankfurt 1973, S. 153.

107 Der Prozeß. Hg. von Max *Brod*. New York/Frankfurt 1951, S. 54 (= P).

108 Auf den Zusammenhang zwischen dem Buch von Hans Groß und dem Roman Kafkas wird im Handbuch (I, 292) aufmerksam gemacht.

109 Hier mit der Schreibung Hanns Groß, während sich in den späteren Schriften die übliche Schreibung des Vornamens findet.

110 Michel *Foucault*: Überwachen und Strafen. Die Geburt des Gefängnisses. Übersetzt von Walter Seitter. Frankfurt 1976, S. 34: »Die Seele tritt auf die Bühne der Justiz, und damit wird ein ganzer Komplex ›wissenschaftlichen‹ Wissens in die Gerichtspraxis einbezogen.«

111 Auf das seit den siebziger Jahren sich entwickelnde Gebiet als ein Grenzgebiet zwischen Kriminalistik und Psychiatrie weist der Psychiater Robert *Sommer* in einem Nachruf auf Lombroso hin: Zs. für die ges. Strafrechtswissensch. 31. Bd. (1910), S. 129.

112 Criminalpsychologie, S. 11: »Und die Wissenschaftlichkeit liegt vor uns, wir haben nur nach der Methode zu greifen, die uns seit mehr als dreiviertel Jahrhunderten als die helfende Hand gezeigt wird. Seitdem Warnkönig 1819 uns zurief: ›Die Jurisprudenz muß eine Naturwissenschaft werden, wurde dieser Gedanke unzählige Male variiert...« In einem um diese Zeit veröffentlichten Aufsatz über »Aufgaben und Ziele der Kriminalistik« wird entsprechend definiert: »Anerkennung der Naturwissenschaftlichkeit einer besonderen Disziplin, die den Menschen selbst in Relation zum Verbrechen als Gegenstand hat...« (Schweizerische Zeitschrift für Strafrecht. X, 1897, S. 284). In solchen Bezugnahmen ist Groß alles andere als ein Einzelfall sondern ein Kind seiner Zeit, wie schon gesagt. Bei Rudolf von Ihering oder Georg Jellinek gibt es ähnliche Tendenzen. Im Denken des Juristen Hans Groß ist aber die Wissenschaftsgläubigkeit in besonderem Maße ausgeprägt.

113 Criminalpsychologie, S. 101.

114 Hierzu Karl *Richter*: Resignation. Eine Studie zum Werk Theodor Fontanes. Stuttgart/Berlin/Köln/Mainz 1966; besonders S. 56 ff.: Schopenhauer und das 19. Jahrhundert.

115 Criminalpsychologie, S. 119.

116 Mitteilungen der Internationalen Kriminalistischen Vereinigung. NF. 1. Bd. Hg. von Edgar M. *Foltin*. Leipzig 1926, S. 65–66; von L. *Radzinowicz* S. 20 ff. seines Buches zitiert; und eine weitere kritische Stimme führt er an, den Schweizer Psychologen *Claparède*: »Il est resté dans les généralités, sans faire de déterminations précices.«

117 Criminalpsychologie, S. 457–458.

118 Ebda., S. 467.

119 Emanuel *Hurwitz*: Otto Gross. Paradies-Sucher zwischen Freud und Jung. Zürich 1979, S. 45.

120 Zur Deportationsfrage. In: Allgemeine österreichische Gerichts-Zeitung. XLVII. Jg. Nr. 29 (1896), S. 242.

121 Ebda., S. 241. Es handelt sich um ein Zitat im Zitat; Groß gibt die Quelle nicht an, aus der zitiert wird.

122 Ebda., S. 243.

123 Die Degeneration und das Strafrecht. In: Allgemeine Österreichische Gerichts-Zeitung vom 6. 9. 1904, S. 308. Über die Degenerationslehre in der Psychiatrie als eine heute nicht mehr haltbare Lehre informiert L. *Hermle* in: Fortschr. der Neurologie u. Psychiatrie 54 (1986), S. 69–79.

124 Ebda., S. 309.

125 Politisch-Anthropologische Revue. Jg. 4 (1905/6), S. 358/9.

126 Ebda., 7 (1908/9), S. 629–642.

127 Politisch-Anthropologische Revue, S. 282.

128 Die Lebenswunder (1904), zitiert von Rudolf *Degkwitz*. In: Psychisch krank. Einführung in die Psychiatrie für das klinische Studium. Hg. von R. *Degkwitz*, S. O. *Hoffmann*, H. *Kindt*. München/Wien/Baltimore 1982, S. 424–425.

129 Elsa und Frieda. S. 59.

130 Degeneration und Deportation, S. 282.

131 Ebda., S. 283.

132 Ebda., S. 286.

133 *Kung-Futse*. Gespräche. Übersetzt von Richard Wilhelm. Jena 1921, S. 135.

134 Politisch-Antropologische Revue, 3. Jg. (1904/5), S. 660.

135 Jahrbücher für Kriminalpolitik und innere Mission. 1. Bd. (1895), S. 126.

136 Dr. *Mittelstädt*: Die Unverbesserlichen, in: Jahrbücher für Kriminalpolitik und innere Mission. 1. Bd. (1895), S. 28–39; die angeführten Zitate S. 31 und S. 35.

137 Joseph *Heimberger*: Zur Reform des Strafvollzugs. Leipzig 1905, S. 29.

138 Ebda., S. 38. Auch dieser deutsche Professor erhofft sich weitreichende Wirkungen vom Strafmittel der Deportation und denkt dabei an die Landstreicherplage, wie er sie nennt: »Vor allem ist sie [die Strafverschickung] ein geeignetes Mittel, um den großen Haufen der Landstreicher vom Halse zu schaffen, die jahraus jahrein unser gutmütiges Volk in Stadt und Land brandschatzen...«. (Ebda., S. 35).

139 Der Zweckgedanke, S. 170.

140 Die Deportation, S. 45. – Vgl. auch Casimir *Wagner* in seinem Buch »Die Strafinseln«, S. 13: »Priester betrachtet als Aufgabe der Strafrechtspflege der Neuzeit die Unschädlichmachung des unverbesserlichen Verbrechertums«.

141 Gerhard *Wahrig* (Deutsches Wörterbuch, Sp. 3727) führt an: »unschädliche Insekten«; aber auch: »jmdn. unschädlich machen ›fig.‹ ihm die Möglichkeit nehmen, zu schaden.« Damit scheint das Wort entschärft. Aber die naheliegende Verbindung des Wortes mit Insekt und Schädling kann leicht dahin führen, »unschädlich machen« mit »vertilgen« gleichzusetzen. Im Duden (Das große Wörterbuch der deutschen Sprache, Bd. 6, S. 2700) werden gleichfalls Insekten aufgeführt – »unschädliche Insekten«; aber auch mit Beziehung auf Personen: »einen Spion unschädlich machen«. In der Rechtswissenschaft der Zeit wird das Wort offensichtlich unbekümmert verwandt. Selbst ein so liberaler Rechtsdenker wie Gustav *Radbruch* gebraucht es in seiner »Einführung in die Rechtswissenschaft«, dort S. 56.

142 R. Frank – vgl. Anm. 92 – spricht von Inkorrigiblen und legt Wert auf die Verwendung dieses Begriffs.

143 Vf. des Artikels ist Dr. Georg *Lomer* (Pol.-Anthr. Revue 7. Jg. 1908/9, S. 366);

vgl. auch K. von *Lilienthal*, der die Verbindung von Geisteskranken und Unschädlichmachung belegt: »Heute wird der Geisteskranke freigesprochen und das Gericht hat nicht die Befugnis, seine Unschädlichmachung anzuordnen.« (Strafrecht-Kriminologie. In: Das Jahr 1913, hg. von D. *Sarason*. Leipzig 1913, S. 93).

144 Gesammelte Werke. Hamburg 1978. Bd. II, S. 636.

145 Juden und Indogermanen. Eine Studie nach dem Leben. Göttingen 1887, S. 339.

146 Der Begriff Vernichtungsterminologie bei Christoph *Cobet*: Der Wortschatz des Antisemitismus in der Bismarckzeit. München 1973. S. 130.

147 Alexander *Bein*: Der jüdische Parasit. Bemerkungen zur Semantik der Judenfrage. In: Vierteljahrshefte zur Zeitgeschichte. 13. Jg. (1965), S. 140. – Vgl. auch C. *Cobet*, S. 243: »Am krassesten sichtbar wird die Wirkung solcher Vermischung an den Schimpfbezeichnungen Parasit, Schädling und Ungeziefer. Durch die Biologisierung haben sie einen scheinbar wissenschaftlichen Rang bekommen; was eigentlich nur Vergleich war, wird immer stärker mit der naturhaften Wirklichkeit identifiziert«.

148 Casimir *Wagner*: Die Strafinseln, S. 20/1.

149 Österreichische Gerichtszeitung vom 6. 9. 1904, S. 309.

150 Jean Paul *Sartre*: Drei Essays. Betrachtungen zur Judenfrage. Zürich 1983, S. 159.

151 Von der Erzählung als einem Antimärchen spricht Clemens *Heselhaus*: Kafkas Erzählformen. In: DVjS, 26. Jg. (1952), S. 353–376; besonders S. 356f.

152 Der andere Prozeß, S. 87.

153 Walter H. *Sokel*: Kafkas »Verwandlung«: Auflehnung und Bestrafung. In: A Journal Devoted to the Study of German Languages and Literatures. Vol. XLVIII/1956, No. 4, pp. 203–214. Hier zitiert nach der dt. Übersetzung in dem von Heinz *Politzer* herausgegebenen Sammelband: Franz Kafka. Darmstadt 1973, S. 282.

154 Zur psychoanalytischen Deutung der Vaterbeziehung Kafkas vgl. u. a. Friedrich *Tramer*: August Strindberg und Franz Kafka. In: DVjS, 34. Jg. 1960, S. 251. – Ferner Josef *Rattner*: Kafka und das Vater-Problem. Ein Beitrag zum tiefenpsychologischen Problem der Kindererziehung. Interpretation von Kafkas »Brief an den Vater«. München/Basel 1964.

155 Hier zitiert nach: *Luthers* Werke… Braunschweig 1882. Bd. 8, S. 454–455.

156 Heinrich von *Kleist*: Sämtliche Werke und Briefe. Hg. von Helmut *Sembdner*. München ³1961, Bd. II, S. 337.

157 Vgl. »Das Schweigen der Sirenen« (H/78) und den Aufsatz Heinz *Politzers* über diesen Text. In: *H. P.*: Das Schweigen der Sirenen. Stuttgart 1968, S. 13ff. – Vgl. auch Gerhard *Neumann*: Franz Kafkas »Gleitendes Paradox«: »erst wo das Denken zu Umkehrungen und gleitenden Paradoxien greift, schafft es Möglichkeiten der Einsicht…«; In: F. K. hg. von H. Politzer, S. 490.

158 Ähnlich im »Tagebuch«: »Löwy. Mein Vater über ihn: ›Wer sich mit Hunden zu Bett legt, steht mit Wanzen auf.‹« (T/139).

159 Christoph *Stölzl*: Kafkas böses Böhmen. München 1975. S. 34.

160 Der andere Prozeß, S. 117.

161 Illuminationen. Ausgewählte Schriften. Frankfurt 1980, S. 254.

162 Sämtliche Werke. Hg. von Friedrich Beißner. Stuttgart 1952. Bd. V, S. 271.

163 Über den Zeitschriftenplan, »für den sich Kafka sehr interessierte«, handelt Max *Brod* in seiner Biographie: Franz Kafka. Frankfurt 1954, S. 192. Näheres

über Otto Groß bei Martin *Green*: The Richthofen Sisters. The Triumphant and the Tragic Modes of Love. New York 1974, S. 90 ff.; dt. Ausgabe (dtv) S. 54 ff. An anderer Stelle desselben Buches (S. 104) heißt es: »Kafka, der mit Groß zwar nicht auf dem vertrauten Fuß wie seine Freunde stand, erklärte sich trotzdem bereit, sich Groß im Kampf gegen die Väter dieser Welt anzuschließen.« Auch Emanuel *Hurwitz*: Otto Gross. »Paradies«-Sucher zwischen Freud und Jung. Zürich 1979, S. 130/1. Ferner: Hartmut *Binder*: Kafka in neuer Sicht. Stuttgart 1976. S. 381 ff. – Ders. (Hg.): Kafka-Handbuch I, S. 411; 490.

164 Martin *Green*: Dt. Ausgabe (dtv), S. 67.

165 Vgl. E. *Hurwitz*, S. 213: «»Ein weiterer Anhaltspunkt für Otto Gross' Gefährlichkeit konnte in seiner Einstellung der Euthanasie gegenüber gesehen werden.«

166 E. *Hurwitz*, S. 79.

167 Otto *Groß*: Über psychopathische Minderwertigkeiten. Wien/Leipzig 1909, S. 115 ff. – Mit Beziehung auf den eigenen Vater heißt es: »Hier sei zunächst auf einen Gedankengang hingewiesen, in dem sich für dieses Gebiet das Wissen der Zeit zur Konzeption einer Therapie am Gesellschaftskörper verdichtet hat. Es ist die Abhandlung von Hans *Gross* über ›Degeneration und Deportation.«

168 Sämtliche Werke. Kritische Studienausgabe in 15 Bd. Hg. von Giorgio *Colli* und Mazzino *Montinari*. München 1980 (dtv). Bd. II, S. 188. – Otto *Groß* seinerseits zitiert Nietzsche mit den Schriften »Zur Genealogie der Moral« und »Jenseits von Gut und Böse« und schränkt (S. 116), wie Nietzsche auch, die Ideen des Darwinismus ein: »daß die Selektion nicht so sehr auf einem Kampf ums bloße Dasein [...] beruht.«

169 Hierzu der schon genannte Beitrag von L. *Hermle*: Die Degenerationslehre in der Psychiatrie. In: Fortschr. Neur./Psychiatrie 54 (1986), S. 69–79. In der vorangestellten Zusammenfassung wird ausgeführt: »Diese Theorie war mit dem komplexen ideengeschichtlichen Hintergrund der Geistes- und Naturwissenschaften des 19. Jahrhunderts eng verwoben. Die Entwicklung der positivistischen Naturwissenschaften und die Evolutionstheorie sowie die sich daraus entwickelnden Theorien des Sozialdarwinismus, der Eugenik, der Rassenhygiene, Vererbungslehre und die Entwicklung der biologisch-vitalistischen Auffassungen, haben auch die Degenerationslehre in wechselseitigem Einfluß inspiriert [...] Mit der Wiederentdeckung der Mendelschen Gesetze um 1900 war die Polymorphismuslehre widerlegt, so daß die Degenerationslehre wissenschaftlich nicht mehr haltbar war. Die Idee der Entartung blieb jedoch unter darwinistischen Vorstellungen und dem Eindruck eines um sich greifenden Kulturpessimismus weithin populär. Insbesondere Kraepelin's Einstellung zur Entartungsfrage machte deutlich, daß das Entartungsproblem in der Psychiatrie keineswegs überwunden war.« Bei Emil Kraepelin war Otto Groß, wie gesagt, zeitweilig als Assistenzarzt tätig.

170 Otto *Groß*..., S. 256.

171 In neuerer Zeit ausführlich von Martin *Green* und Emanuel *Hurwitz* in ihren mehrfach genannten Büchern beschrieben; auch von Thomas *Anz* in dem Beitrag: »Jemand mußte Otto G. verleumdet haben... Kafka, Werfel, Otto Gross und eine ›psychiatrische Geschichte‹«. In: Akzente (1984), S. 184–191.

172 Franz *Jung*: Der Weg nach unten. Neuwied/Berlin 1961, S. 88.

173 Die Aktion. 3. Jg. Nr. 51, 20. Dez. 1913. Sp. 1141/42.

174 Ebda., Sp. 1175/76.

175 Wiecker Bote 1 (1914) Heft 7, abgedruckt von Thomas *Anz* und Michael *Stark*. In: Expressionismus. Manifeste und Dokumente zur deutschen Literatur 1910–1920. Stuttgart 1982, S. 152.

176 Otto Gross…, S. 247.

177 Thomas *Anz*: Jemand mußte Otto G. verleumdet haben…, S. 186.

178 *Anz/Stark*: Expressionismus, S. 153.

179 Karl *Brand*: Das Vermächtnis eines Jünglings. Hg. von Johannes Urzidil. Mit einem Vorwort von Franz *Werfel*. Wien/Prag/Leipzig 1921. S. XI. Von Paul *Raabe* zitiert in dem Beitrag: Franz Kafka und der Expressionismus. In: F. K. Hg. von H. *Politzer*, S. 400ff.

180 Über das Verhältnis Kafkas zu Werfel handelt Roger *Bauer*: K. und das Ungeheuer: Franz Kafka über Franz Werfel. In: Franz Kafka. Themen und Probleme. Hg. von C. *David*. Göttingen 1980, S. 189–210.

181 Hierzu P. *Raabe*: K. und der Expressionismus, S. 403.

182 Davon handelt Jürgen *Habermas*: Die Moderne – ein unvollendetes Projekt. In: Politische Schriften (I–IV), S. 452.

182a Vgl. David P. *Frisby*: Georg Simmels Theorie der Moderne. In: Georg Simmel und die Moderne. Hg. von Heinz-Jürgen *Dahme* und Otthein *Rammstedt*. Frankfurt 1984, S. 17.

183 Hierzu Dieter *Krüger*: Nationalökonomie im Wilhelminischen Deutschland. Göttingen 1983; S. 78–82: Die Bürokratiedebatte von 1909.

184 Hierzu A. *Dornemann*, S. 21–35.

185 Wolfgang *Mommsen*: Max Weber. Gesellschaft, Politik und Geschichte. Frankfurt/M. 1974 (= str. 53), S. 152.

186 Wirtschaft und Gesellschaft. 4. Aufl. S. 570, von A. *Dornemann* S. 30/31 seines Buches zitiert.

187 A. *Dornemann*, S. 27.

188 Dietrich *Wachler*: Mensch und Apparat bei Kafka. Versuch einer soziologischen Interpretation. In: Sprache im technischen Zeitalter. Heft 77 (1981), S. 142: »der 1906 bei Alfred Weber promovierte…« Desgleichen Horst *Albach* in: Mitteilungen der List-Gesellschaft 7 (1969), S. 5. Ebenso Herbert *Rosendorfer*, in: Neue Juristische Wochenschrift 21 (1983), S. 1162.

189 Max *Brod*: Streitbares Leben. Autobiographie 1884–1968. Frankfurt 1979, S. 199; über die Erzählung »Jugend im Nebel«: ebda., S. 209.

190 Ebda., S. 207.

191 Alfred *Weber*: Die Jugend und das deutsche Schicksal. Persönliche Rückblicke und Ausblicke. In: Wegweiser in der Zeitwende. Hg. von Olga *Kern*. München/Basel 1955, S. 60–61.

192 Streitbares Leben, S. 207–208. Brod schreibt Schallmeyer, und so auch wurde zitiert. Es muß Schallmayer (mit ay) heißen.

193 Karl Dietrich *Bracher*: Zeit der Ideologien. Eine Geschichte politischen Denkens im 20. Jahrhundert. Stuttgart 1982.

194 Gunter *Mann*: Rassenhygiene – Sozialdarwinismus. In: Biologismus im 19. Jahrhundert. Hg. von Gunter *Mann*. Stuttgart 1973.

195 Ebda., S. 84.

196 Dr. Wilhelm *Schallmayer*: Vererbung und Auslese im Lebenslauf der Völker. Eine staatswissenschaftliche Studie auf Grund der neueren Biologie. Jena 1903.

197 G. *Mann*: Ebda., S. 85.

198 Ebda., S. 79.

199 Streitbares Leben, S. 205.

200 Prager Tagblatt 31, Nr. 155, Morgen-Ausgabe. 7. 6. 1907, S. 2 f.; zitiert von Astrid *Lange-Kirchheim* in ihrem höchst aufschlußreichen Beitrag »Alfred Weber und Franz Kafka«, dort S. 5. Jetzt erschienen in: Alfred Weber – Politiker und Gelehrter. Hg. von Eberhard Demm. Stuttgart 1986.

201 Astrid *Lange-Kirchheim*: Franz Kafka: »In der Strafkolonie« und Alfred Weber: »Der Beamte«. In: GRM 27 (1977), S. 202–221.

202 Die neue Rundschau 21 (1910), S. 1321.

203 Ebda., S. 1321–1322.

204 Ebda., S. 1327. Hier vor allem sind »Anklänge« an Max Webers Beschreibung des Phänomens in »Wirtschaft und Gesellschaft« nicht zu überhören.

205 Ebda., S. 1334.

206 Ebda., S. 1333.

207 Alfred Weber und Franz Kafka, S. 10. Zum Wörtlichnehmen von Alltagssprachlichkeit vgl. die wichtigen Hinweise bei H. *Binder*: Handbuch II, S. 148 ff.

208 Kritische Studienausgabe 5, S. 301.

209 Ebda., S. 295–296.

210 Kritische Studienausgabe 5, S. 304; vgl. P. U. *Beicken*, S. 292.

211 Vgl. Astrid *Lange-Kirchheim*: Franz Kafka: »In der Strafkolonie« und Alfred *Weber*: »Der Beamte«. In: GRM 27 (1977), S. 217: »Alle fünf Bedeutungsfelder konnte Kafka teils untereinander verknüpft, stets aber in Zusammenhang von ›Räderwerk‹, ›Mechanismus‹, ›Folterwerkzeug‹, ›instrumentum‹, ›Maschinerie‹ bei Nietzsche vorfinden…« Auf den Beitrag von P. Bridgwater (Kafka und Nietzsche, Bonn 1974, S. 105–111) wird verwiesen.

212 Casimir *Wagner*: Die Strafinseln. Stuttgart 1904, S. 318.

213 Blätter für Gefängniskunde. 41. Bd. (1907), S. 382–383.

214 Im Nachruf auf Robert Heindl heißt es: »Im Reichstag hatte ein Abgeordneter vorgeschlagen, dem englischen, französischen und spanischen Vorbild entsprechend doch auch in Deutschland die Deportationsstrafe einzuführen…« In: Archiv f. Kriminologie 123 (1959), S. 3.

215 Nachruf S. 1/2; ferner Paul Bockelmann, in: NDB Berlin 1969, S. 281.

215a So auch der Heidelberger Strafrechtler W. *Mittermaier* in seiner Rezension: »Denn es kommt nicht mit gelehrtem Apparat und systematischer Pedanterie, sondern es ist eine frische, gewandte Reisebeschreibung eines geschickten Journalisten, der juristisch ausreichend gebildet ist…« Doch wird einschränkend auch vermerkt: »sehr tief gehen die Untersuchungen nicht…« In: Monatsschrift f. Kriminalpsychologie und Strafrechtsreform 10 (1914), S. 60.

216 Nachruf S. 4.

217 Die Formulierung im Nachruf S. 5 läßt auf ein freundschaftliches Verhältnis schließen: »Der große österreichische Kriminalist Hans Groß hatte bei seinem Tode die Weiterführung des von ihm herausgegebenen ›Archivs für Kriminologie‹ in die Hände von Dr. Heindl gelegt. Vom 1. Januar 1917 betreute dieser es mit aller Liebe und Gründlichkeit.«

218 Meine Reise nach den Strafkolonien, S. 97.

219 Ebda., S. 451.

220 Bohemia, Bd. 83 vom 27. 7. 1910. Ich verdanke diese Hinweise Hartmut Binder.

221 Franz *Kafka*: In der Strafkolonie. Eine Geschichte aus dem Jahre 1914. Mit Quellen, Abbildungen, Materialien der Arbeiter-Unfall-Versicherungsanstalt, Chronik und Anmerkungen von Klaus Wagenbach. Berlin 1975. Hier wird S. 67 über Neukaledonien gehandelt in dem Kapitel mit der Überschrift: »Von welchen Strafkolonien hatte Kafka gehört oder gelesen?«

222 Aus dem Nachwort geht hervor, daß vor allem hier wiedergegebene Gespräche aus französischen Quellen übernommen wurden; von zwei dieser Quellen werden die Verfasser genannt: »Criminopolis« von Paul *Mimandes* und »Bagne« von Jean *Carol*. Es gibt einige Motivverwandtschaften mit einer anderen Quelle, die für Kafkas »Strafphantasie« ermittelt wurde: Octave *Mirbeaus* »Les jardins des supplices«. Es wäre denkbar, daß derart verwandte Motive eine gemeinsame Quelle haben.

223 Robert *Heindl*: Meine Reise S. 56.

224 Ebda., S. 57.

225 Jahrbuch der Deutschen Schillergesellschaft. 28. Jg. (1984), S. 76–103.

226 Michel *Foucault*: Überwachen und Strafen. Siehe Anm. 110, S. 170.

227 Peter *Cersowsky*: Phantastische Literatur im ersten Viertel des 20. Jahrhunderts. Kafka/Kubin/Meyrink. München 1983, S. 199.

228 Gesammelte Werke. Hg. von Fritz J. *Raddatz*. Hamburg 1960. Bd. I, S. 45.

229 Meine Reise, S. 51.

230 Ebda., S. 53.

231 Ebda., S. 336.

232 Ebda., S. 115.

233 Ebda., S. 85–86.

234 Ebda., S. 46.

235 Ebda., S. 8. Das sagt hier zwar der französische Detektiv Mr. Lerat, der dem Verfasser des Buches zu besserer Orientierung beigegeben ist. Aber dieser selbst nimmt widerspruchslos auf, was da gesagt wird. Es entspricht seiner eigenen Mentalität voll und ganz.

236 Gesammelte Werke VI, S. 190. – Zur Kritik an Heindls Buch aus heutiger Sicht vgl. Ralf *Seidel*: Der Streit um den Strafzweck zur Zeit der Weimarer Republik. Frankfurt 1974, S. 121.

237 Ebda., S. 181–182.

238 Ebda., S. 185.

239 Ebda., S. 190.

Der literarische Text

1 Emil *Staiger*: Die Zeit als Einbildungskraft des Dichters. Untersuchungen zu Gedichten von Brentano, Goethe und Keller. Zürich und Leipzig 1939, S. 13.

2 Bericht über die Tagung deutscher Internisten in Wiesbaden in der »Süddeutschen Zeitung« vom Mai 1985.

3 Ebda., S. 17.

4 Wolfgang *Stegmüller*: Der sogenannte Zirkel des Verstehens. In: Natur und Geschichte. X. Deutscher Kongreß für Philosophie. Hg. von Kurt *Hübner* und Albert *Menne*. Hamburg 1973, S. 43.

5 Deutsche Literatur. Eine Sozialgeschichte. Hg. von Horst Albert *Glaser*. Hamburg 1982. Bd. 8, S. 14ff. Hg. des Beitrags ist Manfred Rauh.

6 Ebda., S. 16.

7 Überwachen und Strafen, S. 34.

8 Friedrich *Beißner*: Der Erzähler Franz Kafka und andere Vorträge. Mit einer Einführung von Werner *Keller*. Frankfurt 1982. S. 17.

9 In den von W. *Keller* herausgegebenen Studien S. 124ff.

10 Ulf *Abraham*: Der verhörte Held. Recht und Schuld im Werk Franz Kafkas. München 1985, S. 11: »Das ›traumhafte innere Leben‹, um dessen Darstellung es ihm (nach jener arg strapazierten Tagebuchnotiz vom 6. August 1914) einzig zu tun ist, weist dieselben Strukturen auf wie das traumhaft äußere Leben, von dem man Kafkas Texte so lange hat fernhalten wollen.«

11 Der Erzähler Franz Kafka, S. 37.

12 Beschreibung eines Kampfes. Novellen/Skizzen/Aphorismen. Aus dem Nachlaß. Hg. von Max Brod. Frankfurt 1946, S. 176 (= B).

13 Ebda., S. 41.

14 Ebda., S. 38.

15 Hermann Hesse: Gesammelte Dichtungen. Frankfurt 1952. Bd. III, S. 101.

16 *Goethes* Werke. Hamburger Ausgabe. Hg. von Erich *Trunz*. Hamburg 1950. Bd. VII, S. 82.

17 Ebda., S. 28.

18 Ebda., S. 29.

19 Hinsichtlich Goethes ist auf den in Anm. 16 zitierten Passus noch einmal zu verweisen. Herder wiederum stellt im Eingang zu seinem Shakespeare-Aufsatz den Dichter als eine gottähnliche Gestalt, noch über der Menge, heraus – sicher, allwissend in seinem Verständnis und im Verständnis der Goethezeit. Das verdient keine Ironie und keine besserwissende Kritik aus heutiger Sicht sondern eine Erläuterung aus der Epoche heraus, um die es hier geht.

20 Der Erzähler Franz Kafka, S. 30.

21 Ebda., S. 36.

22 Ebda., S. 29.

23 Jörgen Kobs: *Kafka*. Untersuchungen zu Bewußtsein und Sprache seiner Gestalten. Bad Homburg 1970, S. 537.

24 Gustav *Janouch*: Gespräche, S. 55: »›Der Held der Erzählung heißt Samsa‹, sagte ich. ›Das klingt wie ein Kryptogramm für Kafka. Fünf Buchstaben hier wie dort. Das S im Worte Samsa hat dieselbe Stellung wie das K im Worte Kafka. Das A.-‹ Kafka unterbrach mich. ›Es ist kein Kryptogramm. Samsa ist nicht restlos Kafka. Die *Verwandlung* ist kein Bekenntnis, obwohl es – im gewissen Sinne – eine Indiskretion ist.«

25 Der Erzähler Franz Kafka, S. 24.

26 Alfred *Döblin*: Die drei Sprünge des Wang-Lun. Chinesischer Roman. Olten/ Freiburg 1960, S. 7.

27 Der Erzähler Franz Kafka, S. 24.

28 Ebda., S. 43.

29 Ebda., S. 42.

30 Hierzu Erich von *Kahler*: Untergang und Übergang der epischen Kunstform. In: Untergang und Übergang. München 1970, S. 7–51.

31 Den Begriff Mittelbewußtsein gebraucht Schnitzler in einer aus dem Nachlaß herausgegebenen Aufzeichnung: Schnitzler setzt sich hier mit Freuds Aufteilung der Persönlichkeitsschichten in Ich, Es und Über-Ich auseinander und bemerkt: »Eine solche Trennung gibt es in Wirklichkeit nicht. Ein Ich ist überhaupt nicht vorhanden ohne Überich und Es [...] Eine Einteilung in Bewußtsein, Mittelbewußtsein und Unterbewußtsein käme den wissenschaftlichen Tatsachen näher.« (Über Psychoanalyse. Hg. von Reinhard *Urbach*. In: Protokolle 2. 1976, S. 277–284).

32 Gerhard *Hess*: Mimesis. Zu Erich Auerbachs Geschichte des abendländischen Realismus. In: Romanische Forschungen. Bd. 61 (1948), S. 173–211.

33 Richard *Brinkmann*: Wirklichkeit und Illusion. Studien über Gehalt und Grenzen des Begriffs Realismus für die erzählende Dichtung des neunzehnten Jahrhunderts. Tübingen 1957, S. 216ff.

34 Der Erzähler Franz Kafka, S. 36–37.

35 Martin *Walser*: Beschreibung einer Form. München 1961, S. 23.

36 Ebda., S. 26.

37 Fritz *Martini*: Das Wagnis der Sprache. Interpretationen deutscher Prosa von Nietzsche bis Benn. Stuttgart 1954, S. 296–297.

38 Lothar *Fietz*: Möglichkeiten und Grenzen einer Deutung von Kafkas Schloß-Roman. In: DVjS 37. Jg. (1963), S. 71–73.

39 Herbert *Kraft*: Kafka. Wirklichkeit und Perspektive. Bebenhausen 1972, S. 12; zu dem Buch von Jörgen *Kobs* vgl. die Anmerkung oben.

40 Dietrich *Krusche*: Kafka und Kafka-Deutung. München 1974, S. 19.

41 Ebda., S. 21.

42 Vgl. Ingeborg *Henel*: Ebda., S. 483; ihre Beobachtungen zur direkten Rede des Offiziers, über die »Allwissenheit« des Erzählers u. a. haben Gewicht.

43 Für I. Henel ist natürlich der Offizier eine solche Hauptgestalt. Anders Ulrich Fülleborn und Ulrich Schmidt, die den Reisenden als die Hauptfigur der Erzählung ansehen. Ulrich *Fülleborn* in der Festschrift für W. Rasch: Wissenschaft als Dialog. Studien zur Literatur und Kunst seit der Jahrhundertwende. Hg. von Renate von *Heydebrand* und *Klaus Günther Just*. Stuttgart 1969, S. 300; Ulrich *Schmidt* in dem mehrfach genannten Aufsatz im Jahrbuch der Deutschen Schillergesellschaft, dort S. 427.

44 Jörgen *Kobs*: Kafka, S. 25.

45 Klaus-Peter *Philippi*: Reflexion und Wirklichkeit. Untersuchungen zu Kafkas Roman »Das Schloß«. Tübingen 1966, S. 21.

46 Kindlers Literatur Lexikon. München 1971. Bd. VI, Sp. 935.

47 Reflexion und Wirklichkeit. S. 22.

48 Franz Kafka, S. 396.

49 Walter H. *Sokel*: Das Verhältnis der Erzählperspektive zu Erzählgeschehen und Sinngehalt in »Vor dem Gesetz«, »Schakale und Araber«, und »Der

Prozeß«. In: Zs. f. dt. Ph. Jg. 86 (1967), S. 274–275; von Richard *Jayne* – siehe nächste Anm. – S. 17 seiner eigenen Schrift zitiert.

50 Richard *Jayne*: Erkenntnis und Transzendenz. Zur Hermeneutik literarischer Texte. Kafka: Forschungen eines Hundes. München 1983, S. 16f.

51 Winfried *Kudzus*: Erzählperspektive und Erzählgeschehen in Kafkas ›Prozeß‹. In: DVjS 44. Jg. (1970), S. 305–307.

52 Winfried *Kudzus*: Erzählhaltung und Zeitverschiebung in Kafkas ›Prozeß‹ und ›Schloß‹. In: DVjS 38. Jg. (1964), S. 192–207; wieder veröffentlicht und hier zitiert nach: F. K. Hg. von H. *Politzer*, besonders S. 330–336.

53 J. *Kobs*, S. 47.

54 Der Erzähler Franz Kafka, S. 130–131.

55 Ein Traumspiel. Dt. von Peter *Weiss*. Frankfurt 1977, S. 7.

56 Vgl. F. *Tramer* in DVjS 34. Jg. (1960), S. 249–256.

57 W. *Koschmal*: Semantisierung, S. 408.

58 F. K. Ein kritische Einführung, S. 293.

59 Alfred *Weber*: Der Beamte, S. 1321.

60 Auf die Einleitung von Klaus *Hermsdorf* zu den »Amtlichen Schriften« ist erneut hinzuweisen. Vgl. auch Theo *Meyer* (Neue Deutsche Hefte, S. 473): »Vieles von dem, was in den Texten Kafkas an bürokratischen, den Menschen verwaltenden Apparaturen dargestellt wird, ist ohne Zweifel auch auf diese konkreten sozialen Erfahrungen [...] zurückzuführen.«

61 Es handelt sich um ein Zitat von Hans Helmut *Hiebel*: Die Zeichen des Gesetzes. Recht und Macht bei Franz Kafka. München 1983, S. 131; hier zitiert aus dem Abschnitt mit der Überschrift »Die neuzeitliche Gesellschaft als Bezugswelt«; vgl. auch S. 130 mit Beziehung auf Klaus Wagenbach, der nicht müde geworden ist, die empirischen Bezüge in seinen Kafka-Studien gebührend herauszustellen: »K. Wagenbach bleibt in Kafkas Zeit und verweist auf Strafkolonien, von denen Kafka wußte, auf Neukaledonien, wo die Pariser Kommunarden interniert waren, auf die Teufelsinsel, wo Dreyfus, auf Sibirien, wo Dostoevskij interniert war.«

62 Hierzu Norbert *Kassel*: Das Groteske bei Franz Kafka. München 1969.

63 Die Deportation, S. 45.

64 F. *Freund* in: Preußische Jb. 81. Bd., S. 512.

65 Von einer mittelalterlichen Bezugswelt des Strafrechts neben anderen geht H. H. *Hiebel* aus: Die Zeichen, S. 129.

66 Die Affäre Dreyfus. Hg. von Siegfried *Thalheimer*. München 1963, S. 121 (dtv).

67 Wilhelm *Herzog*: Der Kampf einer Republik. Die Affäre Dreyfus. Dokumente und Tatsachen. Zürich 1932, S. XI.

68 Werke. Hg. von Hermann *Kesten*. Köln 1975. Bd. II, S. 308f.; zitiert von Ulrich *Schmidt* in dem mehrfach genannten Beitrag, dort S. 410.

69 Der Begriff Schizophrenie, von Eugen Bleuler 1911 eingeführt; vgl. Helm *Stierlin*: Bleulers Begriff der Schizophrenie im Lichte unserer heutigen Erfahrung. In: Psyche 18 (1964/5), S. 630–642.

70 Zum Begriff des Paradoxen vgl. wiederholt Hans Helmut *Hiebel*: Die Zeichen des Gesetzes, besonders S. 21ff.: Die Paradoxie.

71 Max *Frisch*: Tagebuch 1946–1949. Frankfurt 1958, S. 115.

72 Winfried *Kudzus*: Erzählperspektive S. 326.

73 Deutsche Juristen-Zeitung. Jg. XVI (1911), Sp. 20. Es handelt sich um ein

Zitat aus *Bindings* Vorwort zu seinem »Grundriß des deutschen Strafrechts«, 7. Aufl. S. XVII.

74 Ingeborg *Henel*: Kafkas ›In der Strafkolonie‹. Form, Sinn und Stellung der Erzählung im Gesamtwerk. In: Untersuchungen zur Literatur als Geschichte. Festschrift für Benno von Wiese, hg. von Vincent J. *Günther*, Helmut *Koopmann*, Peter *Pütz*, Hans Joachim *Schrimpf*. Berlin 1973, S. 485.

75 Ebda., S. 480: »Als ›Märchen‹ in diesem Sinn, das nichts mit irgendwelchen konkreten Vorgängen zu tun hat, müssen wir auch die ›Strafkolonie‹ betrachten.«

76 Ebda., S. 502.

77 Ebda., S. 487; hier der schwer hinzunehmende Satz: »Die Hinrichtung dient keiner äußeren Macht, sondern dem Heil des Hingerichteten selbst. Der Offizier läßt bei der Beschreibung des Verfahrens nicht umsonst das doppeldeutige Wort ›Heilanstalten‹ fallen.«

78 Hartmut *Binder*: Kafka-Kommentar, S. 179.

79 Vgl. Walter H. *Sokel*: F. K., S. 112: »Der Verurteilte zum Beispiel, der vor den Augen des Reisenden gerichtet werden soll, ist ein vertierter Mensch.«

80 Norbert *Kassel*: Das Groteske, S. 88.

81 Walter *Biemel*: Philosophische Analysen zur Kunst der Gegenwart. Den Haag 1968, S. 36.

82 Ulrich *Schmidt*: Von der Peinlichkeit, S. 412.

83 Dietrich *Wachler*: Mensch und Apparat bei Kafka. In: Sprache im technischen Zeitalter (1981), S. 142–163.

84 Wolfdietrich *Schnurre*: Der Schattenfotograf. München 1978, S. 452.

85 I. *Henel*, S. 487.

86 Vom Offizier als der Hauptgestalt der Erzählung spricht Ulrich *Fülleborn*. Er beschreibt die Zustände der Strafkolonie: »In ihr herrscht ein altes, hartes Gesetz, das auf den früheren Kommandanten des Strafgefangenenlagers zurückgeht und mit dem sich jetzt einzig noch der Offizier, die Hauptfigur der Erzählung, in Übereinstimmung befindet.« (Das Verhältnis von Perspektivismus und Parabolik in der Dichtung Kafkas. In: Wissenschaft als Dialog. Studien zur Literatur und Kunst seit der Jahrhundertwende. Hg. von Renate von *Heydebrand* und Klaus Günter *Just*. Stuttgart 1969, S. 300). Demgegenüber Ulrich *Schmidt* – S. 427 – der den Reisenden zur Hauptfigur erklärt. Ingeborg *Henel* bemerkt zutreffend, daß keineswegs die ganze Erzählung vom Standpunkt des Reisenden erzählt werde, schließt sich aber der Erzähltheorie der Einsinnigkeit insofern an, als sie die Sehweise des Offiziers für ebenso einsinnig hält. Die Begründung kulminiert in dem Satz, der nicht einfach zu bestreiten sondern mehr noch zu widerlegen ist: »Wenn die kühnste Behauptung des Offiziers von einem, der gewissermaßen sein Gegner ist, für wahr gehalten wird, darf auch der Leser dem Offizier glauben...« (Ebda., S. 484) Eben das darf er nicht.

87 Das große Wörterbuch der deutschen Sprache. München 1978. Bd. IV, S. 1656.

88 Dietrich *Wachler*, S. 152.

89 Rolf Günter *Renner*: Kafka als phantastischer Erzähler. In: Phaicon 3, S. 145 – mit der bemerkenswerten Feststellung, daß die Glaubwürdigkeit der Hauptfigur zerstört wird.

90 Über das »Erbe des Sadomasochismus«, wie die Überschrift eines Kapitels lautet, handelt kenntnisreich Peter *Cersowsky* in seinem Buch über phantastische Literatur: S. 183 ff.

91 Georg Christoph *Lichtenberg*: Schriften und Briefe. Hg. von Wolfgang *Promies*. München 1972. Bd. III, S. 488–491. Gerhard *Neumann* hat diesem Text Lichtenbergs eine geistvolle Betrachtung gewidmet: Georg Christoph Lichtenberg als Begründer eines sozialen Topos. In: Freiburger Universitätsblätter. Heft 84 (1984), S. 67–81.

92 Meine Reise, S. 53.

93 Vgl. I. *Henel*, S. 487.

94 D. *Wachler*: Mensch und Apparat, S. 154.

95 Amtliche Schriften. Hg. von Klaus *Hermsdorf*. Berlin 1984, S. 50.

96 Kafka als phantastischer Erzähler, S. 151.

97 David Friedrich *Strauß* in der angeführten Schrift, Ernst *Haeckel* in einer Umfrage, veröffentlicht in der »Deutschen Juristen-Zeitung« 1911. Auch Strauß wird in dieser Umfrage genannt.

98 Wolfdietrich *Schnurre*: Der Schatten-Fotograf. München 1978, S. 452.

99 Daß die Erzählung mit dem Ende des Offiziers endet, nimmt Walter Biemel an. Das ist zweifellos eine Verkennung trotz der erhellenden Analyse, die hier vorliegt.

100 Ulrich *Schmidt*: Von der Peinlichkeit, S. 427. – Die Bezeichnung des Reisenden als Perspektivfigur auch bei Hartmut *Binder*: Motiv und Gestaltung, S. 331 ff., P. *Cersowsky* schließt sich dieser Auffassung an: ebda. S. 200.

101 Franz Kafka, S. 291.

102 Vgl. Helmut *Richter*: Franz Kafka. Werk und Entwurf. Berlin 1962. S. 121: »Trotzdem ist die Haltung des Reisenden fest«; hier auch über Kafkas neue Position, verkörpert in dieser Figur. D. Wachler über den »Träger von Aufklärungsideen«, ebda., S. 149. – Ähnlich Ingo *Seidler*: Zauberberg und Strafkolonie. Zum Selbstmord zweier reaktionärer Absolutisten. In: GRM NF 19 (1969), S. 94–105. Hier auch die These vom aufgeklärten Reisenden. Die Rede von der längst fälligen Ehrenrettung des Besuchers bei Bert *Nagel*: F. K., S. 274.

103 Herbert *Kraft*: Ebda., S. 58–59.

104 P. *Cersowsky*, S. 200: »denn das wachsende Engagement kulminiert in seinem eigenen ›Einschreiten‹.« Er schreitet aber gar nicht ein. Er sagt lediglich »Nein« – nicht mehr!

105 U. *Schmidt*. S. 429.

106 Meine Reise, S. 460.

107 So Peter *Cersowsky*: Phantastische Literatur, S. 200: Das Wörtlichnehmen des hündischen Zuges stelle ein Grundcharakteristikum des Verurteilten dar – »darin den anderen Ausprägungen sadomasochistischer Animalisierung verwandt.«

108 »Zwei oder drei Seiten kurz vor ihrem Ende sind Machwerk...«, heißt es in einem Brief vom 4. 9. 1917 (8/159).

109 Zu denjenigen Arbeiten, die dieser Menschengruppe Beachtung geschenkt haben, gehört diejenige von Beatrice *Sellinger*: Die Unterdrückten als Antihelden. Zum Widersinn kultureller Traditionen in den Erzählungen Kafkas. Frankfurt 1982, S. 181.

110 Die Deportation. Ein modernes Strafmittel, S. 48.

111 So Heinz *Politzer*: Franz Kafka. Der Künstler, S. 176 f. »Jedenfalls verbindet die ›Prophezeiung‹ dieses ›Testaments‹ die Erniedrigten und Beleidigten und verwandelt einen Haufen von Hafenarbeitern in eine Schar von Jüngern [...]

Dann wird die Hinrichtungsmaschine zum Kreuz, der Selbstmord des Offiziers zum Opfertod eines Märtyrers.« Nein, und abermals nein! Hier wird der intendierte religiöse Widersinn nicht erkannt; die Deutung ihrerseits wird widersinnig, und wieder muß die Perspektive des Reisenden herhalten, obwohl doch in diesem Schlußteil gegen ihn erzählt wird – nicht aus seiner Sicht. Mit berechtigter Entschiedenheit wendet sich Ulrich *Schmidt* gegen die Unfaßlichkeit einer solchen Deutung, in der alles im Text Stehende und Gemeinte in sein Gegenteil verkehrt wird: »Politzers Interpretation dieser Stelle entspricht der Figurenperspektive des Reisenden und wiederholt den Fehlschluß, die Umherstehenden als potentielle Anhänger des alten Kommandanten aufzufassen, dessen Macht auch nach dem Tod des Offiziers noch ungebrochen sei. Denn für zweideutig hält der Reisende das Lächeln [...] Der Intellektuelle aber läßt sich auf diese vermeintliche Täuschung nicht ein, in einer sorgfältig gedeckten Flucht ›rettet‹ er sich vor der ›bedrohlichen‹ Situation.« (Von der Peinlichkeit, S. 434) Dem ist so!

112 Ebda., S. 451–452.

113 Ebda., S. 452.

114 Wilhelm *Emrich*: Franz Kafka. Frankfurt/M. [3]1964, S. 226. – Vor jeder Aufwertung der alten Ordnung, weil es mit der neuen nichts ist, ist indessen zu warnen. Dazu scheint Emrich zu neigen.

115 Vgl. Eduard *Goldstücker*: Kafka und Schnitzler. In: Akten des Internationalen Symposions Arthur Schnitzler und seine Zeit. Jb. f. Internat. Germanistik, Reihe A, Bd. 13. Bern/Frankfurt 1985, S. 118–126.

116 Die Erzählenden Schriften I, S. 833.

117 Über grundsätzliche Bedenken, bei Kafka »im herkömmlichen Sinne von ›literarischen Quellen‹ zu sprechen«, handelt Malcolm *Pasley* in seinem Beitrag: Der Schreibakt und das Geschriebene. Zur Frage der Entstehung von Kafkas Texten. In: Franz Kafka: Themen und Probleme. Hg. von Claude *David*. Göttingen 1980, S. 9–25.

118 Bert *Nagel*: Kafka und die Weltliteratur, S. 27.

119 Wayne *Burns*: The Penal Colony. Variations on a Theme by Octave Mirbeau. In: Accent 17 (1957) Heft 2, S. 45 ff.

120 Kommentar, S. 174.

121 Motiv und Gestaltung, S. 169 ff.

122 Bert *Nagel*: Kafka und die Weltliteratur, S. 46.

123 Hierzu Peter *Cersowsky*, S. 198 (mit wiederholten Verweisen auf das Buch von Mario Praz: Liebe, Tod und Teufel. München 1970 (dtv).

124 Diese Gefahr ist von P. *Cersowsky* nicht immer umgangen. Von Phänomenen des Sadismus und des Sadomasochismus spricht er S. 204, als würden damit bestimmte Eigenschaften auf den Autor übertragen.

125 Henry van de *Velde*: Geschichte meines Lebens, S. 229.

126 Bezeichnend Ingeborg *Henel*, S. 501: »Daß der sadistische Roman als Gesellschaftssatire gemeint war, rückt ihn der ›Strafkolonie‹ nicht näher.«

127 Der Garten der Foltern. Mit 20 Zeichnungen von Auguste Rodin. Hg. von Walther H. *Schünemann*. Bremen 1967, S. 49. Im französischen Text (Fasquelle Editeur 1957) S. 138.

128 Ebda., S. 17.

129 Ebda., S. 54 f. Franz. Ausgabe S. 143.

130 Ebda., S. 55.

131 Ebda., S. 7: »›Offensichtlich‹, ließ sich ein Gelehrter vernehmen, der dem Darwinismus anhing…« »Evidemment! […] prononça un savant darwinien…« (Franz. Text S. 7).

132 Ebda., S. 7–9.

133 Ebda., S. 16–17. Franz. Ausgabe, S. 15: »L'affaire Dreyfus nous en est un example admirable, et jamais, je crois, la passion du meurtre et la joie de la chasse à l'homme, ne s'étaient aussi complètement et cyniquement ébalées…«

134 Ebda., S. 18.

135 Ebda., S. 52; franz. Ausgabe S. 140.

136 Walter *Biemel*: Philosophische Analysen zur Kunst der Gegenwart. Den Haag 1968, S. 31.

137 Ebda., S. 25.

138 Ebda., S. 23; vgl. auch Peter U. *Beicken*, S. 289, daß Biemel diesen Widersinn gut gezeigt habe.

139 Von der Peinlichkeit, S. 412.

140 Kritische Studien-Ausgabe. Bd. 5, S. 341.

Vorausweisende Zusammenhänge

1 Walter *Benjamin*: Ges. Schriften Bd. II 1/2/3. Frankfurt 1977; Theodor W. *Adorno*: Aufzeichnungen zu Kafka. In: Th. W. *Adorno*: Prismen. Kulturkritik und Gesellschaft 1963, S. 266. – Auf einige dieser Arbeiten geht Hans Helmut *Hiebel* in seinem Buch »Im Zeichen des Gesetzes« ein, dort S. 130.

2 Hans Egon *Holthusen*: Der unbehauste Mensch. Motive und Probleme der modernen Literatur. München 1951, S. 9.

3 Walter H. *Sokel*: Franz Kafka, S. 115.

4 Der Schattenfotograf, S. 151–152.

5 Die Deportationsstrafe im römischen Altertum, S. 3–4.

6 Der Nationalsozialismus. Dokumente 1933–1945. Hg. und kommentiert von Walther *Hofer*. Frankfurt 1957, S. 296.

7 Hier entnommen einem Bericht der Süddt. Ztg. vom 29. 8. 1983.

8 Klaus *Mann*: Der Wendepunkt, S. 443.

9 Rolf *Hochhuth*: Der Stellvertreter. Schauspiel. Reinbek bei Hamburg 1963, S. 237.

10 Österreichische Gerichtszeitung vom 6. 9. 1904, S. 308.

11 Ebda., S. 310.

12 Karl *Binding*/Alfred *Hoche*: Die Freigabe der Vernichtung lebensunwerten Lebens. Ihr Maß und ihre Form. Leipzig 1920. Hier zitiert nach der 2. Aufl. (1922).

13 Vgl. Vorwort zum »Grundriß des deutschen Strafrechts. Allgemeiner Theil.«

14 Die Freigabe, S. 18–19.

15 Ebda., S. 55: »es ist eine peinliche Vorstellung, daß ganze Generationen von Pflegern neben diesen leeren Menschenhülsen dahinaltern…«

16 Ebda., S. 57–58.

17 Kurt *Nowak*: »Euthanasie« und Sterilisation im »Dritten Reich.« Die Konfrontation der evangelischen und katholischen Kirche mit dem ›Gesetz zur Verhütung erbkranken Nachwuchses‹ und der »Euthanasie«-Aktion. Göttingen 1980, S. 53.

18 Ernst *Klee*: »Euthanasie« im NS-Staat. Die »Vernichtung lebensunwerten Lebens«. Frankfurt 1983, S. 25.

19 Rudolf *Binding*: Grundriß des dt. Strafrechts. Vorwort S. XVII.

20 Deutsche Juristen-Zeitung. XVI. Jg. (1911), Sp. 14–15.

21 Ebda., Sp. 16.

22 Ebda., Sp. 17.

23 Die Todesstrafe ist keine Strafe. In: Monatsschrift für Kriminalpsychologie und Strafrechtsreform. 23. Jg. 1932, S. 557–558.

24 Vgl. Bernhard *Düsing*: Die Geschichte der Abschaffung der Todesstrafe in der Bundesrepublik Deutschland. Offenbach 1952.

25 Zitiert von Heinrich *Hannover* und Elisabeth *Hannover-Drück*: Politische Justiz 1918–1933. Mit einer Einleitung von Karl Dietrich *Bracher*. Frankfurt 1966, S. 263.

26 Die Justiz. Bd. I, Oktober 1925, S. 196; zitiert nach H. *Hannover*, S. 265–266.

27 Zitiert nach »Jugend zweier Kriege. Ein Dramenzyklus.« Wien 1947, S. 198.

28 Die Weltbühne, 16. Jg. (1920), S. 655–657; Ges. Werke. Bd. II, S. 344–346.

29 Das Stück wurde nicht gedruckt. Ein maschinenschriftliches Exemplar verwahrt die Universitätsbibliothek in Münster. In dem Monumentalband »Weimarer Republik«, hg. vom Kunstamt Kreuzberg und dem Institut für Theaterwissenschaft in Köln. 1977, S. 14.

30 Hierzu Norbert *Jaron*: Das demokratische Zeittheater der späten 20er Jahre. Frankfurt/Bern 1983. Ferner Dorothea *Friedrich*: Das Bild Polens in der Literatur der Weimarer Republik. Frankfurt/Bern 1984.

31 Hierzu jetzt die von Fritz *Martini* und Egon *Schwarz* hg. Autobiographie Bernhard *Blumes*: Narziß mit Brille. Heidelberg 1985.

32 Hierzu mein eigener Beitrag: Justizkritik im Werk Heinrich Manns. Zu einem Thema der Weimarer Republik. In: Heinrich Mann. Sein Werk in der Weimarer Republik. Hg. von Helmut *Koopmann* und Peter-Paul *Schneider*. Frankfurt 1983, S. 103–128.

33 Ernst *Weiß*: Die Galeere. Frankfurt 1981. Ges. Werke Bd. I.

34 Ebda., S. 51.

35 Zitiert im Vorspann der Ausgabe des Suhrkamp-Verlages. Ernst *Weiß*: GW. Bd. X, S. 27–46.

36 Franz *Werfel*: Die vierzig Tage des Musa Dagh. Fischer-Taschenbuch. Frankfurt 1979, S. 130.

37 Ebda., S. 105.

38 Ebda., S. 99–100.

39 Nachbemerkung, S. 371.

LITERATURVERZEICHNIS

Nur die mehrfach genannten und abgekürzt bezeichneten Schriften sind aufgeführt.

Franz Kafka: Erzählungen. Hg. von Max Brod. New York/Frankfurt 1946 = E.
Franz Kafka: Der Heizer/In der Strafkolonie/Der Bau. With Introduction and Notes by J.M.S. Pasley. Cambridge 1966.
Franz Kafka: In der Strafkolonie. Eine Geschichte aus dem Jahre 1914. Mit Quellen, Abbildungen, Materialien aus der Arbeiter-Unfall-Versicherungsanstalt, Chronik und Anmerkungen von Klaus Wagenbach. Berlin 1975.
Franz Kafka: Der Prozeß. Hg. von Max Brod. New York/Frankfurt 1951 = P.
Franz Kafka: Beschreibung eines Kampfes. Novellen/Skizzen/Aphorismen. Aus dem Nachlaß. Hg. von Max Brod. New York/Frankfurt 1946.
Franz Kafka: Hochzeitsvorbereitungen auf dem Lande und andere Prosa aus dem Nachlaß. Hg. von Max Brod. New York/Frankfurt. 1958.
Franz Kafka: Amtliche Schriften. Hg. von Klaus Hermsdorf unter Mitwirkung von Winfried Poßner und Jaromir Loužil. Mit einem Essay von Klaus Hermsdorf. Berlin 1984.
Franz Kafka: Tagebücher 1910–1923. Hg. von Max Brod. New York/Frankfurt 1948 = T.
Franz Kafka: Briefe 1902–1924. Hg. von Max Brod. New York/Frankfurt 1958 = B.
Franz Kafka: Briefe an Felice und andere Korrespondenz aus der Verlobungszeit. Hg. von Erich Heller und Jürgen Born. New York/Frankfurt 1965 = F.
Franz Kafka: Briefe an Milena. Erweiterte und neu geordnete Ausgabe. Hg. von Jürgen Born und Michael Müller. New York/Frankfurt 1983 = M.
Ulf Abraham: Der verhörte Held. Recht und Schuld im Werk Franz Kafkas. München 1985.
Theodor W. Adorno: Aufzeichnungen zu Kafka. In: Die neue Rundschau 64 (1953), S. 325–353. Wieder abgedruckt in Ges. Schr. Bd. X,1 Frankfurt a.M, (1977), S. 254–287.
Thomas Anz: Literatur der Existenz. Literarische Psychopathographie und ihre soziale Bedeutung im Frühexpressionismus. Stuttgart 1977.
Thomas Anz: »Jemand mußte Otto G. verleumdet haben…« Kafka, Werfel, Otto Gross und eine »psychiatrische Geschichte«. In: Akzente 2/1984, S. 184–191.
Peter U. Beicken: Franz Kafka. Eine kritische Einführung in die Forschung. Frankfurt 1974.
Friedrich Beißner: Der Erzähler Franz Kafka. Stuttgart 1952.
Ders.: Kafkas Darstellung des »traumhaften innern Lebens«. Bebenhausen 1972. Hier zitiert nach: F.B.: Der Erzähler Franz Kafka und andere Vorträge. Mit einer Einführung von Werner Keller. Frankfurt 1982.
Walter Benjamin: Franz Kafka. Zur zehnten Wiederkehr seines Todestages. In: W.B.: Gesammelte Schriften. II/2. Hg. von Rolf Tiedemann und Hermann Schweppenhäuser. Frankfurt 1977. S. 409–438.

Walter Biemel: Philosophische Analysen zur Kunst der Gegenwart. Den Haag 1968. S. 7–37.

Hartmut Binder: Motiv und Gestaltung bei Franz Kafka. Bonn 1966.

Hartmut Binder: Kafka in neuer Sicht. Stuttgart 1976.

Hartmut Binder: Kafka-Kommentar zu sämtlichen Erzählungen. München 1975.

Hartmut Binder: Kafka-Kommentar zu den Romanen, Rezensionen, Aphorismen und zum Brief an den Vater. München 1976.

Hartmut Binder (Hg): Kafka-Handbuch. 2 Bd. Stuttgart 1979.

Max Brod: Streitbares Leben. Autobiographie 1884–1968. Frankfurt 1979.

Wayne Burns: In the Penal Colony. Variations on a Theme by Octave Mirbeau. In: Accent 17 (1954), S. 45ff.

Elias Canetti: Der andere Prozeß. Kafkas Briefe an Felice. München 1969.

Peter Cersowsky: Phantastische Literatur im ersten Viertel des 20. Jahrhunderts. Kafka/Kubin/Meyrink. München 1983.

Christoph Cobet: Der Wortschatz des Antisemitismus in der Bismarckzeit. München 1973.

Claude David (Hg): Franz Kafka. Themen und Probleme. Göttingen 1981.

Axel Dornemann: Im Labyrinth der Bürokratie. Tolstojs »Auferstehung« und Kafkas »Schloß«. Heidelberg 1984.

Bernhard Düsing: Die Geschichte der Abschaffung der Todesstrafe in der Bundesrepublik Deutschland. Mit einem Vorwort des Bundesministers der Justiz Dr. Thomas Dehler. Offenbach/Main 1952.

Wilhelm Emrich: Franz Kafka. Bonn 1958. 3. Aufl. 1964.

Michel Foucault: Surveiller et punir. La naissance de la prison. Paris 1976. Dt. Ausgabe: Überwachen und Strafen. Die Geburt des Gefängnisses. Übersetzt von Walter Seitter. Frankfurt 1976.

Ulrich Fülleborn: Das Verhältnis von Perspektivismus und Parabolik in der Dichtung Kafkas. In: Wissenschaft als Dialog. Studien zur Literatur und Kunst seit der Jahrhundertwende. Hg. von Renate von Heydebrand und Klaus Günter Just. Stuttgart 1969. S. 289–312.

Martin Green: The von Richthofen Sisters. The Triumphant and the Tragic Modes of Loves. New York 1974. Deutsche Ausgabe: Else und Frieda – die Richthofen-Schwestern. München 1980 (dtv).

Hans Gross: Handbuch für Untersuchungsrichter, Polizeibeamte, Gendarmen (1893), später unter dem Titel: Handbuch für Untersuchungsrichter als System der Kriminalistik. 5. Aufl. München 1908.

Hanns Gross: Criminalpsychologie. Graz 1898.

Hans Gross: Degeneration und Deportation. In: Politisch-Anthropologische Revue. Monatsschrift für das soziale und geistige Leben der Völker. Vierter Jg. 1905/6, S. 281–316.

Hans Gross: Gesammelte Kriminalistische Aufsätze. 2 Bd. Leipzig 1902.

Robert Heindl: Meine Reise nach den Strafkolonien. Berlin/Wien 1912.

Ingeborg Henel: Kafkas »In der Strafkolonie«. Form, Sinn und Stellung der Erzählung im Gesamtwerk. In: Untersuchungen zur Literatur als Geschichte. Festschrift für Benno von Wiese. Hg. von Vincent Günther, Helmut Koopmann, Peter Pütz, Hans Joachim Schrimpf. Berlin 1973. S. 480–504.

Hans Helmut Hiebel: Die Zeichen des Gesetzes. Recht und Macht bei Franz Kafka. München 1983.

Franz von Holtzendorff: Die Deportationsstrafe im römischen Altertum hinsichtlich ihrer Entstehung und rechtsgeschichtlichen Entwicklung. Leipzig 1859 (Neudruck Aalen 1975).

Franz von Holtzendorff: Die Deportationsstrafe in alter und neuer Zeit und die Verbrechercolonien der Engländer und Franzosen. Leipzig 1859.

Emanuel Hurwitz: Otto Gross. Paradies-Sucher zwischen Freud und Jung. Zürich 1979.

Gustav Janouch: Gespräche mit Kafka. Aufzeichnungen und Erinnerungen. Frankfurt 1968.

Hellmuth Kaiser: Franz Kafkas Inferno. Eine psychologische Deutung seiner Strafphantasie. In: Imago. Zeitschrift für Anwendung der Psychoanalyse auf die Natur- und Geisteswissenschaften. XVII (1931), S. 41–103; wieder abgedruckt in: Franz Kafka. Hg. von Heinz Politzer. Wege der Forschung. Bd. CCC XXII. Darmstadt 1973. S. 69–142.

Norbert Kassel: Das Groteske bei Franz Kafka. München 1969.

Jörgen Kobs: Kafka. Untersuchungen zu Bewußtsein und Sprache seiner Gestalten. Hg. von Ursula Brech. Bad Homburg 1970.

Dr. A. Korn: Ist die Deportation unter den heutigen Verhältnissen als Strafmittel praktisch verwendbar? Berlin 1898.

Herbert Kraft: Kafka. Wirklichkeit und Perspektive. Bebenhausen 1972.

Dietrich Krusche: Kafka und Kafka-Deutung. Die problematisierte Interaktion. München 1974.

Astrid Lange-Kirchheim: Franz Kafka: »In der Strafkolonie« und Alfred Weber: »Der Beamte«. In: GRM 27 (1977). S. 202–221.

Astrid Lange-Kirchheim: Alfred Weber und Franz Kafka. In: Alfred Weber – Politiker und Gelehrter. Hg. von Eberhard Demm. Stuttgart 1986. S. 113–149.

Franz von Lißt: Strafrechtliche Aufsätze und Vorträge. Erster Band. 1875 bis 1891. Berlin 1905.

Octave Mirbeau: Le jardin des supplices. Dt. Ausg. Der Garten der Foltern. Mit 20 Zeichnungen von Auguste Rodin. Bremen 1967.

Bert Nagel: Kafka und die Weltliteratur. Zusammenhänge und Wechselbeziehungen. München 1983.

Friedrich Nietzsche: Sämtliche Werke. Kritische Studienausgabe in 15 Bd. Hg. von Giorgio Colli und Mazzino Montinari. München 1980.

Roy Pascal: Kafka's Narrators. A Study of his Stories and Sketches. Cambridge 1982.

Klaus-Peter Philippi: Reflexion und Wirklichkeit. Untersuchungen zu Kafkas Roman »Das Schloß«. Tübingen 1966.

Heinz Politzer: Franz Kafka. Der Künstler. Frankfurt 1965.

Heinz Politzer (Hg.): Franz Kafka. Wege der Forschung. Bd. CCC XXII. Darmstadt 1973.

Oscar Priester: Die Deportation. Ein modernes Strafmittel. Berlin 1899.

Rolf Günther Renner: Kafka als phantastischer Erzähler. In: Phaicon. Hg. von R. A. Zondergeld. 3 (1978). S. 144–162.

Helmut Richter: Franz Kafka. Werk und Entwurf. Berlin 1952.

Jean Paul Sartre: Drei Essays. Betrachtungen zur Judenfrage. Zürich 1983.

Ulrich Schmidt: Von der »Peinlichkeit« der Zeit. Kafkas Erzählung »In der Strafkolonie«. In: Jahrbuch der Deutschen Schillergesellschaft. 28. Jg. 1984. S. 407–445.

Wolfdietrich Schnurre: Der Schattenfotograf. München 1978.

Winfried Schüler: Der Bayreuther Kreis von seiner Entstehung bis zum Ausgang der Wilhelminischen Ära. Wagner-Kult und Kulturreform im Geiste völkischer Weltanschauung. München 1971.

Ingo Seidler: Zauberberg und Strafkolonie. Zum Selbstmord zweier reaktionärer Absolutisten. In: GRM NF 19 (1969). S. 94–105.

Beatrice Sellinger: Die Unterdrückten als Anti-Helden. Zum Widerstreit kultureller Traditionen in den Erzählwelten Kafkas. Frankfurt/Bern 1982.

Walter H. Sokel: Franz Kafka – Tragik und Ironie. Zur Struktur seiner Kunst. München 1964.

Christoph Stölzl: Kafkas böses Böhmen. Zur Sozialgeschichte eines Prager Juden. München 1975.

Kurt Tucholsky: Gesammelte Werke in 10 Bd. Hg. von Mary Gerold-Tucholsky und Fritz J. Raddatz. Reinbek 1975.

Joachim Unseld: Franz Kafka. Ein Schriftstellerleben. Die Geschichte seiner Veröffentlichungen. Mit einer Bibliographie sämtlicher Drucke und Ausgaben der Dichtungen Franz Kafkas 1908–1924. München 1982.

Dietrich Wachler: Mensch und Apparat bei Kafka. Versuch einer soziologischen Interpretation. In: Sprache im technischen Zeitalter. Heft 77 (1981). S. 142–155.

Klaus Wagenbach: Franz Kafka. Eine Biographie seiner Jugend 1883–1912. Bern 1958.

Klaus Wagenbach: Franz Kafka. Rowohlts Monographien. Reinbek 1964.

Casimir Wagner: Die Strafinseln. Stuttgart 1904.

Martin Walser: Beschreibung einer Form. München 1961.

Alfred Weber: Der Beamte. In: Die neue Rundschau 21 (1910). S. 1321–1339.

Max Weber: Wirtschaft und Gesellschaft. Grundriß der verstehenden Soziologie. Studienausgabe. Hg. von Johannes Winckelmann. 2 Bd. Köln/Berlin 1956.

REGISTER